Zwischen ›leerer Klimperey‹ und ›wirklicher Kunst‹

AF279469

Waxmann Verlag GmbH
Steinfurter Straße 555, 48159 Münster
info@waxmann.com

Thorsten Hindrichs

Zwischen ›leerer Klimperey‹ und ›wirklicher Kunst‹

Gitarrenmusik in Deutschland um 1800

Waxmann 2012
Münster / New York / München / Berlin

Bibliografische Informationen der Deutschen Nationalbibliothek
Die Deutsche Nationalbibliothek verzeichnet diese Publikation in der
Deutschen Nationalbibliografie; detaillierte bibliografische Daten sind
im Internet über http://dnb.d-nb.de abrufbar.

Die vorliegende Arbeit wurde vom Fachbereich 07 (Geschichts- und
Kulturwissenschaften) der Johannes Gutenberg-Universität Mainz
im Jahr 2007 als Dissertation zur Erlangung des akademischen Grades
eines Doktors der Philosophie (Dr. phil.) angenommen.

Internationale Hochschulschriften, Bd. 576

Die Reihe für Habilitationen und sehr
gute und ausgezeichnete Dissertationen

ISSN 0932-4763
ISBN 978-3-8309-2718-1

© Waxmann Verlag GmbH, Münster 2012

www.waxmann.com
info@waxmann.com
Umschlaggestaltung: Christian Averbeck, Münster
Umschlagbild: Ausschnitt aus W. Matiegka, Grande Sonate I;
© Statens musikbibliotek – The Music Library of Sweden

Gedruckt auf alterungsbeständigem Papier, säurefrei gemäß ISO 9706

Printed in Germany

Alle Rechte vorbehalten. Nachdruck, auch auszugsweise, verboten.
Kein Teil dieses Werkes darf ohne schriftliche Genehmigung des Verlages
in irgendeiner Form reproduziert oder unter Verwendung elektronischer
Systeme verarbeitet, vervielfältigt oder verbreitet werden.

Meinen Großeltern

»Doch, doch, die Gitarre ist schon ein sehr liebenswertes
Instrument. Eigentlich sollte jeder eine haben«.

(Volker Kriegel, 1987)

INHALT

Zu folgenden ›Protagonisten‹, die in der einschlägigen Literatur bislang entweder gar nicht oder nur sehr unzulänglich aufgenommen wurden, finden sich im Text kurze biographische ›Informationskästchen‹:

ABKÜRZUNGEN

Bibliotheken und Archive werden auf Grundlage der RISM-Sigla abgekürzt.

Für die einschlägigen Nachschlagewerke gelten folgende Kürzel:

MGG   *Die Musik in Geschichte und Gegenwart: Allgemeine Enzyklopädie der Musik*, hrsg. v. Friedrich Blume, Kassel: Bärenreiter 1949–1968.

MGG2S   *Die Musik in Geschichte und Gegenwart: Allgemeine Enzyklopädie der Musik, begründet von Friedrich Blume*, zweite, neubearbeitete Ausgabe hrsg. v. Ludwig Finscher, Sachteil, Kassel und Suttgart: Bärenreiter und Metzler 1994–1998.

MGG2P   *Die Musik in Geschichte und Gegenwart: Allgemeine Enzyklopädie der Musik, begründet von Friedrich Blume*, zweite, neubearbeitete Ausgabe hrsg. v. Ludwig Finscher, Personenteil, Kassel und Suttgart: Bärenreiter und Metzler 1999–2007.

NGroveD (2001) *The New Grove Dictionary of Music and Musicians*, zweite Auflage hrsg. v. Stanley Sadie, London: Macmillan 2001.

Die Kürzel BKB BdM und BKB André beziehen sich auf die Briefkopierbücher des Leipziger *Bureau de Musique* [D-LEsta, Bestand Peters Nr. 5021, Nr. 2612, Nr. 2621, Nr. 2631, Nr. 2632], bzw. auf die Briefkopierbücher des Musikverlags André, Offenbach [D-OF].

Die Leipziger *Allgemeine musikalische Zeitung* firmiert als AMZ.

Hinsichtlich des Satzes orientieren sich sämtliche Notenbeispiele an den Originalvorlagen; dies betrifft sowohl die – ab und an durchaus befremdliche – Halsung als auch die Verwendung des ›einfachen‹ Violinschlüssels 𝄞 anstelle des heute gebräuchlichen 𝄞.

DANK

Wer immer glaubt, Wissenschaft, auch und insbesondere Geisteswissenschaft, fände fernab der Realität in irgendwelchen Elfenbeintürmen statt, irrt gewaltig. Es mag zwar durchaus Ausnahmen geben, die diesem Klischee entsprechen, meine Erfahrung hat mich bislang jedoch glücklicherweise gelehrt, dass wissenschaftliches Arbeiten in erster Linie von Kommunikation lebt. Ganz gleich, ob man bei manchen Fragen miteinander streitet und bei anderen Fragen gleicher Meinung ist, in jedem Fall sollte es stets um die gemeinsame Auseinandersetzung mit der jeweiligen Fragestellung gehen. Selbst, wenn man dabei zuweilen zu unterschiedlichen, gar kontroversen Antworten gelangt, so ist nach meinem Selbstverständnis gerade dies essentieller Teil des Wesens wissenschaftlichen Denkens: »Alle Wege führen nach Rom, doch es ist immer ein anderes Rom« (Erwin Chargaff). Erst die gemeinsame Suche nach – vermeintlich oder tatsächlich – sinnfälligen Antworten ermöglicht eine wenigstens schrittweise Annäherung an den Horizont des Erkennens.

Insofern betrachte ich es als ausgesprochenen Glücksfall, dass so viele Menschen bereit waren, während der Arbeit an dieser Studie ihr Wissen mit mir zu teilen, meine Einsichten kritisch zu hinterfragen und mit mir zu diskutieren.

An erster Stelle sei all jenen Archiven und Bibliotheken gedankt, deren Mitarbeiterinnen und Mitarbeiter mich bei meinen Recherchen aufs großzügigste mit Quellen und Informationen versorgt und mir Zugang zu ihren jeweiligen ›Schatzkammern‹ gewährt haben:

Stadtarchiv Magdeburg (Dr. Maren Ballerstedt), Schott-Archiv Mainz (Theodor Dollmann), Historisches Archiv der Sächsischen Staatsoper Dresden (Brigitte Euler, Karin Jende-Schimming und Janine Schütz), Museum Schloss Rheinsberg (Dr. Detlef Fuchs und Dr. Brigitte Kruse), Staatsarchiv Hamburg (Dr. Peter Gabrielsson), Thüringisches Staatsarchiv Gotha (Frau Barthel), Museum Schloss Bernburg (Ute Hahne), Institut für Stadtgeschichte Frankfurt am Main (Volker Harms-Ziegler und Alfred Zschietzschmann), Staatsarchiv Freiburg (Dr. Kurt Hochstuhl), RISM Zentralredaktion Frankfurt am Main (Klaus Keil), Heimatmuseum Bad Schandau, Stadtarchiv Würzburg, Staatsarchiv Würzburg, Stadtarchiv Dresden (Gisela Hoppe), Christian Weise Bibliothek Löbau-Zittau (Uwe Kahl), Historisches Museum Frankfurt am Main, Stadtarchiv Idstein (Christel Lenz), Universitätsbibliothek Frankfurt am Main (Dr. Ann Kersting-Meuleman), Staatsbibliothek München (Vera Moellering und Dr. Ingrid Rückert), Telemann-Zentrum Magdeburg (Ralph-J. Reipsch), Stadtarchiv

Mainz (Silja Geisler-Baum M.A. und Heike Rolf), Stadtarchiv Mannheim (Dr. Susanne Schlösser), Ev. Kirchengemeinde Idstein (Dr. K. H. Schmitt), Pfarrgemeinde St. Peter & Paul Dieburg, Stadtarchiv Dieburg (Monika Rohde-Reith M.A.), Stadtarchiv Bernburg, Stadtarchiv Zürich (Dr. Nicola Behrens), Sächsisches Hauptstaatsarchiv Dresden (Christine Weisbach) sowie nicht zuletzt die Archive des Musikverlags André in Offenbach und des Musikverlags Peters in Frankfurt am Main.

Darüber hinaus gilt mein Dank Tilo Böhmer, Henning Doderer, Prof. Dr. Hellmut Federhofer, PD Dr. Gunnar Hindrichs, Christoph Hornbach, Prof. Dr. Christoph Hust, Bernd Katzbichler, Prof. Dr. Ursula Kramer, Heike Matthiesen, Bernd Nonnweiler, Prof. Dr. Klaus Pietschmann, Dr. Anke Sieber, Prof. Erik Stenstadvold und Dr. Matthias Wessels.

Die Mitarbeiterinnen und Mitarbeiter des Waxmann Verlags haben die Drucklegung meiner Dissertation ausgesprochen souverän und professionell auf den Weg gebracht; insbesondere Dipl.-Region.-Wiss. Julia Fuchs hat dabei ganz großartige Arbeit geleistet.

Andreas Stevens hat den Weg dieser Studie über Jahre hinweg mit großem Enthusiasmus sowie etlichen guten Ratschlägen und Hinweisen konstruktiv begleitet.

Tobias Untucht M.A. hat sämtliche Notenbeispiele gesetzt und selbst heikelste satztechnische Sonderwünsche meinerseits mit großer Geduld und Professionalität erfüllt.

PD Dr. Peter Niedermüller ist mir längst mehr als ein geschätzter Kollege; seiner Freundschaft verdanke ich außerordentlich viel.

Prof. Dr. Klaus Ley hat einen, wenn nicht *den* entscheidenden Anteil daran, dass vor vielen vielen Jahren meine wissenschaftliche Neugierde geweckt wurde.

Prof. Dr. Reinhard Wiesend sei nicht allein für die Übernahme des Zweitgutachtens dieser Dissertation gedankt, sondern vor allem für die große Sympathie und Unterstützung, die er mir und meiner Arbeit entgegengebracht hat.

Prof. Dr. Axel Beer, der die Betreuung dieser Arbeit übernommen hat, möchte ich für die enorme Anteilnahme und Hilfsbereitschaft, die ich wissenschaftlich und menschlich gleichermaßen erfahren durfte, ganz besonders danken.

Mainz, im Frühjahr 2012

TH

Der ›Geschichtsverlust‹ in der Gitarristik um 1800

Enttäuscht, nein, fast schon ein wenig resignierend konstatierte Jürgen Libbert 1994 mit Blick auf den wissenschaftlichen Forschungsstand zur Gitarrenmusik der Zeit um 1800 einen »Geschichtsverlust in der Gitarristik, der bis heute nicht überwunden ist«.[1] Dabei hat, und das ist die wirklich dramatische Komponente an diesem Diktum, Libbert mit seiner Diagnose durchaus recht: Tatsächlich lässt sich in allen einschlägigen Publikationen zur Geschichte der Gitarre in der Zeit um 1800, dies gilt insbesondere für den deutschsprachigen Raum, eine mehr oder weniger große ›Lücke‹ von knapp zwanzig Jahren zwischen 1788 und etwa 1806/07 finden.

Schon die Verwendung des Begriffes ›Geschichtsverlust‹ verweist zunächst freilich auf einen ausgesprochen zentralen Aspekt: Jedem Verlust ist unstrittig zu eigen, dass zuvor unweigerlich etwas vorhanden gewesen sein muss, das dann jedoch zu einem bestimmten Zeitpunkt verloren ist. Zwei Fragestellungen drängen sich hier förmlich auf: erstens die Frage nach dem, was ›früher einmal‹ existiert hat (im konkreten Fall also als ›Gitarristik um 1800‹), und wie man sich zweitens einen solchen ›Verlust von Geschichte‹ eigentlich vorzustellen hat.

Die Annahme, dass es in der Zeit um 1800 in Deutschland Gitarrenmusik gab, dürfte im Grunde niemanden überraschen, immerhin verweisen sämtliche Texte, die sich mit der Geschichte der Gitarre beschäftigen, stets auf die gleiche Quelle: 1828 nahm der Weimarer Geigenbauer Jacob August Otto für sich in Anspruch, auf Veranlassung des Dresdner Hofkapellmeisters Johann Gottlieb Naumann der Gitarre die sechste Saite hinzugefügt zu haben. Weiterhin führte Otto aus, dass Herzogin Anna Amalie von Weimar im Jahr 1788 die Gitarre von Italien aus nach Deutschland eingeführt habe.[2]

Zwar ist Ottos Selbststilisierung als ›Erfinder der sechsten Saite‹ nach gegenwärtigem Kenntnisstand musikhistorisch schlicht unhaltbar – wenigstens die jüngeren Forschungen zur Gitarrengeschichte stellen die Glaubwürdigkeit von Ottos Aussage immerhin in Frage –, doch ganz ohne jeglichen gedanklichen Hintergrund dürfte Otto

---

1   Jürgen Libbert, *Hermeneutik der barocken Lautentabulaturen – Geschichtsverlust und neue Ästhetik*, in: *Die Gitarre im Aufbruch – Festschrift Heinz Teuchert zum 80. Geburtstag*, hrsg. v. Jürgen Libbert in Zusammenarbeit mit der European Guitar Teacher Association, Sektion Deutschland, München: Ricordi 1994, S. 215–250, hier: S. 216.

2   Jacob August Otto, *Ueber den Bau der Bogeninstrumente, und über die Arbeiten der vorzüglichsten Instrumentenmacher, zur Belehrung für Musiker. Nebst Andeutungen zur Erhaltung der Violine in gutem Zustande*, Jena: Bran 1828, S. 94f.

dennoch nicht auf die Idee gekommen sein, die Anfänge der Gitarrenmusik in Deutschland an Herzogin Anna Amalie und Hofkapellmeister Naumann zu koppeln, so dass zumindest der Verdacht nahe liegt, dass zwischen dem von Otto erwähnten Jahr 1788 und 1801, dem Jahr von Naumanns Tod, die Gitarre in Deutschland bekannt war. Angesichts der zweifelhaften Glaubwürdigkeit von Ottos Ausführungen müsste dieser Gedanke streng genommen Vermutung bleiben, doch gibt es glücklicherweise weitere Quellen, die diese Annahme tatsächlich bestätigen.

In Heinrich Christoph Kochs *Musikalischem Lexikon* von 1802 zum Beispiel findet sich ein eigener Eintrag zu »Guitarre« (ein Umstand, der als solcher schon bezeichnend genug ist), der zentralen Elementen aus Ottos Ausführungen erstaunlich ähnelt. So heißt es bei Koch: »Bey uns hat sie [die Gitarre] sich seit einiger Zeit zum Lieblingsinstrumente der Damen zu erheben gewußt«.[3] Dabei dürfte mit ›einiger Zeit‹ wohl mehr als ein Jahr und damit also der Zeitraum vor 1802 gemeint sein und ›bey uns‹ verweist außerdem auf Deutschland.[4] Ferner heißt es in Kochs Artikel an anderer Stelle: »das Instrument ist mit sechs Saiten bezogen«,[5] er spricht demnach also auch vom gleichen Instrument wie Jacob August Otto.

Ebenso finden sich in Briefen vom Beginn des 19. Jahrhunderts immer wieder Aussagen zur großen Popularität der Gitarre; so bemerkte etwa Leopold Carl Reinicke im Februar 1802 in einem Schreiben an den Musikverlag *Bureau de Musique* in Leipzig, dass »kein Instrument unter den Liebhabern und Liebhaberin[n]en häufiger Mode ist als die spanische Guitarre«[6] und Ferdinand Fränzl schrieb im Dezember 1803 aus Moskau an Johann Anton André in Offenbach: »Wegen der Guitarren kann ich Dir sagen das die nehmlichen, 5 oder 6 saytigen, wie bey uns sehr in der Mode sind«.[7]

<hr>

3   Heinrich Christoph Koch, *Musikalisches Lexikon welches die theoretische und praktische Tonkunst, encyclopädisch bearbeitet, alle alten und neuen Kunstwörter erklärt, und die alten und neuen Instrumente beschrieben, enthält,* Frankfurt am Main: August Hermann 1802, Faksimilenachdruck hrsg. v. Nicole Schwindt, Kassel usw.: Bärenreiter 2001, Sp. 707f., hier: Sp. 708.

4   Für die Zeit um 1800 ist »Deutschland« dabei unbedingt als »deutschsprachiger Raum« zu verstehen und keinesfalls als »nationalstaatliches Konstrukt«; vgl. u.a. *Föderative Nation: Deutschlandkonzepte von der Reformation bis zum Ersten Weltkrieg,* hrsg. v. Dieter Langewiesche und Georg Schmidt, München: Oldenbourg 2000.

5   Koch, *Musikalisches Lexikon,* Sp. 708.

6   Leopold Carl Reinicke an das Bureau de Musique, 17. Februar 1802 [D-LEsta, Bestand Peters 2594].

7   Ferdinand Fränzl an Johann Anton André, 27. Dezember 1803 [D-BNu].

Wenn aber sowohl Koch als auch Otto unabhängig voneinander offensichtlich den gleichen Gegenstand, nämlich die sechssaitige Gitarre behandeln und darüber hinaus auch in zeitgenössischen Briefen die Popularität des Instruments betont wird, so spricht doch mehr als bloße Intuition für die Annahme, dass es in den Jahren um 1800 Gitarrenmusik in Deutschland gegeben haben muss.

Umso irritierender erscheint es nun, dass in der einschlägigen Literatur die ›Weimarer Legende‹ Jakob August Ottos konsequent wiedergegeben wird, um die Anfänge von Gitarrenmusik in Deutschland auf 1788 datieren zu können,[8] dann jedoch fast ausnahmslos als nächstes ›bedeutsames‹ Datum Mauro Giulianis Erscheinen in Wien 1806/07 genannt wird.[9]

Ob der von Libbert verwendete Begriff des ›Geschichtsverlusts‹ in diesem Zusammenhang tatsächlich zutreffend ist bzw. welche Schwierigkeiten ein solcher Terminus mit sich bringt, wird noch zu diskutieren sein, doch immerhin ist für die Zeit um 1800 tatsächlich ein gewisser historischer Verlust in der Gitarristik zu beobachten: Neben der zeitlichen Lücke zwischen 1788 und 1806/07 ist auch der Überlieferungsgrad an Gitarrennoten aus jener Zeit denkbar schlecht, sowohl im Hinblick auf gedruckte als auch – in verstärktem Maße – auf handschriftlich überlieferte Musikalien. Von den gut 2000 Titeln, die sich für einen Zeitraum von etwa 1790 bis 1817 nachweisen lassen, konnte nur ein Bruchteil als heute noch existent ermittelt werden. Ungeachtet der Begriffsproblematik ließe sich insofern also zunächst tatsächlich von einem Geschichtsverlust auf zwei Ebenen, einer ›materiellen‹ und einer ›literarischen‹, sprechen.

Der ›materielle‹ Geschichtsverlust

Für die vorliegende Studie wurde zunächst ein Katalog mit Kompositionen für die Gitarre erstellt, von denen aktuell noch nachweisbar ist, dass sie in Deutschland um 1800 angezeigt wurden. Dazu wurden folgende Quellen ausgewertet: der Hofmeister-Whistling-Katalog bis 1817, die Messkataloge bis 1817; zeitgenössische Verlagskataloge (sofern zugänglich) von Simrock (Bonn), Schott (Mainz), Bureau de Musique (Leipzig); retrospektive Verlagskataloge (insbesondere die von Alexander Weinmann

8   Wobei anzumerken ist, dass nicht alle Autoren Ottos Aussagen als zuverlässige Quelle erachten; doch selbst diejenigen, die der ›Weimarer Legende‹ keinen Glauben schenken, halten an einer Datierung der Anfänge von Gitarrenmusik in Deutschland ›um 1790‹ fest.

9   Wenigstens genauso irritierend erscheint im Übrigen, dass Heinrich Christoph Kochs Artikel *Guitarre* so gut wie gar nicht in der gitarristischen Literatur aufscheint.

für die Wiener Verlage herausgegebenen sowie die des Musikverlags André in Offenbach); Anzeigen in der AMZ und in den in Axel Beers *Empfehlenswerthen Musikalien* erfassten Zeitschriften; Werkverzeichnisse in Gustav Schillings *Encyclopädie der gesammten musikalischen Wissenschaften*, François Joseph Fétis' *Biographie universelle* und Robert Eitners *Biographisch-Bibliographischem Quellenlexikon*; ferner RISM (einschließlich des ungedruckten Zettelkatalogs in Frankfurt am Main), sowie die Kataloge der großen deutschen Bibliotheken (Berlin, München, Frankfurt u.a.).[10]

Auf diese Art und Weise entstand sukzessive ein Verzeichnis der um 1800 im deutschsprachigen Raum angezeigten bzw. ›zugänglichen‹ Kompositionen, an denen wenigstens eine Gitarre (in welcher Weise auch immer) beteiligt war. Dieser Katalog kann zwar keinerlei Anspruch auf Vollständigkeit erheben, doch immerhin haben Stichproben gezeigt, dass sich mit zunehmendem Umfang des Verzeichnisses immer häufiger bereits aufgenommene Titel fanden, so dass die Zahl der (bedauerlicherweise) nicht erfassten Stücke vergleichsweise gering und statistisch kaum relevant sein dürfte. Für einen Zeitraum von ›nach 1788‹ bis etwa 1815 konnten insgesamt 2221 Drucke mit Instrumentalkompositionen mit Gitarre nachgewiesen werden.

Unter den 2221 Instrumentalwerken befinden sich 946 Kompositionen, die explizit für Sologitarre gedacht sind, ferner 19 Stücke, die fakultativ für entweder Gitarre oder Klavier bzw. Lyra geschrieben sind, und schließlich vier Werke für ›ein oder zwei‹ Gitarren. Mit 969 Werken sind damit gut 43% aller nachgewiesenen Instrumentalwerke tatsächlich für Sologitarre bestimmt. Das ist durchaus überraschend, denn, wie Friedrich Guthmann 1806 formulierte, »man denkt sich dieses Instrument blos als Begleitung des Gesangs, und es ist wahr, dass es sich dazu vorzüglich eignet, und dabey gute Wirkung thut, selbst wenn es ziemlich mittelmässig gespielt wird«.[11]

FRIEDRICH GUTHMANN
* 13. Dezember 1779 in Langenreinsdorf
† 24. Juli 1870 in Bad Schandau
Guthmann war 1797 in Dresden vermutlich Theodor Körners Lehrer, von 1802 bis 1848 wirkte er als Rektor der Bad Schandauer Schule. Während des ersten Jahrzehnts des 19. Jahrhunderts veröffentlichte er etliche Beiträge in der Leipziger AMZ.
Quellen: M. Zesch, *Theodor Körners Beziehungen zu Schandau*, in: Sächsische Elbzeitung 79 (1935), 24. Dezember 1935 <> Pfarrarchiv Bad Schandau <> Sammlung des Heimatmuseums Bad Schandau.

---

10   Da dieser Katalog ausschließlich als ›Materialbasis‹ für die vorliegende Studie angelegt ist, wird auf dessen Publikation hier zunächst verzichtet; dennoch sei nicht verschwiegen, dass erste Überlegungen zu einer späteren Drucklegung des Katalogs durchaus angestellt werden.

11   Friedrich Guthmann, *Ueber Guitarrenspiel*, in: AMZ VIII (1806/07), Nr. 23, 5. März 1806, Sp. 362–366, hier: Sp. 363.

Die 898 Duobesetzungen (darunter fallen sämtliche denkbaren Zweierkombinationen, in denen wenigstens eine Gitarre mitspielt) machen wiederum etwas mehr als 40% aller Instrumentalkompositionen aus, wohingegen umfangreichere Besetzungen quantitativ eine beinahe vernachlässigenswerte Größe darstellen (9% Trios, 1% Quartette, 0,7% Quintette und 0,09% Sextette).

Von den weit über 2000 Drucken mit Gitarrenmusik konnte allerdings nur ein Bruchteil (14,5%), nämlich 324 als heute noch existent nachgewiesen werden, der ›materielle‹ Geschichtsverlust ist insofern geradezu dramatisch.[12]

Der ›literarische‹ Geschichtsverlust

So sehr sich die meisten ›aktuelleren‹ Texte zur Geschichte der Gitarrenmusik in Anspruch, Fokus und Perspektive auch voneinander unterscheiden mögen,[13] so einig sind sich alle Autoren doch darin, dass es über die Zeit um 1800 offenbar kaum Wesentliches zur Gitarrenmusik in Deutschland zu berichten gibt. Ebenso auffällig ist, dass sich die zeitliche Eingrenzung dieses ›blinden Flecks‹ recht genau bestimmen lässt: Jacob August Ottos ›Weimarer Legende‹ steht stellvertretend für das Jahr 1788 als Beginn einer deutschen Tradition der Gitarrenmusik. Und in bemerkenswerter Übereinstimmung setzen fast alle Autoren ihre Ausführungen zur Geschichte der Gitarre nach der Schilderung dieser Legende nun mit der Ankunft Mauro Giulianis in Wien

---

12 Die erst jüngst entdeckte umfangreiche Sammlung der »Deutschen Gitarristischen Vereinigung«, die seit Mai 2011 sukzessive für den Katalog der Bayerischen Staatsbibliothek in München erfasst wird, konnte für die vorliegende Studie leider nicht mehr hinreichend ausgewertet werden; Stichproben haben jedoch gezeigt, dass sich an der eben skizzierten quantitativen wie qualitativen Verteilung nur unwesentliche Verschiebungen ergeben dürften. An dieser Stelle sei Andreas Stevens für seine Unterstützung herzlichst gedankt.

13 Als pars pro toto sei exemplarisch auf folgende Titel der vergangenen fünfzig Jahre verwiesen: Frederic V. Grunfeld, *The Art and Times of the Guitar: An Illustrated History of Guitars and Guitarists*, New York 1969; Harvey Turnbull, *The Guitar from the Renaissance to the Present Day*, London: Batsford 1974; Tom und Mary Evans, *Guitars: Music, History, Construction and Players from the Renaissance to Rock*, New York, London 1977; Konrad Ragossnig, *Handbuch der Gitarre und Laute*, Mainz usw.: Schott 1978; Johannes Klier und Ingrid Hacker-Klier, *Die Gitarre – Ein Instrument und seine Geschichte*, hrsg. v. Santiago Navascués, Bad Schussenried: Bruckbauer 1980 (= Biblioteca de la Guitarra); Peter Päffgen, *Die Gitarre. Geschichte, Spieltechnik, Repertoire* (= Unsere Instrumente 11), Mainz usw. ²2002; James Tyler und Paul Sparks, *The Guitar and its Music from the Renaissance to the Classical Era*, Oxford: Oxford UP 2002 (= Oxford Early Music Series).

1806/07 als nächstem wesentlichen Schritt fort. Allerdings erschließt sich diese Grenz-
ziehung zuweilen erst bei genauerem Hinschauen, da in einigen Texten entweder versucht wird, dem Libbertschen Geschichtsverlust durch Exkurse in die Geschichte des
Gitarrenbaus zu begegnen, oder Giuliani und Fernando Sor derart als ›Lichtgestalten‹
der Gitarrenmusik um 1800 dargestellt werden, dass man kaum noch wagen mag,
nach anderen, ›weniger bedeutenden‹ Komponisten zu fragen.

Nun mag man einwenden, dass ein Text, der historisches Geschehen überblicksartig
vermitteln will, beinahe zwangsläufig ›Lücken‹ aufweisen muss, wenn Geschichte in
ein narratives Kontinuum gebracht werden soll: Für einen Autor führt nun einmal
kein Weg daran vorbei, dass bestimmte Phänomene ausgewählt und andere weggelas-
sen werden müssen, wenn ein auch nur annähernd nachvollziehbarer historiographi-
scher Text verfasst werden soll. Aber gerade die Art und Weise, *wie* diese Auswahl getroffen wird, ist durchaus signifikant: Sämtliche Autoren orientieren sich fast ausschließlich an Personen und nur in sehr wenigen Fällen auch an bestimmten überge-
ordneten (musik-)historischen Phänomenen, so dass sich, abgesehen vom narrativen
Element, dieser eher enzyklopädische Charakter kaum von den Ergebnissen der Forschungen Fritz Bueks, die immerhin bereits während der 1920er Jahre erschienen, unterscheidet.

Buek hat als einer der Ersten versucht, eine umfassendere Geschichte der Gitarre zu
schreiben und setzt deren eigentlichen Beginn bezeichnenderweise um die Wende vom
18. zum 19. Jahrhundert an, wohingegen die Zeit zuvor in aller Kürze abgehandelt
wird.[14] Implizit begründet Buek diese vergleichsweise junge Geschichte mit dem häufig
wiederkehrenden Verweis auf die »sechssaitige Gitarre, wie sie heute gespielt wird«,[15]
die er offenbar von ihren Vorläuferinstrumenten strikt getrennt wissen will. Immerhin
versucht Buek eine Trennung nach – modern gesprochen – kulturgeographischen Aspekten und untersucht die Entwicklung der Gitarre differenziert für Deutschland,
Spanien, Italien, Frankreich, Russland sowie die skandinavischen Länder und Nord-
amerika in jeweils eigenen Kapiteln.

Das für die vorliegende Studie interessanteste Kapitel, »Deutschland«, beginnt nach
einer kurzen Einführung zu Stimmung, Besaitung, Notation und Tabulatur zwar
ebenfalls mit der ›Weimarer Legende‹; diese will Buek bemerkenswerterweise jedoch
»nur mit einigen Einschränkungen gelten lassen«,[16] denn aus Simon Molitors Vorrede

14   Fritz Buek, *Die Gitarre und ihre Meister*, Berlin: Schlesinger, Wien: Haslinger ²1926.

15   Buek, *Gitarre*, S. 45.

16   Buek, *Gitarre*, S. 8.

zu dessen *Großer Sonate* op. 7 erfahre man, dass die sechste Saite nicht vom Geigenbauer Otto erfunden worden war, sondern vielmehr, so zitiert Buek Molitor, seien »die Italiener die ersten gewesen [...], die ihr (nach der Ähnlichkeit der in diesem Lande niemals ganz abgeschafften Mandora) noch die sechste Saite, nämlich das tiefe E, beifügten«.[17]

Es ist insofern durchaus erstaunlich, dass ein Großteil der jüngeren Texte zur Geschichte der Gitarrenmusik hinsichtlich ihres ›Erkenntnisgewinns‹ hinter den Forschungsstand Fritz Bueks zurückfallen und so – zugespitzt formuliert – einen ›Geschichtsverlust zweiter Ordnung‹ verursachen.

Kaum anders verhält es sich mit jenen (wenigen) musikhistorischen Untersuchungen, die sich explizit auf den Zeitraum um 1800 konzentrieren, anstatt eine ›Gesamtgeschichte‹ der Gitarrenmusik konstruieren zu wollen. Josef Zuth und Thomas F. Heck beschränken sich in ihren Studien auf Untersuchungen zu Leben und Werk ihrer jeweiligen Protagonisten Simon Molitor (Zuth) bzw. Mauro Giuliani (Heck),[18] ohne sie allerdings musikhistorisch allzu tiefgründig in einen soziokulturellen Kontext zu verorten.[19]

Paul W. Cox wiederum formuliert das Ziel seiner Untersuchung ausgewählter Gitarrenschulen aus dem ersten Drittel des 19. Jahrhunderts eher widersprüchlich; einerseits heißt es zu Beginn: »One must treat the problem [the evolution of classic guitar technique] in its international diversity or not at all«,[20] doch wenige Seiten später nimmt Cox diese Vorgabe wieder zurück und beschränkt den Fokus seiner Dissertation ausschließlich auf die Untersuchung der in den Unterrichtswerken vermittelten

17   Buek, *Gitarre*, S. 9.

18   Josef Zuth, *Simon Molitor und die Wiener Gitarristik (um 1800)*, Wien: Goll 1920 und Thomas F. Heck, *The Birth of the Classic Guitar and its Cultivation in Vienna, Reflected in the Career and Compositions of Mauro Giuliani (d. 1829)*, mschr. Dissertation, Yale University, New Haven/CT 1970; in der massiv überarbeiteten Ausgabe seiner Biographie Giulianis verzichtet Heck im Titel glücklicherweise auf die Formulierung der »Geburt der klassischen Gitarre«, belässt den Fokus seiner Argumentation jedoch beinahe exklusiv auf seinem Protagonisten; Thomas F. Heck, *Mauro Giuliani – Virtuoso Guitarist and Composer*, Columbus/OH: Editions Orphée 1997.

19   Immerhin allerdings verzeichnet Zuth im Anhang seines Buchs noch einige andere Wiener Gitarristen wie Leonhard von Call, Wenzel Matiegka oder Louis Wolf.

20   Paul Wathen Cox, *Classic Guitar Technique and its Evolution as Reflected in the Method Books ca. 1770–1850*, mschr. Diss., Department of Music, Indiana University 1978, S. 1f.

Spieltechniken der Gitarre, denn »[t]o study completely the historical development of the six-string guitar would require an effort far beyond the scope of this dissertation«.[21]

Selbst Peter Schmitz löst den im Titel seiner Dissertation formulierten Anspruch, »Entwicklung und Stellenwert des Gitarrespiels in der bürgerlichen Musikpraxis der ersten Hälfte des 19. Jahrhunderts im deutschsprachigen Raum« untersuchen zu wollen, nur zum Teil ein, indem er die ersten fünfzehn Jahre der »ersten Hälfte des 19. Jahrhunderts« schlicht außer Acht lässt.[22]

Der ›Geschichtsverlust in der Gitarristik um 1800‹ als musikhistoriographische Herausforderung

Freilich stellt der Befund eines Geschichtsverlusts in der Gitarristik um 1800 eine Herausforderung für Musikgeschichtsschreibung dar. Sowohl für den ›materiellen‹ als auch für den ›literarischen‹ Geschichtsverlust gibt es selbstverständlich Gründe und es wäre all zu naiv, ja geradezu leichtfertig, den Archiven und Bibliotheken einerseits und den aufgeführten Autorinnen und Autoren andererseits ein vorsätzliches Vergessen bzw. Übersehen zu unterstellen. Mit Blick auf den ›materiellen‹ Erinnerungsverlust ist zu bedenken, dass Gitarrenmusik um 1800 nicht im Medium Notenschrift objektiviert wurde, um kulturell an spätere Zeiten diachron überliefert, sondern um aktuell im zeitgenössischen Hier und Jetzt synchron kommuniziert werden zu können. Beispielhaft ist hier Simon Molitors *Große Sonate* op. 7 (1807) einschließlich ihrer Vorrede zu nennen: Molitor ging es bei der praktischen Umsetzung seiner Idee einer »neuen Schreibart« sicher nicht darum, seine Musik für die Nachwelt zu konservieren.[23] Insofern ist der ›materielle‹ Erinnerungsverlust also keineswegs irgendeinem bösen Willen von Archiven und Bibliotheken geschuldet – im Druck herausgegebene Gitarrenmusik

---

21 Cox, *Guitar*, S. 6. Einen gänzlich anderen, weil streng bibliographischen Ansatz als Cox verfolgt Erik Stenstadvold, in *An Annotated Bibliography of Guitar Methods, 1760–1860*, Hillsdale, New York: Pendragon 2010 (= Organologia: Musical Instruments and Performance Practice 4).

22 Peter Schmitz, *Gitarrenmusik für Dilettanten – Entwicklung und Stellenwert des Gitarrenspiels in der bürgerlichen Musikpraxis der ersten Hälfte des 19. Jahrhunderts im deutschsprachigen Raum*, Frankfurt am Main usw.: Peter Lang 1998 (= Europäische Hochschulschriften XXXVI, 181).

23 Vielmehr wollte er seinen Zeitgenossen eine Möglichkeit eröffnen, wie ›gut‹ komponierte Gitarrenmusik sich am besten graphisch darstellen, medialisieren, ließe (und umgekehrt, wie eine brauchbare graphische Darstellung ihrerseits auch wieder zum Gelingen einer ›guten‹ Komposition beitragen kann); Simon Molitor, *Vorrede zur Großen Sonate* opus 7, Wien: Chemische Druckerei 1807 [PN 1856].

war in Deutschland um 1800 vorrangig für den tagesaktuellen Gebrauch gedacht und nicht als Beitrag zu einer europäischen musikalischen Tradition der Aufbewahrung.

Der ›literarische‹ Geschichtsverlust wiederum liegt im ›So Sein‹ von Geschichte selbst begründet, oder, um dies zu präzisieren, Libberts (insofern eher unglücklich gewählter) Begriff ›Geschichtsverlust‹ kann sich mitnichten auf den Verlust eines Gegenstands, eines Objekts beziehen, sondern nur den Verlust eines historischen Bewusstseins meinen: »Historical consciousness is an inevitable part of the human condition; we are intrinsically beings who live within some conception of time, some knowledge that certain things have gone before, are changing, and will change in the future«.[24]

Die Einsicht, dass historisches Bewusstsein, wie ausgeprägt auch immer es im individuellen Fall sein mag, elementarer Teil der conditio humana ist, muss dabei als unentbehrliche Prämisse für jegliche Form historischer Forschung gelten. Jeder Mensch verfügt von Geburt an über ein ausgeprägtes Gedächtnis, mit dessen Hilfe er erlebt und erlernt, wie er sich in seiner soziokulturellen Umwelt zurechtfinden kann. Menschliches Erinnern (und selbstverständlich auch menschliches Vergessen als dessen Komplementär) ist dabei als kognitive und bewusste Konstruktion des Gedächtnisses als Grundlage historischen Bewusstseins vor allem auch, qua Kommunikation, in soziokulturellen Kontexten verankert, wobei Vergangenheit (als Gegenstand historischer Forschung) durch Erinnern überhaupt erst konstruiert wird.[25]

Zwar gilt, dass

> »traces of the activities of previous inhabitants of this planet are all around, from old stone chipping tools found by the seashore [...] to disused railway lines and rusting car dumps. [...] Physical representations of past activities are everywhere, however jumbled and lacking in organisation«,[26]

so dass jedem Menschen tagtäglich sein Eingebundesein in die Geschichte bewusst werden kann. Dies gelingt allerdings nur unter der Bedingung, dass solche Spuren als »physical representations of past activities« auch tatsächlich erkannt werden, denn »there is generally no material until our questions have revealed it«.[27]

---

24   Mary Fulbrook, *Historical Theory*, London, New York: Routledge 2002, S. 143.

25   Vgl. hierzu Harald Welzer, *Das kommunikative Gedächtnis – Eine Theorie der Erinnerung*, München: Beck 2002.

26   Mary Fulbrook, *Historical Theory*, S. 143.

27   Eric Hobsbawm, *On history from below*, in ders.: *On history*, New York: The New Press 1997, S. 201–216, hier S. 205.

Erst wenn ein Objekt als ›Repräsentation von etwas Vergangenem‹ wahrgenommen wird, wenn also nach seiner Geschichte gefragt wird, manifestiert sich historisches Bewusstsein und historische Forschung kann beginnen. Vor diesem Hintergrund wird nun auch deutlich, dass Libberts Begriff des ›Geschichtsverlusts‹ an dem (vermutlich) eigentlich Gemeinten vorbeigeht, handelt es sich doch – jedenfalls in Bezug auf die Gitarrenmusik um 1800 – vielmehr um einen Verlust von ›historischem Bewusstsein‹, oder vereinfacht: Erinnerung.

Hinzu kommt, dass sowohl die Gitarre als auch mit ihr verwandte Zupfinstrumente von jeher kein sonderlich hohes Ansehen in der Musikgeschichtsschreibung hatten – man denke zum Beispiel an Michael Praetorius oder Johann Mattheson: Praetorius lieferte in seinem *Syntagma Musicum* eine wenig wohlwollende Beschreibung der Quinterne:

> »Quinterna oder Chiterna, ist ein Instrument mit vier Choren, welche gleich wie die allereleteste erste Lauten (deren Num. 24 gedacht worden) gestimpt werden: Hat aber keinen runden Bauch, sondern ist fast wie ein Bandoer gantz glatt, kaum zween oder drey Finger hoch. [...] Etliche haben 5. Chorsaitten, unnd brauchens in Italia die Ziarlatiani und Salt'in banco (das sind beyn uns fast wie die Comoedianten unnd Possenreißer) nur zum schrumpen; Darein sie Villanellen und andere närrische Lumpenlieder singen«,[28]

und Johann Matthesons Ausführungen zur Laute sind kaum schmeichelhafter: »Denn wenn ein Lautenist 80 Jahr alt wird, so hat er gewiß 60 Jahr gestimmet. [...] Das ärgste ist, daß unter 100 [Lautenisten] (insonderheit Liebhabern, die keine Profession davon machen) kaum 2 capable sind, recht reine zu stimmen«.[29]

Die historisch gewachsene Geringschätzung der Gitarre hinterließ auch in zeitgenössischen Diskursen um Gitarrenmusik in Deutschland um 1800 ihre Spuren; insofern ist ein Teil des ›Geschichtsverlusts‹ notwendigerweise auch aus der Zeit heraus zu erklären: Obwohl die ›musikalische Fachwelt‹ (ein Terminus, der noch zu diskutieren sein

---

28   Michael Praetorius, *Syntagma Musicum*, Band II, Wolfenbüttel 1619, Faksimilenachdruck hrsg. v. Willibald Gurlitt, Kassel usw. 1958, S. 53.

29   Johann Mattheson, *Das Neu=Eröffnete Orchestre*, Hamburg: Schiller 1713, S. 275f. Einzig Sylvius Leopold Weiss blieb von Matthesons Urteil verschont; in einem leidenschaftlich geführten Disput um die Frage der grundsätzlichen Qualität der Lautenmusik des frühen 18. Jahrhunderts zwischen ihm und Ernst Gottlieb Baron bildet Weiss als rühmliche Ausnahme von der Regel (Mattheson) bzw. als letztgültiger Beweis für die Legitimation der Laute als angemessenem Instrument (Baron) die einzig vermittelnde Brücke zwischen den beiden Kontrahenten; Douglas A. Smith, *Baron and Weiss contra Mattheson: in Defense of the Lute*, in: Journal of the Lute Society of America 6 (1973), S. 48–62.

wird) der Gitarre um 1800 zunächst noch mit einem gewissen Wohlwollen gegenüber zu stehen schien – wie etwa jener Rezensent, der 1799 in der AMZ schrieb: »Es wird so wenig für dies weiche und anmuthige aber freylich nur beschränkte Instrument geschrieben, das immer mehr Liebhaber, insonderheit unter dem andern Geschlecht bekommt, daß man jeden Beytrag dafür mit Dank annehmen muß«.[30] – darf die Verwendung positiver Attribute wie ›weich‹ oder ›anmutig‹ nicht über jene Vorbehalte hinwegtäuschen, mit denen man der Gitarrenmusik der Zeit fortwährend begegnete.[31] Insbesondere die ›Beschränktheit des Instruments‹ und die Zuschreibung als ›Dameninstrument‹ werden mit geradezu erstaunlicher Konsequenz als disqualifizierende Aspekte ins Feld geführt,[32] und zwar nicht allein in Rezensionen und Beiträgen der AMZ, sondern in fast allen zeitgenössischen Texten, in denen die Qualität der Gitarrenmusik um 1800 thematisiert wird. Dabei mag vielleicht am meisten erstaunen, dass entgegen aller Erwartung die ›Beschränktheit des Instruments‹ selbst in zeitgenössischen Gitarrenschulen eingeräumt wird – Friedrich Guthmann beispielsweise beschließt seine ›Anleitung‹ mit der eindringlichen Ermahnung: »Einen Punkt wünschte ich noch jedem Componisten für die Guitarre einzuschärfen, nämlich den: ›Jede Sache hat ihre Grenzen.‹ Man muß nicht zu viel auf einem Instrumente machen wollen, und immer dem Charakter desselben treu bleiben«.[33]

Die Diskussion um die Qualität der zeitgenössischen Gitarrenmusik fand allerdings auf mehr als einer Ebene statt: Während die ›Beschränktheit des Instruments‹ zunächst nur auf die musikalische Qualität der Kompositionen zu verweisen scheint, wird damit gleichzeitig auch eine ästhetische Komponente ins Spiel gebracht, die Friedrich

---

30 AMZ I (1798/99), Nr. 41, 10. Juli 1799, Sp. 654f.

31 Ein Aspekt, den Peter Schmitz leider übergeht, wenn er mit Hilfe dieser Quelle belegt wissen möchte, dass man hier »noch einen recht guten Eindruck vom Ansehen der Gitarre« gewinnen könne. Dass Schmitz zu diesem verkürzten Ergebnis gelangt und nicht erkennt, dass die Gitarre gleichsam ›von Anfang an‹ als beschränktes Instrument galt, dürfte wohl damit zusammenhängen, dass er nicht vollständig aus der Rezension zitiert, sondern ausgerechnet die Worte »aber freylich nur beschränkte« kommentarlos auslässt; vgl. Schmitz, *Gitarrenmusik für Dilettanten*, S. 81.

32 Wieso ›Dameninstrument‹ einer Disqualifizierung gleichkommt, wird an späterer Stelle noch zu erörtern sein.

33 Friedrich Guthmann, *Anweisung die Guitarre in kurzer Zeit auch ohne Beihülfe eines Lehrers richtig spielen zu lernen; besonders für diejenigen, welche schon ein Instrument spielen*, Leipzig: Bureau de Musique [1807], S. 8.

Guthmann durch eine strikte Unterscheidung zwischen »leerer Klimperey« und »wirklicher Kunst« am radikalsten formulierte.[34]

In der Tat spielte sich die gesamte zeitgenössische Diskussion um die Qualität der Gitarrenmusik in jenem Spannungsfeld zwischen ›leerer Klimperey‹ und ›wirklicher Kunst‹ ab; sobald allerdings die Argumentation fort von einer kompositionstechnischen hin zu einer musikästhetischen Debatte (einschließlich der Rezipienten) verlagert wird, läuft man freilich Gefahr, verschiedene Ebenen unzulässigerweise miteinander zu vermischen, denn es besteht zweifellos ein Unterschied zwischen musikalischer Analyse einerseits und Fragen der zeitgenössischen ästhetischen Bewertung andererseits.

Diesem Risiko soll in dieser Studie dahingehend begegnet werden, dass zunächst die musikalische Analyse einzelner Werke im Vordergrund steht.[35] Zwar wird sich schon in diesem Teil deutlich zeigen, dass bereits in zeitgenössischer Perspektive kompositionstechnische (und damit einhergehend spielpraktische) Überlegungen zur Gitarrenmusik nach den Kriterien ›einfache‹ und ›höhere Spielart‹ differenziert werden. Die mit dieser Einteilung verknüpften ästhetischen Bewertungen werden – einschließlich der Fragen nach dem Zustandekommen der entsprechenden Maßstäbe – erst im darauf folgenden Kapitel dargelegt.

In dem sich anschließenden zweiten Teil dieser Studie sollen dann Überlegungen zur zeitgenössischen soziokulturellen Praxis des Umgangs mit Gitarrenmusik in Deutschland um 1800 angestellt werden. Dabei ist der nachdrückliche Hinweis auf folgende Prämisse unverzichtbar: Musik ist stets Ausdruck menschlichen Handelns – »all artistic work, like all human activity, involves the joint activity, often a large number, of people«.[36]

Demzufolge muss die wissenschaftliche Auseinandersetzung mit Musik selbstverständlich auch die mit Musik in welcher Weise auch immer umgehenden Menschen in den Blick nehmen. Dies gilt umso mehr dort, wo eine solche Auseinandersetzung in retrospektiver, historischer Rückschau erfolgt. In der Tat gilt hier durchaus Richard Taruskins Feststellung: »*Statements and actions* in response to real or perceived conditions: these are the essential facts of human history. [...] No historical event or change

---

34 Guthmann, *Ueber Guitarrenspiel*, Sp. 363.

35 Da der Terminus ›musikalische Analyse‹ seinerseits wiederum nur innerhalb eines bestimmten Bezugsrahmens verstanden werden kann, wird an entsprechender Stelle noch erläutert werden, wie im konkreten Fall dieser Bezugsrahmen zu bestimmen ist.

36 Howard S. Becker, *Art Worlds*, Berkley, Los Angeles, London: UCP 1982, S. 1.

can be meaning fully asserted unless its agents can be specified; and *agents can only be people*«.[37]

Jedoch sind (und waren) »Menschen nicht bloß Marionetten äußerer Bedingungen, nicht Gefangene in Strukturgehäusen; sie sind vielmehr *Akteure*«,[38] die ihr jeweiliges Leben nicht nur innerhalb bestimmter Strukturen gestalten, sondern ihrerseits diese bestimmten Strukturen zugleich (mit-)konstruieren. Ein solcher Akteur »gestaltet sich selbst, und er wirkt auf seine Zeit ebenso wie sie auf ihn. Das Ergebnis dieser Konstruktion besteht aus Zufällen, Zweifeln, Entscheidungen«.[39]

Eine Musikhistoriographie, die sich diesen fundamentalen Annahmen verpflichtet sieht, darf sich zwangsläufig nicht ausschließlich mit ›musikalischen Kompositionen‹ beschäftigen, sondern muss unbedingt auch die Akteure mit einbeziehen; Musik ist schlechterdings untrennbar an das Handeln von Menschen gebunden, erst »through their cooperation, the art work we eventually see or hear comes to be and continues to be«.[40] Jede Entscheidung zwischen *entweder* einer Geschichte musikalischer Werke *oder* einer Geschichte musikalisch handelnder Personen – das »Great Either/Or, the great bane of contemporary musicology«[41] – würde unweigerlich zu einer groben Verkürzung dessen führen, was die wesentliche Aufgabe von Musikgeschichtsschreibung sein sollte: »to embrace this, that, and the other«.[42]

Demzufolge muss im zweiten Teil dieser Studie der Fokus darauf gerichtet werden zu ergründen, welche Akteure an Gitarrenmusik in Deutschland um 1800 beteiligt waren und auf welche Weise sie agiert haben. An diese Überlegung schließt sich notwendigerweise ein weiterer Fragenkomplex unmittelbar an, wie nämlich die jeweiligen Akteure ›sich selbst gestalteten‹, und wie sie ›auf ihre Zeit ebenso wirkten wie diese auf

---

37 Richard Taruskin, *Introduction: The History of What?*, in ders., *The Oxford History of Western Music*, Band 1, Oxford usw.: OxfordUP 2005, S. XXI–XXXIII, hier: S. XXVI (Kursiva im Original).

38 Reinhard Sieder, *Sozialgeschichte auf dem Weg zu einer historischen Kulturwissenschaft?*, in: *Geschichte und Gesellschaft* 20 (1994), S. 445–468, hier: S. 448 (Kursiva im Original).

39 Jacques Le Goff, *Ludwig der Heilige*, Stuttgart: Klett-Cotta 2000, S. 16.

40 Becker, *Art Worlds*, S. 1.

41 Taruskin, *History*, S. XXVI. Taruskin zielt mit dieser Kritik vor allem auf jene musikhistoriographischen Paradigmen ab, wie sie beispielsweise in Carl Dahlhaus' *Grundlagen der Musikgeschichte* zu Tage treten, dessen zweites Kapitel Taruskin als »a veritable salad of emtpy binarisms« im Sinne einer unzulässigen Konstruktion der Dichotomie des »Great Either/Or« verwirft.

42 Taruskin, *History*, S. XXVI.

sie‹, wie also Gitarrenmusik einerseits soziale und kulturelle Prozesse derer, die in Deutschland um 1800 mit ihr umgingen, reflektiert, wie jedoch andererseits Gitarrenmusik solche sozialen und kulturellen Prozesse nicht nur in Gang setzte, sondern selbst als Vollzug soziokulturellen Handelns verstanden werden muss: »too often attempts to relate musical forms to social processes ignore the ways in which music is *itself* a social process«.[43]

Vor diesem Hintergrund ist selbstverständlich auch die die Musik ›umgebende‹ sozial-politische Geschichte Deutschlands zu berücksichtigen, die in den Jahren um 1800 rein äußerlich zunächst durch eine äußerst vielfältige Aufteilung in Herzogtümer, Fürstentümer, Grafschaften, Freie Reichsstädte und andere mehr sowie die Konkurrenz zwischen den ›innerdeutschen Großmächten‹ Preußen und Österreich charakterisiert ist. Mehr noch: Als Folge der französischen Revolution war »für die Deutschen der Umsturz der alten Ordnung reale Erfahrung erst unter Napoleon und in der Form des Militär-Imperiums geworden«.[44] Zwischen Revolutionskriegen, Reichsdeputationshauptschluss, Rheinbund und Wiener Kongress ordneten sich die aktuellen politischen und sozialen Lebensbedingungen nahezu ständig und immer wieder neu.

Dementsprechend vielgestaltig stellten sich die zeitgenössischen Lebensbedingungen jener Menschen dar, die in Deutschland um 1800 in unterschiedlicher Weise mit Gitarrenmusik umgingen. Insofern ist es sinnvoll, die in jener Zeit an Gitarrenmusik beteiligten Akteure im Hinblick auf ihre jeweils spezifische Art dieses Umgangs (nach Möglichkeit) voneinander getrennt zu diskutieren. Hierfür bietet sich eine erste (und denkbar einfache) Aufteilung nach den Kategorien Produktion und Rezeption an, wobei Produktion als Gegenbegriff zu Rezeption keinesfalls als ›Herstellung‹ missverstanden werden darf, sondern unbedingt ›Hervorbringung‹ meint. Sofern als Produktion all jene Momente verstanden werden, in denen Musik hervorgebracht wird – dazu zählen im engeren Sinne Komposition und Aufführung/Interpretation, in einem weiteren Verständnis jedoch auch die Publikation durch Musikverlage usw. –, dann ist auf dieser Ebene stets eine ökonomische Funktion von Musik mitzudenken, jene Momente also, in denen Musik zur Ware wird, in denen es um die wirtschaftliche Fruchtbar-

---

43 Simon Frith, *Performing Rites – On the Value of Popular Music*, Cambridge/MA: Harvard-UP 1996, S. 270. Wenngleich Frith sich hier ›nur‹ mit einer Wertästhetik der Popmusik beschäftigt, sind seine Überlegungen zu soziokulturellen Funktionen von Musik von grundlegender Bedeutung; vgl. dazu ebenfalls Tia DeNora, *Music in Everyday Life*, Cambridge usw.: CUP 2000.

44 Thomas Nipperdey, *Deutsche Geschichte 1800-1866 – Bürgerwelt und starker Staat*, München: Beck 1983, S. 11.

machung musikalischer Produktion geht. Wenn also im Kapitel *Gitarristen und Komponisten* verschiedene Komponisten von Gitarrenmusik um 1800 diskutiert werden, so geschieht dies zunächst auf Grundlage der eher ökonomisch ausgerichteten Fragestellung, welche Strategien jene Komponisten – die häufig genug zugleich auch Interpreten waren – verfolgten, um sich mit der Produktion von Musik ein wirtschaftliches Auskommen zu sichern. Dass unterschiedliche Lebensentwürfe unterschiedliche Strategien generierten und umgekehrt, versteht sich von selbst: Berufsgitarristen waren selbstverständlich mehr auf den ökonomischen Erfolg ihrer musikalischen Produktion angewiesen als etwa ›Nebenerwerbsgitarristen‹.[45]

So grundlegend eine solche Zweiteilung in (ökonomisch motivierte) Produktion und Rezeption vordergründig sein mag, darf dabei jedoch nicht übersehen werden, dass Musik zwischen Produzenten und Rezipienten in irgendeiner Weise vermittelt werden muss, es bedarf eines Mediums. Dieses kann – um 1800 – zweierlei sein: Zum einen ein handschriftlicher oder gedruckter Notentext, der beispielsweise von Musikverlegern distribuiert wird,[46] zum anderen eine praktische Aufführung, für die Interpreten zuständig sind.[47] Allerdings ist dabei ›Vermittlung‹ in jedem Fall im Sinne von ›Kommunikation‹ zu denken. Die Rolle, die Musikverlage für Gitarrenmusik in Deutschland um 1800 spielten (dies wird Gegenstand des Kapitels *Musikverlage als Vermittler zwischen Komponisten und Publikum* sein), darf diesem Verständnis zufolge daher keinesfalls auf eine reine Distributionsfunktion im Prozess des Kaufens bzw. Verkaufens von Musik reduziert werden; vielmehr kommt ihnen eine wesentliche Vermittlungsfunktion in der Kommunikation zwischen Komponisten und *Publikum* zu.[48] Zum Publikum wiederum gehören aber nicht nur Käufer von Notendrucken, sondern auch all jene, die gerade aufgrund der Veröffentlichung von Musik durch Verlage überhaupt von dieser Musik Kenntnis erhalten, indem sie beispielsweise eine Werbeanzeige oder eine Rezension lesen oder mit anderen Rezipienten von Musik über eine gedruckte (= veröffentlichte) Komposition kommunizieren.

---

45 Zum Berufsbild von Komponisten zu Beginn des 19. Jahrhunderts vgl. Axel Beer, *Musik zwischen Komponist, Verlag und Publikum – Die Rahmenbedingungen des Musikschaffens in Deutschland im ersten Drittel des 19. Jahrhunderts*, Tutzing: Schneider 2000, S. 15–29.

46 Vgl. dazu die entsprechende Einteilung in Komponist, Verlag und Publikum bei Axel Beer, *Musik zwischen Komponist, Verlag und Publikum*.

47 Als ›Interpreten‹ seien all jene verstanden, die Musik zum Klingen bringen, unabhängig davon, ob sie ›für andere‹ oder ›für sich selbst‹ spielen.

48 Axel Beer hat diese Problematik bereits im Titel seines Buchs, das »Musik zwischen Komponist, Verlag und *Publikum*« und nicht etwa »Musik zwischen Komponist, Verlag und *Kundschaft*« heißt, deutlich gemacht.

›Rezeption von Musik‹ ist indes einzig als ›Umgang mit Musik‹ zu verstehen.[49] Schon allein die in der musikwissenschaftlichen Literatur fortwährend wiederkehrenden Versuche, Gitarrenmusik um 1800 als Ausdruck einer sogenannten ›bürgerlichen Musikkultur‹ zu verstehen, machen deutlich, dass die Rezeption von Musik aufs engste mit der Idee der Konstruktion einer soziokulturellen Identität all jener, die mit ihr umgehen, verbunden ist. Freilich sind die Wechselwirkungen zwischen Musikpraxis und individuellem Selbstverständnis außerordentlich komplex,[50] so dass die Annäherung an diese Problematik im Kapitel *Gitarrenmusik und ›Bürgerlichkeit‹* in drei Schritten erfolgen wird. Unter der Voraussetzung, dass die Konstruktion von sowohl kultureller als auch individueller Identität nur als Konsequenz eines fortwährenden Prozesses von Selbstdefinition und Fremddistinktion zu denken ist, soll zunächst diskutiert werden, ob und wie ›Bürgertum‹ als kulturelle Identität verstanden werden kann, und welche Rolle ›bürgerliche Musikpraxis‹ dabei spielt. Wie zu zeigen sein wird, verlaufen im Hinblick auf Gitarrenmusik in Deutschland die Grenzziehungen zu jeweils ›Anderen‹ (zur ›Fremddistinktion‹ bedarf es notwendigerweise eines solchen ›Anderen‹) allerdings nicht entlang einer gedachten Trennlinie zwischen ›Bürgern‹ und ›Nicht-Bürgern‹. Die ›Anderen‹ werden vielmehr einerseits über die (musikästhetisch begründete) Unterscheidung in ›Kenner‹ und ›Liebhaber‹ definiert und andererseits durch die Konstruktion einer Geschlechterpolarität zwischen Männlichkeit und Weiblichkeit, die allerdings auf bemerkenswerte Art und Weise mit der ersten Kategorie verschränkt ist.

Seien es kompositions- und spieltechnische Aspekte der musikalischen Analyse, seien es Fragen der musikästhetischen Bewertung, oder sei es die Konstruktion soziokultureller Bezüge: Gitarrenmusik in Deutschland um 1800 ist, wie sich zeigen wird, letztendlich nur auf der Folie der Dichotomie von ›leerer Klimperey‹ und ›wirklicher Kunst‹ zu denken.

---

49   Vgl. dazu Hans Robert Jauß, *Ästhetische Erfahrung und literarische Hermeneutik*, Frankfurt am Main: Suhrkamp 1982.

50   Diese Problematik hat nicht zuletzt Laurenz Lütteken eindringlich deutlich gemacht, wie an späterer Stelle noch genauer auszuführen sein wird; Lauren Lütteken, *Das Monologische als Denkform in der Musik zwischen 1760 und 1785*, Tübingen: Niemeyer 1998 (= Wolfenbütteler Studien zur Aufklärung 24), S. 53–75.

ZUR MUSIKALISCHEN ANALYSE DER GITARRENMUSIK IN DEUTSCHLAND UM 1800 – EINE ANNÄHERUNG

Wer aus primär historischer Perspektive einen analytischen Zugriff auf musikalische Werke wagt, sieht sich mit dem Problem konfrontiert, welcher musiktheoretische Maßstab einem solchen Vorhaben angemessen ist. Das gilt zunächst selbstverständlich dort, wo musikalische Analyse mehr sein soll als »die Untersuchung der Musik im zeitlosen Glashaus der Klassik«, wie Stephen Hinton dies ein wenig provozierend formuliert hat,[1] und das gilt insbesondere dann, wenn ein scheinbar wertfreier musikalischer Analyseversuch bei genauerem Hinsehen eben doch mit ästhetischen Werturteilen verbunden ist. So schalteten sich in die zeitgenössische Diskussion um die ›Beschränktheit‹ der Gitarrenmusik in Deutschland um 1800 recht schnell deren Vertreter (sprich: Komponisten und Lehrer) ein, indem sie diese Diskussion in verschiedenen Schriften aufgriffen, wobei man sich der Problematik der ›Beschränktheit‹ durchaus bewusst war, wie der folgende Ausschnitt aus Simon Molitors Vorrede zu seiner *Großen Sonate* op. 7 verdeutlichen mag:

> »Der strengere Kunstliebhaber eifert sogar gegen dieses Instrument, welches, eben durch die Leichtigkeit womit man auf demselben die gewöhnlichen Accorde in einigen Tonarten hervorbringen lernt, und durch die Unbekümmerniss, womit diese Accorde – meistens ohne Rücksicht auf ihre Lage und ihr Verhältnis unter sich – gespielt werden, zur schalesten Klimperei verleite, und dessen Verbreitung daher dem guten Geschmack in der Kunst wahren Nachtheil bringe. Und leider sind, so wie die Guitare fast durchgängig behandelt wird, jene Vorwürfe nicht ohne Grund. Die meisten Guitare-Komposizionen sind so wenig als das Spiel der meisten Guitaristen dazu geeignet, jene Meinung zu widerlegen: diese Tändeleien, dieses unaufhörliche Arpeggiren regelloser Accorde, diese dem Instrument gar nicht angemessenen Künsteleien, welchen selbst die besseren unter den Guitarespielern nachjagen, können dem Musikkenner nur eine schlechte Meinung von diesem Instrumente beibringen«.[2]

Nicht nur, dass hier die musikalische Fachwelt von Molitor als Gruppe der ›strengen Kunstliebhaber‹ und ›musikalischen Kenner‹ näher spezifiziert wird, er zählt vor allem etliche Mängel der zeitgenössischen Gitarrenkompositionen wie das »unaufhörliche Arpeggiren regelloser Accorde« und andere mehr bereitwillig auf und räumt zugleich ein, dass der Vorwurf der ›Beschränktheit‹ zu einem großen Teil durchaus zuträfe.

---

1   Stephen Hinton, *Musikwissenschaft und Musiktheorie oder Die Frage nach der phänomenologischen Jungfräulichkeit*, in: *Musiktheorie* 3 (1988), S. 195–204, hier: S. 204.

2   Simon Molitor, Vorrede zur *Großen Sonate* op. 7, S. 10.

Johann Jakob Staehlin wiederum argumentiert weit weniger defensiv als Molitor. Zwar gesteht auch Staehlin ein, dass die

> »gröste Menge der Guitarre-Composizionen, [...] leider nichts als ein regelloses Arppeggio von Akkorden enthalten, ohne dass dabey die geringste Rücksicht auf ihre Lage und ihr Verhältniss gegeneinander genommen worden wäre. Diese verkehrte Behandlung der Guitarre ist recht sehr dazu geeignet dieselbe wahren Musik-Kennern und Liebhabern gänzlich zu verleiden«.[3]

Staehlin stellt aber weitaus deutlicher als Molitor klar: »Es ist ein Irrthum wenn man glaubt sie sey blos fähig kleine Gesangstücke oder, ein die Melodie führendes Instrument, in wenigen Tonarten, und nur in den gewöhnlichen Akkorden zu begleiten«.[4]

So unterschiedlich beide Standpunkte in Argumentation und Zielrichtung auch sein mögen, so ist ihnen doch gemeinsam, dass sie mit ›wenn-dann‹-Operationen argumentieren, wobei das ›wenn‹ sich stets auf die Kompositionstechnik bezieht, das ›dann‹ jedoch auf den (wie auch immer gearteten) ästhetischen Wert.

JOHANN JAKOB STAEHLIN

* 1772/3 in Zürich

† 13. August 1839 in Mainz

Staehlin zog vermutlich um 1800 ins Rhein-Main-Gebiet. Als Taufpate seiner Nichte Henrietta Emilia Staehlin, Tochter seines Bruders Johann Anton Staehlin, wird er am 27. April 1806 im Kirchenbuch der evangelischen Kirchengemeinde Idstein im Taunus zwar als »Buchhalter zu Frankfurt« geführt, diverse Briefe des Musikverlags André in Offenbach zwischen 1810 und 1820 sind hingegen an »Staehlin in Idstein« adressiert. Um 1826 dürfte Johann Jakob Staehlin nach Mainz umgezogen sein: Im Mainzer Adressbuch von 1825 taucht sein Name noch nicht auf, doch am 27. Mai 1826 stellte er einen Antrag auf Aufnahme in die Mainzer Freimaurerloge »Die Freunde zur Eintracht«. Ab 1830 bis zu seinem Tod 1839 wird Staehlins Wohnort in den Mainzer Adressbüchern mit »Emmeranstraße 12 (Lit. D 110)« vermerkt.

Quellen: BKB André <> Kirchenbücher der evangelischen Kirchengemeinde Idstein im Taunus <> »Gewerbesteuer-Cataster« der Stadt Idstein, Stadtarchiv Idstein <> Stadtarchiv Mainz: Adressbücher 1825, 1830, 1836, 1839; Freimauer-Personalakte NL 183/50; Sterbeurkunde 725/1839.

Diese Verknüpfung von Theorie und Ästhetik macht den musikanalytischen Zugriff aus historischer Perspektive zugegebenermaßen nicht einfacher; im vorliegenden Kapi-

---

3   Johann Jakob Staehlin, *Anleitung zum Guitarrespiel sowohl für diejenigen welche dasselbe blos zur Begleitung anwenden wollen als auch für diejenigen welche die Guitarre als concertirendes und Solo Instrument behandeln zu lernen wünschen*, Offenbach: André [1810], S. 3.

4   Staehlin, *Anleitung*, S. 3.

tel soll allerdings zunächst ausschließlich versucht werden, aus den verschiedenen zeitgenössischen Texten, in denen sich die Autoren mit dem Problem der ›Beschränktheit‹ beschäftigen, deren musiktheoretische Perspektive herauszuarbeiten, um so Kriterien für die folgende musikanalytische Untersuchung zu gewinnen. Da es dabei freilich nur um musiktheoretische Regeln gehen kann und nicht um das Erkennen musiktheoretischer Gesetze, konzentriert sich die musikalische Analyse einzig auf Überlegungen zu zeitgenössischen Kompositionsregeln.[5]

Überlegungen zu einer Verknüpfung von Kompositionstechnik mit ästhetischen Ansprüchen, jenem Moment also, in dem aus zeitgenössischer Perspektive ›leere Klimperey‹ zu ›wirklicher Kunst‹ wurde, sollen hingegen erst im Kapitel *Die zeitgenössische Diskussion musikästhetischer Kategorien der Gitarrenmusik* wieder aufgegriffen werden.

Von »nothwendiger Kenntniss der Harmonie« zur »Reinigkeit des Satzes«

Der Frage nach einer in der Gitarristik um 1800 als angemessen verstandenen Kompositionstechnik lässt sich am ehesten durch eine Analyse jener Texte auf die Spur kommen, in denen Anweisungen zur Spieltechnik gegeben werden – das sind zum größten Teil selbstverständlich die zeitgenössischen Gitarrenschulen, doch auch in einigen anderen Texten finden sich entsprechende Kommentare.[6]

Wohl mag es zunächst ein wenig umständlich anmuten, Erkenntnisse über Kompositionstechnik aus Anweisungen zur Spieltechnik gewinnen zu wollen, doch wie sich zeigen wird, sind es gerade die spieltechnischen Überlegungen der verschiedenen Auto-

---

5   Vgl. dazu den Abschnitt »Gesetz versus Regel« in der Einleitung zu Markus Waldura, *Von Rameau und Riepel zu Koch – Zum Zusammenhang zwischen theoretischem Ansatz, Kadenzlehre und Periodenbegriff in der Musiktheorie des 18. Jahrhunderts*, Hildesheim, Zürich, New York: Olms 2002 (= Musikwissenschaftliche Publikationen 21), S. 20–22.

6   Paul Wathen Cox hat in seiner Dissertation sämtliche ihm bekannten Unterrichtswerke für Gitarre zwischen 1770 und 1850 auf Kriterien der darin vermittelten Spieltechnik untersucht; in jenen Gitarrenschulen, die hier im Folgenden nicht diskutiert werden, finden sich allerdings keine zusätzlichen neuen Informationen, so dass aus Platzgründen auf eine vollständige Erfassung ›aller‹ Lehrwerke für Gitarre aus der Zeit um 1800 verzichtet wurde; Cox, *Guitar Technique*.

ren, aus denen sich eben jene Rückschlüsse auf Kompositionstechnik ziehen lassen.[7] Nicht von ungefähr formuliert Molitor in seiner Vorrede:

> »Bei diesen anerkannten Vorzügen der Guitare lohnt es um so mehr der Mühe zu untersuchen, ob jene Mängel und Gebrechen, welche der Guitare zum Vorwurf gemacht werden, aus der Beschaffenheit des Instruments selbst entstehen, welche demselben in der Ausübung schon so enge Gränzen setze, oder ob dieselben nicht vielmehr nur dem Mangel zweckmässiger Anleitung und vorzüglich dem Mangel guter Muster, das heisst, guter Komposizionen zuzuschreiben seyen?«[8]

Falls tatsächlich die »Beschaffenheit des Instruments [...] demselben in der Ausübung schon so enge Gränzen« setzen sollte, müssten sich entsprechende Indizien in zeitgenössischen Gitarrenschulen jedenfalls finden lassen.

Wenn andererseits »jene Mängel [...], welche der Guitarre zum Vorwurf gemacht werden«, sich in erster Linie in einem »Mangel [...] guter Komposizionen« begründen, so sollten sich auch dafür in diesen Anweisungen Hinweise finden lassen. Dies gilt umso mehr, als dass sich die geäußerten Vorwürfe in der Hauptsache auf die Art der harmonischen Faktur der Kompositionen beziehen, auf das »unaufhörliche Arpeggiren regelloser Accorde« bzw. auf das »regelloses Arppeggio von Akkorden«, wie es bei Molitor und Staehlin heißt.

Die ›einfache Spielart‹

Heinrich Christian Bergmanns *Kurze Anweisung zum Guitarrspielen* von 1802[9] ist das erste – heute noch nachweisbare – gedruckte Unterrichtswerk, das ausschließlich der sechssaitigen Gitarre gewidmet ist. Hinsichtlich der akkordischen Begleitung auf der Gitarre hat Bergmann eine sehr deutliche Vorstellung, wie er in Kapitel IV, § 9 ausführt:

> »Was die Verdoppelung der Intervalle, bey den Akkorden, betrifft, so ist diese bey der Guitarre viel leichter, als bey der Orgel und dergl., wo der reine Satz hauptsächlich von der Fortschreitung der Stimmen mit abhängt. Hier bey unserm In-

---

7 Zumal eine explizite »Anleitung zur Komposition für Gitarrenmusik« schlicht nicht existiert. Mit einem ähnlich gelagerten Problem setzte sich Willi Apel 1973 im ersten Teil seiner *Studien über die frühe Violinmusik* auseinander, in dessen Einleitung er die – an sich naheliegende – Überlegung formuliert, dass von einer Geschichte des Violin*spiels* ohne Weiteres auf eine Geschichte der Violin*musik* zurückgeschlossen werden kann; Willi Apel, *Studien über die frühe Violinmusik I*, in: *Archiv für Musikwissenschaft* 30 (1973), S. 153–174.

8 Molitor, Vorrede zur *Großen Sonate* op. 7, S. 12.

9 Heinrich Christian Bergmann, *Kurze Anweisung zum Guitarrspielen*, Halle: Hendel 1802.

strumente kommen die Akkorde mehrentheils einzeln oder doch so vor, daß, wenn auch mehrere auf einander folgen, sie doch nicht periodenweise vier- oder mehrstimmig vorschreiten müssen. Folglich kann man die Akkorde so volltönig nehmen, wie es die Umstände erlauben«.[10]

In Kapitel V, § 4 spezifiziert er zudem die Anschlagsart dieser akkordischen Begleitung: »Die Akkorde kommen entweder so vor, daß alle Töne, woraus sie bestehen, zusammen angeschlagen, oder gebrochen werden; letzteres heißt: man hört von dem tiefern zum höhern, oder von dem höhern zum tiefern, jeden Ton nach einander«.[11]

Nun ist freilich davon auszugehen, dass Bergmann nicht der ›Erfinder‹ dieser eher freien Handhabung der akkordischen Begleitung beim Gitarrespiel ist, sondern vielmehr die zu Beginn des 19. Jahrhunderts gängige Spielpraxis in seiner *Anweisung* kodifiziert hat, denn insgesamt lag der Schwerpunkt des zeitgenössischen Gitarrespiels tatsächlich auf eben dieser akkordischen Begleitung.

Eine ganze Reihe der Gitarreschulen, die nach Bergmanns *Anweisung* von 1802 erschienen, ist im Wesentlichen darauf ausgerichtet, den Schülern ausschließlich die Grundtechniken akkordischer Begleitung zu vermitteln.

Bartolomeo Bortolazzis *Guitarre Schule* (1805)[12] beispielsweise beginnt zunächst mit einfachen Tonleitern, erst »mit Kreutzen«, dann die »B Tonarten«, denen danach »Uibungen, welche die Sprünge in 3zen [bis] 12 enthalten«, folgen. Ist der Schüler dann sowohl mit den einzelnen Tönen der verschiedenen Tonleitern als auch mit den gebräuchlichsten Intervallen vertraut, lernt er die »Notten, welche den vollkommenen Acord bilden«, und zwar in Grundstellung und mit jeweiligen Umkehrungen durch den kompletten Quintenzirkel. Sofern der Schüler dann sämtliche Akkorde in allen Tonarten mit bis zu sieben Vorzeichen ebenfalls erlernt hat, bietet Bortolazzi noch »29 Uibungen für die rechte Hand, welche in verschiedenen Harpeggen bestehen«, an, ehe zum Schluss eine *Fantasia* und ein *Allegretto* als ›Handstücke‹ folgen, wobei beide Werke beinahe ausschließlich aus »verschiedenen Harpeggen« bestehen:

---

10   Bergmann, *Anweisung*, S. 32.

11   Bergmann, *Anweisung*, S. 35.

12   Bartolomeo Bortolazzi, *Neuer und gründlicher Unterricht die Guitarre nach einer leichten und faßlichen Methode spielen zu lernen / Nuova, ed esatta Scuola per la Chitarra – Ridotta ad un Metodo il piu semplice, ed il piu Chiaro*, Wien: Chemische Druckerey [1805], PN 128, S. 1. Zu Bartolomeo Bortolazzi sind bis dato leider keine zuverlässigen biographischen Hintergründe ermittelbar; auf verschiedenen Internetseiten verbreitete Informationen zu Bortolazzi sind höchst vage und entbehren jeglicher quellentechnisch abgesicherten Basis.

Notenbeispiel 1: Bartolomeo Bortolazzi, *Neuer und gründlicher Unterricht die Guitarre.*

An diesem Beispiel wiederum wird deutlich, warum Bergmann in seiner *Anweisung* einschränkt: »Was das Anschlagen der Intervalle mit der rechten Hand – in sofern sie als Melodie vorkommen – betrift, so ist davon zu merken, daß z.B. Terzen mit dem zweyten und dritten Finger angeschlagen werden«.[13] Was auf den ersten Blick wie eine rein spieltechnisch konzipierte Anleitung wirkt, birgt dennoch auch einen deutlichen kompositionstechnischen Aspekt: Die Melodiebildung scheint bei Werken dieser Faktur gleichsam ›zufällig‹ durch eine lineare Verbindung von Tönen, die eigentlich zum arpeggierten Akkord gehören, zu erfolgen:

Notenbeispiel 2: Bartolomeo Bortolazzi, *Neuer und gründlicher Unterricht die Guitarre.*

13   Bergmann, *Anweisung*, Kapitel V, § 6, S. 37.

Johann Heinrich Carl Bornhardts *Anweisung* (1807)[14] folgt strukturell diesem Prinzip: Neben Stimmung, Haltung und Tonleitern in den gebräuchlichsten Tonarten erläutert Bornhardt »die gewöhnlichsten Arten der Passagen«; dabei ist nichts anderes gemeint als eine Anleitung zum Arpeggieren von Akkorden, wobei Bornhardt – im Prinzip wie Bergmann und Bortolazzi – zunächst die linke (Greif-)Hand und danach die rechte (Anschlags-)Hand abhandelt. Auch diese Gitarrenschule ist vornehmlich dazu gedacht, den Schüler mit der akkordischen Begleitung auf der Gitarre vertraut zu machen, eine Spieltechnik, die de facto freilich zuallererst auf Liedbegleitung ausgerichtet ist, wie auch die »ganz neuen Handstücke«, sämtlich Lieder, verdeutlichen, die Bornhardt der vierten Auflage seiner Anweisung beigab.

Zwar schrieb Bornhardt kurz vor Drucklegung dieser vierten Auflage im Februar 1807 an seinen Verleger Ambrosius Kühnel: »Da ich mir bei dieser Aufgabe besonders schmeicheln darf, recht sehr leichte und ins Gehör fallende Handstücke gewählt zu haben«,[15] doch eigentümlicherweise finden sich genau die gleichen ›Handstücke‹ auch in der *Nouvelle Methode* von J. F. Scheidler, die etwa drei Jahre zuvor bei Simrock in Bonn erschienen war.[16] Neben dieser exakten Übereinstimmung gleichen sich die Schulen von Bornhardt und Scheidler zunächst auch zu Beginn der Anleitungen: Wie jener vermittelt auch Scheidler Informationen zu Stimmung, Haltung, Tonleitern und ›Passagen‹, allerdings berücksichtigt er zusätzlich auch die Technik des damals so genannten ›Schleifens‹,[17] von dem seiner Meinung nach »das angenehme Spiel abhängt«.[18] Durch dieses ›Schleifen‹ können vergleichsweise schnelle einstimmige Läufe wesentlich gebundener und organischer realisiert werden, als dies durch jede noch so gute synchrone Koordination von Greifhand und Anschlagshand möglich wäre. Insofern bezieht sich das ›Schleifen‹ allerdings gerade nicht auf die in den übrigen Gitarreschulen im Zentrum stehende akkordische Begleitung, sondern auf eine Spieltechnik, die eindeutig auf ein ›angenehmes‹ Melodiespiel ausgerichtet ist.

14   Johann Heinrich Carl Bornhardt, *Anweisung die Guitarre zu spielen und zu stimmen*, Braunschweig: Musikalienverlag in der Neuen Straße [1802], und ders., *Anweisung die Guitarre zu spielen nebst einigen Uebungen und ganz neuen Handstücken*, vierte Auflage, Leipzig: Kühnel [1807], PN 536.

15   D-LEsta, Nr. 2612; vgl. dazu Schnell, S. 205.

16   J. F. Scheidler, *Nouvelle Methode en francais et en allemand pour apprendre la Guitarre ou la Lyre*, Bonn: Simrock [1804], PN 385. Bis dato konnte leider nicht geklärt werden, ob es sich bei J. F. Scheidler tatsächlich um Johann Christian Gottlieb Scheidler handelt; sollte dies tatsächlich der Fall sein, wäre »J. F.« allenfalls durch einen Lesefehler zu erklären.

17   Damit sind jene Spieltechniken für die (linke) Anschlagshand gemeint, bei denen die Tonerzeugung allein durch diese Hand – entweder durch das kräftige Abziehen eines Fingers oder durch das kräftige Aufschlagen eines Fingers – erfolgt.

18   Scheidler, *Methode*, S. 6.

Johann Traugott Lehmann erhebt in seiner *Neuen Guitarre=Schule* zwar den Anspruch, »die einfachsten Regeln [...] auch ohne Lehrer« vermitteln zu können,[19] bemerkt allerdings gleich zu Beginn seines Lehrwerks: »Die Guitarre wird von vielen erlernt, die sich mit andern Instrumenten, so wie überhaupt mit der Musik nicht genauer einlassen«.[20] Vor diesem Hintergrund richtet Lehmann sich mit seinem Unterricht in der Tat zuallererst an »Anfänger in der Musik«, indem er in 24 Einzelparagraphen die ›Anfangsgründe‹ der Musik, also Notenschrift, -linien und -werte, Schlüssel, Pausen usw., erklärt.[21]

Wie Bornhardt versteht Lehmann die Gitarre in erster Linie als Begleitinstrument, denn:

> »Unter allen Instrumenten ist die Guitarre, zur Begleitung des Gesanges von einer oder zwei Stimmen, unstreitig eines der vorzüglichsten, weil es [...] auch wegen der ihm und der Laute, ausschließend eigenthümlichen Weichheit des Tones, mit einer sanften Stimme so ganz zu vereinbaren ist«.[22]

Dementsprechend großes Gewicht legt Lehmann dann auch auf die Erklärung der Akkorde:

> »Mehr als zwei verschiedene Töne zusammen, geben eine volle Harmonie oder Akkord. Es giebt nur zwei Stamm- oder Hauptakkorde, wovon der reine Akkord aus dem Ton selbst [...], der Tertie [...] und Quinte [...], der andere aber aus dem Ton, der Tertie, Quinte und kleinen Septime besteht. Alle übrigen Akkorde sind von diesen abgeleitet, und entstehen durch die Umwendungen, die man von jedem Akkorde machen kann«.[23]

Folgerichtig setzt Lehmann den Schwerpunkt der praktischen Übungen seiner Schule vor allem auf die verschiedenen Akkorde, die er allerdings – im Gegensatz zu Bortolazzi beispielsweise – nur für die »gewöhnlichen Tonarten« mit bis zu drei Kreuz- bzw. zwei B-Vorzeichen angibt. Die Beschränkung auf die »gewöhnlichen Tonarten« hängt vermutlich auch mit der von Lehmann anvisierten ›Zielgruppe‹ der »Anfänger in der Musik« zusammen; zu jenem Abschnitt über die Akkorde bemerkt Lehmann in einer Fußnote:

> »So viel war hier zu erwähnen nöthig, um sich einen richtigen Begriff von den Akkorden machen zu können. Wer sich genauer darüber oder über Harmonie

---

19 Johann Traugott Lehmann, *Neue Guitarre=Schule oder die einfachsten Regeln die Guitarre auch ohne Lehrer spielen zu lernen*, Dresden: Arnold (in Commission) [1806].

20 Lehmann, *Guitarre=Schule*, S. 1.

21 Lehmann, *Guitarre=Schule*, S. 1–4.

22 Lehmann, *Guitarre=Schule*, S. 5.

23 Lehmann, *Guitarre=Schule*, S. 9.

unterrichten will, findet in jeder Anweisung zum Generalbaß dieß deutlicher auseinandergesetzt. Da bei der Guitarre die Kenntniß genannter zwei Stammakkorde vorzüglich nöthig ist, es aber Anfängern viele Schwierigkeiten verursachen würde, sie alle in ihren Umwendungen kennen zu lernen; so werde ich ihre Umwendungen (abgeleiteten Akkorde) jedesmal nur mit dem Namen des Stammakkords benennen«.[24]

Dass der Hauptzweck des Gitarrespiels in der akkordischen Begleitung liegt, ist auch die Ansicht von Friedrich Guthmann, der zu Beginn seiner *Anweisung* eindeutig klarstellt: »Sehr vortheilhaft ist es – ich möchte fast sagen unentbehrlich – wenn der Guitarrenspieler einige Kenntniß von Harmonie und Generalbaß hat, da die Guitarre in der Regel die Harmonie zu der Melodie zu behandeln hat«.[25] Dieser Gedanke kehrt an verschiedenen Stellen in Guthmanns *Anweisung* wieder, wie etwa bei seinen Bemerkungen zu den Verzierungen, wo es heißt:

> »Das Guitarrenspiel schränkt sich im Wesentlichen auf harmonische Begleitung ein; schon daraus kann man schließen, daß hier keine sogenannten Manieren (z.B. Triller, Doppelschläge etc.) statt finden können. Sie sind auch dem Instrumente gar nicht angemessen, und gehören daher hier unter die musikalischen Auswüchse«.[26]

Auch Guthmann reduziert die Funktion der Gitarre also auf die akkordische Begleitung, wohingegen er spieltechnische Besonderheiten wie Triller, die eindeutig auf der Ebene des Melodiespiels angesiedelt sind, als »musikalische Auswüchse« verwirft.

Umgekehrt nimmt Guthmann jedoch auch für die harmonische Begleitung eine Einschränkung vor, die insbesondere im Vergleich mit der Anweisung von Heinrich Bergmann bemerkenswert ist. Hatte Bergmann seinen Schülern noch ohne nähere Begründung gestattet: »Folglich kann man die Akkorde so volltönig nehmen, wie es die Umstände erlauben«,[27] so präzisiert Guthmann diesen Punkt:

> »Die Guitarre ist immer ein Instrument, welches eine große Mannigfaltigkeit der Harmonie nur mit großen Schwierigkeiten im Spiel giebt [...]. Es braucht wohl kaum bemerkt zu werden, daß man in der Folge der Accorde, in der Verbindung der Intervallen, und überhaupt in der Harmonie weniger strenge zu seyn braucht, als es nach den Grundsätzen des reinen Satzes seyn dürfte«.[28]

---

24   Lehmann, *Guitarre=Schule*, S. 9, Fußnote.

25   Guthmann, *Anweisung*, S. 3.

26   Guthmann, *Anweisung*, S. 7.

27   Bergmann, *Anweisung*, S. 32.

28   Guthmann, *Anweisung*, S. 7.

Der Umstand, dass Guthmann sich Bergmann und Lehmann in puncto harmonischer Behandlung der Gitarre anschließt und gestattet, die »Grundsätze des reinen Satzes« nicht allzu streng zu befolgen, ist auf den ersten Blick nur ein weiteres Indiz dafür, dass sich die musiktheoretischen Ansprüche, die in diesen Gitarrenschulen formuliert wurden, vor allem an der Musikpraxis orientierten, denn schließlich galt es, potenzielle Schüler nicht vor allzu große Herausforderungen zu stellen, wie sie ein streng regelgerechter harmonischer Satz verlangt hätte.[29] Andererseits sah Guthmann sich jedoch offenbar genötigt, Bergmanns und Lehmanns eher ›großzügigen‹ Umgang mit dem harmonisch korrekten Satz nicht einfach nur zu übernehmen, sondern Gründe für seine eigene Empfehlung einer freien Handhabung der reinen Satzlehre aufzuführen. Neben dem Verweis auf die »großen Schwierigkeiten im Spiel« nimmt Guthmann den Topos der ›Beschränktheit‹ der Gitarre auf: »Man muß sich nach dem Instrumente richten«;[30] was zunächst noch vergleichsweise tolerant klingt, wird nur wenige Zeilen später dann doch deutlich eingeschränkt: »Einen Punkt wünschte ich noch jedem Componisten für die Guitarre einzuschärfen, nämlich den: ›Jede Sache hat ihre Grenzen.‹ Man muß nicht zu viel auf einem Instrumente machen wollen, und immer dem Charakter desselben treu bleiben«.[31]

Dass Guthmann solche Erklärungen für unbedingt notwendig erachtet haben muss, ergibt sich einerseits wohl tatsächlich aus der Berücksichtigung der alltäglichen Musikpraxis im Gitarrenunterricht. Andererseits hatte Guthmann sich mit einem anderen Text, der im Jahr vor der Veröffentlichung seiner Anweisung in der AMZ erschienen war, (vermutlich unfreiwillig) selbst in eine gewisse Erklärungsnot gebracht: Sein Aufsatz *Ueber Guitarrenspiel* erschien im März 1806.[32] Dort hatte Guthmann allerdings weitaus weniger Bedenken hinsichtlich der Möglichkeiten der akkordischen Begleitung, im Gegenteil, gerade diese lobte er als besonders positive Eigenschaft des Instruments:

> »Die Guitarre ist ein Instrument, welches, gut gespielt, ausserordentlich viel Bezauberndes hat, und weit mehr in sich enthält, als man dem ersten Anscheine nach glauben möchte. Man denkt sich dieses Instrument blos als Begleitung des Gesangs, und es ist wahr, dass es sich dazu vorzüglich eignet, und dabey gute

---

29 Nicht von ungefähr heißt es bei Lehmann: »Da bei der Guitarre die Kenntniß genannter zwei Stammakkorde vorzüglich nöthig ist, es aber Anfängern viele Schwierigkeiten verursachen würde, sie alle in ihren Umwendnungen kennen zu lernen; so werde ich ihre Umwendungen (abgeleiteten Akkorde) jedesmal nur mit dem Namen des Stammakkords benennen«; Lehmann, *Guitarre=Schule*, S. 9, Fußnote.

30 Guthmann, *Anweisung*, S. 7.

31 Guthmann, *Anweisung*, S. 8.

32 Guthmann, *Ueber Guitarrenspiel*, Sp. 362–366.

Wirkung thut, selbst wenn es ziemlich mittelmässig gespielt wird. Soll es aber seine ganze Fülle, seinen ganzen Reichthum zeigen, so ist dazu nicht unumgänglich Gesang notwendig; es ist zur Phantasie für einen fühlenden Menschen, der aber nothwendig eine hinlängliche Kenntniss der Harmonie überhaupt haben muss, ausserordentlich geschickt, und zeigt gerade hier, ganz eigene Schönheiten. Was für ein liebliches Gewebe von con- und dissonierenden Akkorden, Brechungen, stark und schwach, lässt sich da nicht geben!«[33]

Die Einschränkungen im harmonischen Satz und insbesondere die ›Beschränktheit des Instruments‹, die Guthmann in seiner ein Jahr später erschienenen Anweisung so deutlich hervorhob, finden hier noch keinerlei Erwähnung, was vermutlich vor allem damit zusammenhängen dürfte, dass der Artikel wohl auch als Vorabwerbung für Guthmanns geplantes Unterrichtswerk gedacht war und ein allzu deutliches Insistieren auf all jenen Beschränkungen einem (wohl erhofften) Erfolg seiner Gitarrenschule im Wege gestanden hätte.

Doch dessen ungeachtet nahm Guthmann in seinem Artikel dennoch eine zwar kleine, aber ausgesprochen bemerkenswerte Einschränkung der akkordischen Begleitung auf der Gitarre vor, denn über das »liebliche Gewebe von con- und dissonierenden Akkorden« hinaus ergänzte er: »Freylich gehört dazu, ausser (wie schon erwähnt) nothwendiger Kenntniss der Harmonie, auch eine längere Uebung, Geschmack und Phantasie; dann ist das Guitarrenspiel keine leere Klimperey; sondern wirkliche Kunst«.[34]

Indem er an dieser Stelle die Begriffe ›Geschmack‹ und ›Phantasie‹ in die Diskussion einführt, erweitert Guthmann die aus den Gitarreschulen von Bergmann, Bornhardt und ihm selbst ablesbaren musiktheoretischen bzw. kompositionstechnischen Aspekte um einen für den Diskurs der folgenden Jahre zweiten wesentlichen Gesichtspunkt: die Verknüpfung von kompositionstechnischen und musikästhetischen Konzepten.[35] Folgt man Guthmann, dann braucht es außer dem Wissen um »die Anfangsgründe der Musik, Notenkenntniss und was dazu gehört«[36] sowie der »nothwendigen Kenntniss

---

33   Guthmann, *Ueber Guitarrenspiel*, Sp. 363.

34   Guthmann, *Ueber Guitarrenspiel*, Sp. 363.

35   Zwar hatte auch Lehmann in seiner *Guitarre=Schule* den Begriff ›Geschmack‹ verwendet, allerdings in dem eher ›aufführungspraktischen‹ Zusammenhang des Zusammenwirkens von Gitarrenbegleitung mit einer (anderen) Melodiestimme: »Diese Vereinbarung [zwischen Begleitung und Melodie] hängt einzig von der Geschicklichkeit und hauptsächlich von dem Zartgefühl des Spielers ab; und ob schon Gefühl und Geschmack nicht zu erlernen sind, so können doch beide vermittelst eines guten Unterrichts, da, wo sie schlummern, geweckt, und da, wo sie ganz fehlen, wenigstens durch Kunst ersetzt und ihr Mangel durch Fleiß verdeckt werden«; Lehmann, *Guitarre=Schule*, S. 5.

36   Guthmann, *Ueber Guitarrenspiel*, Sp. 364.

der Harmonie« vor allem Geschmack und Phantasie, damit das Gitarrenspiel nicht bloß als »leere Klimperey«, sondern als »wirkliche Kunst« gelten kann. Hier deutet sich bereits an, was in den späteren Texten zur Qualität der Gitarrenmusik in Deutschland um 1800 noch wesentlich ausgeprägter zu Tage tritt, nämlich eine deutliche Unterscheidung zwischen zwei Klassen von Gitarrenmusik, der ›leeren Klimperey‹ und der ›höheren Spielart‹.[37]

Die ›höhere Spielart‹

Während Guthmann den kompositionstechnischen Aspekten seiner Ausführungen die Begriffe ›Gefühl‹ und ›Phantasie‹ als musikästhetische Attribute ›wirklicher Kunst‹ ohne tiefere Begründung zur Seite stellt, wird die Unterscheidung in ›leere Klimperey‹ und ›wirkliche Kunst‹ bei anderen Autoren wesentlich differenzierter vorgenommen.[38] Dabei ist besonders bemerkenswert, dass wiederum zunächst die Frage nach der angemessenen Art der harmonischen Begleitung im Zentrum des Interesses steht, die dann jedoch in einem zweiten Schritt, der die Argumentation hin zur ›höheren Spielart‹ lenkt, um den Aspekt des Melodiespiels erweitert wird.

In der Diskussion um die ›höhere Spielart‹ der Gitarre nimmt Simon Molitors Vorrede zu seiner *Großen Sonate* op. 7 eine zentrale Position ein.[39] Dabei setzt Molitor sich zunächst mit den Kritikern der zeitgenössischen Gitarrenmusik auseinander, die »die Liebhaberei für dieses Instrument« beklagten, da man »an einem Instrumente Geschmack findet, welches nur allenfalls zur Begleitung in wenigen Tonarten, und auch in diesen nur in den allergewöhnlichsten Accorden, brauchbar sey«.[40] Mehr noch, insbesondere

---

37   Einen Gegenbegriff zu dem zeitgenössisch etablierten Terminus ›höhere Spielart‹ gibt es nicht; als ein möglichst wertfreier Begriff für jene Musik, die eben nicht der ›höheren Spielart‹ zuzurechnen ist, bietet sich am ehesten ›einfache Spielart‹ an.

38   Dessen ungeachtet sei an dieser Stelle vorsorglich darauf hingewiesen, dass die Diskussion zeitgenössischer musikästhetischer Konzepte zur Gitarrenmusik in einem eigenem Kapitel aufgegriffen wird.

39   Der von Simon Molitor und R. Klinger [= Wilhelm Klingenbrunner] 1812 publizierte *Versuch einer vollständigen methodischen Anleitung zum Guitarre-Spielen* unterscheidet sich im Hinblick auf den hier diskutierten Zusammenhang nur unwesentlich von der Vorrede zu Molitors *Großer Sonate* op. 7; Simon Molitor und R. Klinger, *Versuch einer vollständigen methodischen Anleitung zum Guitarre-Spielen nebst einem Anhange, welcher das Nothwendigste von der Harmonielehre nach einem vereinfachten Systeme darstellt*, Wien: Chemische Druckerei [1812], PN 1880.

40   Molitor, Vorrede zur *Großen Sonate* op. 7, S. 10.

> »[bringe] die Leichtigkeit womit man auf demselben die gewöhnlichen Accorde in einigen Tonarten hervorbringen lernt, und durch die Unbekümmerniss, womit diese Accorde – meistens ohne Rücksicht auf ihre Lage und ihr Verhältnis unter sich – gespielt werden, zur schalesten Klimperei verleite, und dessen Verbreitung daher dem guten Geschmack in der Kunst wahren Nachtheil«.[41]

Während also in den bislang diskutierten Gitarrenlehrwerken die harmonische Begleitung vergleichsweise frei gehandhabt wurde, gibt Molitor genau in diesem Punkt den Kritikern der Gitarre recht: »[L]eider sind, so wie die Guitare fast durchgängig behandelt wird, jene Vorwürfe nicht ohne Grund«.[42]

Doch Molitor sieht als Ursache dieses Problems weniger die aktuelle Mode oder gar »die Frivolität unseres Zeitalters«,[43] denn die Gitarre sei

> »ohne Zweifel geeignet mehr zu leisten, als in drey oder vier Tonarten, den Accord des Grundtons und der zwey Dominanten zu geben, und damit einen in diese engen Gränzen eingezwängten Gesang zu begleiten; oder eine aus einer Zusammensetzung von Arpeggien in verschiedener Bewegung und einigen ausgestreiften Accorden bestehende seynsollende Sonate hervorbringen. Es käme nur darauf an, dass diejenigen, die für die Guitare schreiben, ihrem Instrumente selbst ein Recht widerfahren liessen, dass sie endlich aufhörten, nur immer der Oberflächlichkeit der Menge zu fröhnen, und vielmehr sich bemühten, den Liebhabern Muster einer bessern Spielart zu liefern«.[44]

Im Prinzip sei es durchaus möglich, so Molitor weiter, auf der Gitarre

> »eine sehr vollständige Harmonie mit grosser Leichtigkeit hervorzubringen. Durch [deren] Stimmung ist man in den Stand gesetzt, durchaus vier- oder wenigstens dreystimmig rein zu spielen; das heisst, auch in Ansehung der Entfernung der Töne, woraus der Accord zusammengesetzt ist, und ihrer Fortschreitung das gehörige Verhältniss zu beobachten«.[45]

Während z.B. Guthmann also die freie Handhabung des harmonischen Satzes mit den »großen Schwierigkeiten im Spiel« rechtfertigte,[46] stellt es Molitor zufolge kein allzu großes Problem dar, eine harmonische Begleitung ›mit großer Leichtigkeit‹ gemäß den Regeln des freien Satzes (›das gehörige Verhältnis in der Fortschreitung der Akkorde‹) zu realisieren.

41   Molitor, Vorrede zur *Großen Sonate* op. 7, S. 10.

42   Molitor, Vorrede zur *Großen Sonate* op. 7, S. 10.

43   Molitor, Vorrede zur *Großen Sonate* op. 7, S. 9.

44   Molitor, Vorrede zur *Großen Sonate* op. 7, S. 12f.

45   Molitor, Vorrede zur *Großen Sonate* op. 7, S. 12.

46   Guthmann, *Anweisung*, S. 7.

Allerdings räumt Molitor ein, seien

> »[d]ie meisten Guitare-Komposizionen [...] so wenig als das Spiel der meisten
> Guitaristen dazu geeignet, jene Meinung [der Kritiker] zu widerlegen: diese Tän-
> deleien, dieses unaufhörliche Arpeggiren regelloser Accorde, diese dem Instru-
> ment gar nicht angemessenen Künsteleien, welchen selbst die besseren unter den
> Guitarespielern nachjagen, können dem Musikkenner nur eine schlechte Mei-
> nung von diesem Instrumente beibringen«.[47]

Zwar gebe es »[u]nter dem Schwall von Guitare-Komposizionen [...] einige, deren
Verfasser sich bemüht haben, das gewöhnliche Spiel wenigstens den Hauptregeln der
Harmonie unterzuordnen«, doch

> »ist mir wenigstens noch kein Kompositeur für dieses Instrument bekannt, der
> einen ausführlichen Versuch geliefert hätte, auf demselben die Harmonie in
> Grundton und Mittelstimmen im gehörigen Zusammenhang und Verhältniss so
> durchzuführen, wie man es doch sonst von allen Instrumenten fo[r]dert, deren
> ganzes Wesen vorzüglich in Harmonie besteht«.[48]

Ausgehend von diesen Überlegungen nimmt Molitor nun für sich in Anspruch, mit
seiner *Großen Sonate* op. 7 eben keine »von Arpeggien in verschiedener Bewegung und
einigen ausgestreiften Accorden bestehende seynsollende Sonate«, sondern tatsächlich
ein vorbildliches »Muster einer bessern Spielart zu liefern«.[49] Dazu bedient er sich einer
von ihm als neu deklarierten

> »*Schreibart* (im engeren Sinn des Wortes, *Orthographie*) welche zwar nicht die für
> die Guitare gebräuchliche, sondern vielmehr dem Klavier eigen ist, [doch] glaube
> ich behaupten zu dürfen, dass nur diese Schreibart die Accorde und das Maas der
> Klänge für den Spieler sowohl als für den blossen Musikkenner richtig darstellt;
> da hingegen die gewöhnliche Schreibart nicht viel mehr als den blossen mechani-
> schen Fingersatz ausdrückt, und ein musikalisches Auge [...] beleidigen, von dem
> Instrumente aber, dem sie eigen ist, eine eben nicht vortheilhafte Meinung erwe-
> cken muss«.[50]

Tatsächlich setzte Molitor diese neue ›Schreibart‹ – hier streng als graphische Notation
verstanden – bereits seit seinem 1805 erschienenen opus 3 (*Grande Sonate pour
Guitarre et Violon concertants*) um, indem er die einzelnen Stimmen sowohl durch Halsung als auch durch konsequentere Einhaltung von Zeitwerten graphisch streng von-

---

47 Molitor, Vorrede zur *Großen Sonate* op. 7, S. 10.

48 Molitor, Vorrede zur *Großen Sonate* op. 7, S. 13.

49 Molitor, Vorrede zur *Großen Sonate* op. 7, S. 12f. Inwiefern Molitor seinen eigenen Ansprü-
    chen gerecht wird, soll an späterer Stelle noch diskutiert werden.

50 Molitor, Vorrede zur *Großen Sonate* op. 7, S. 14.

einander unterschied, wie der Vergleich mit dem Rondo aus Johann Christian Gottlieb Scheidlers *Sonate Nr. 2* verdeutlichen mag:

Notenbeispiel 3: Simon Molitor, *Grande Sonate pour Guitarre et Violon concertants* (1805).

Notenbeispiel 4: Johann Christian Gottlieb Scheidler, *Sonate Nr. 2* (1811).

Molitors Stimmführung, die er den Regeln des reinen Satzes gemäß realisiert, wird so einerseits graphisch durch eine veränderte ›Orthographie‹ dargestellt, andererseits kann diese Neuorganisation im Schriftbild nur auf Grundlage einer ebenso veränderten Kompositionstechnik erfolgen. »[D]ie Harmonie in Grundton und Mittelstimmen im gehörigen Zusammenhang und Verhältniss so durchzuführen«,[51] dass die Regeln des reinen Satzes befolgt werden, ist selbstverständlich eben nicht allein durch ein neu organisiertes Zeichensystem zu erreichen, sondern bedarf notwendigerweise auch einer veränderten kompositorischen Herangehensweise. Insofern ist Molitors Begriff der ›neuen Schreibart‹ unbedingt auf zweierlei Weise zu verstehen: im »engeren Sinn des

---

51   Molitor, Vorrede zur *Großen Sonate* op. 7, S. 13.

Wortes [als] Orthographie«[52] und in einem weiteren Sinn als kompositorisches Konzept.[53]

Zu diesem Konzept gehören nach den bisher erörterten Aspekten vor allem Molitors Überlegungen zu einer angemessenen Behandlung der harmonischen Ebene der Gitarrenkompositionen, die unbedingt den Regeln des reinen Satzes entsprechenden muss. Das kompositionstheoretische Vorbild dürfte für Molitor Heinrich Christoph Kochs

JOHANN CHRISTIAN GOTTLIEB SCHEIDLER

* 26. November 1747 in Aken (Elbe)

† 15. August 1829 in Mainz

Scheidler wurde etwa 1778 als Lautenist am Kurfürstlichen Hof des Erzbischofs von Mainz angestellt, floh jedoch während der Belagerung von Mainz durch französische Truppen Anfang 1794 nach Frankfurt am Main, wo er offenbar bis wenigstens 1813 blieb und als Privatmusiklehrer wirkte. Da seine Ehefrau Anna Maria am 27. Juli 1818 in Mainz starb, dürfte Scheidler zwischen 1813 und 1818 wieder dorthin zurückgekehrt sein.

Quellen: Taufregister der evangelischen Kirchengemeinde Aken (Elbe), 1747, S. 671, Nr. 109 <> Stadtarchiv Mainz: Zivilstandsregister – Familienregister 4475; Kurfürstlicher Hof- und Staatskalender 1779–1797 <> Institut für Stadtgeschichte Frankfurt am Main: Ratssupplikationen 1794–1797.

Versuch einer Anleitung zur Composition gewesen sein,[54] in dem Koch in § 84 die folgenden drei wesentlichen Kriterien für die »Reinigkeit des Satzes« nennt:

> »Die Reinigkeit des Satzes hängt diesem nach von drey Stücken ab; 1) von dem richtigen Gebrauche der Accorde überhaupt, 2) von dem regelmäßigen Fortgange eines jeden Intervalls derselben zu einem Intervalle des folgenden Accords, und 3) von der richtigen Behandlung der Nebennoten«.[55]

Allerdings macht Molitor bei der harmonischen Ebene keinesfalls halt, sondern bezieht auch die Ebene des Melodiespiels – wenngleich nicht allzu ausführlich – in sein kompositorisches Konzept einer ›höheren Spielart‹ der Gitarre mit ein:

---

52   Molitor, Vorrede zur *Großen Sonate* op. 7, S. 14.

53   Vgl. dazu Peter Schmitz, *Ergänzende Bemerkungen zur Einführung der modernen Gitarrennotation in Wien*, in: *Gitarre und Laute* 16 (1994), Heft 2, S. 17–21, sowie Thorsten Hindrichs, *Orthographie, Schreibart und »Wissenschaft der Komposizion« – Simon Molitors Vorrede zur »Großen Sonate für die Guitare allein, als Probe einer besseren Behandlung dieses Instruments«, opus 7 (1807)*, in: *Musiktheorie* 23 (2008), S. 347–360. Auf weitere Implikationen des Begriffs ›Schreibart‹ bei Molitor wird an späterer Stelle noch einzugehen sein.

54   Heinrich Christoph Koch: *Versuch einer Anleitung zur Composition*, 3 Bände, Leipzig: Böhme 1782–1793, Nachdruck, Hildesheim: Olms 1969.

55   Koch, *Anleitung*, Band I, S. 133f.

»Es erübrigt mir noch einem Einwurfe zu begegnen, welcher mir von jenen Guitare-Liebhabern gemacht werden könnte, die dieses Instrument nur zum *Vehikel des Gesanges* brauchen. Ein höheres Spiel, bei welchem die Guitare als selbstständiges oder konzertierendes Instrument erscheint, liegt ausser der Gränze, die sie sich gesetzt haben. Sie werden dasjenige, was ich wegen soliderer Behandlung des Instruments angeführt habe, vielleicht nicht auf sich beziehen, *die gewöhnliche Art mit der Guitare zu begleiten* für hinreichend, wohl gar für die einzig angemessene halten, und sich nicht entschliessen wollen, von *der höheren Spielart,* die nach ihrer Meinung nur in die *sogenannte galante Musik* gehört, Notiz zu nehmen. Allein welcher unter diesen Herren Liebhabern beschränkt sich streng genommen nur auf Begleitung? [W]er unter ihnen versucht nicht gerne, wenigstens ein kurzes Präludium, ein Ritornell, einen Zwischensatz als Ruhepunkt für die Stimme u.s.w. Also ist es nicht thunlich, die Galanterie-Musik von der bloss begleitenden ganz zu trennen«.[56]

Die Idee, die Gitarre »als selbstständiges oder konzertierendes Instrument« zu verstehen, ist nun im Vergleich mit den zuvor besprochenen Gitarrenschulen neu, obwohl in der zeitgenössischen Musikpraxis, sofern man Molitor Glauben schenken mag, wenigstens die kurze Einstreuung selbstständiger instrumentaler Gitarrenparts, etwa durch »ein kurzes Präludium, ein Ritornell, einen Zwischensatz als Ruhepunkt für die Stimme u.s.w. «,[57] durchaus bekannt war.

Freilich ist es ein wenig verwunderlich, dass Molitor darauf verzichtet, genauere Angaben dazu zu machen, was er unter ›höherer Spielart‹ für die Gitarre verstanden wissen will, so dass einzig aus seiner Kritik an der Beschränkung auf die bloße Funktion der Gitarre als Begleitinstrument ex negativo auf seine Idee der höheren Spielart geschlossen werden kann:

»Auch ausserdem aber bin ich weit entfernt, die gewöhnliche Art, wie die Guitare als *begleitendes* Instrument behandelt wird, für gut, geschweige für die einzige und beste zu halten. [...] Wie weit würden wir im Gesange noch zurück seyn, wenn auch unsere Orchester oder unsere Klaviere nichts anders als ein beständig in Arpeggien einherschreitendes, auf ein halb Dutzend Accorde eingeengtes Accompagnement hervorbringen könnten?«[58]

Kompositionen in einer höheren Spielart zeichnen sich demzufolge für Molitor dadurch aus, dass sie eben nicht fortwährend »in Arpeggien einherschreiten« oder sich auf »ein halb Dutzend Accorde« beschränken, sondern auch dem Melodiespiel Raum

---

56   Molitor, Vorrede zur *Großen Sonate* op. 7, S. 14f.

57   Molitor, Vorrede zur *Großen Sonate* op. 7, S. 15.

58   Molitor, Vorrede zur *Großen Sonate* op. 7, S. 15.

verschaffen; dabei ist jedoch zu beachten, dass »Tändeleien« oder »dem Instrument gar nicht angemessene Künsteleien« unbedingt vermieden werden.[59]

Die bisher diskutierten Gitarrenschulen lehren in der Hauptsache Spieltechniken, die den Schüler zur akkordischen Begleitung einer Melodiestimme befähigen sollen. Allerdings haben sich zwei Anweisungen darüber hinaus zum Ziel gesetzt, auch die ›höhere Spielart‹ der Gitarre zu vermitteln. Gleichwohl ist die ›höhere Spielart‹ in Fernando Carullis *Méthode complète* (1810)[60] nicht explizit benannt, sondern kann nur aus den darin vermittelten Spieltechniken erschlossen werden.

So erklärt Carulli beispielsweise gleich zu Beginn,

> »Je ne puis t'assurer, mon cher ami, que ma manière de jouer soit la meillure, mais je te dirai seulement que je l'ai formée après un travail assidu de vingtquatre ans, et que ce travais m'ayant fait acquérir des connaissances sur cet instrument, je l'ai joué avec une facilité qui m'a mérité des suffrages dans ma patrie et chez l'étranger. [...] Je crois avoir combiné, dans celle que je te donne, la manière la plus brève, la plus facile, toutes les règles sûres et complettes, au point que tu porrais apprendre à jouer seul«.[61]

Und obwohl er im ersten Teil die bekannten Themen wie Haltung der Gitarre, Stimmung, Tonleitern, Akkorde im Allgemeinen sowie deren Brechungen und derlei mehr erklärt, macht Carulli indes von Anfang an deutlich, dass er die Gitarre keinesfalls nur als harmonisches Begleitinstrument versteht. Im Hinblick auf den Gebrauch der Finger der (linken) Greifhand schreibt er:

> »Dans quelques Méthodes, les auteurs défendent absolument aux éleves de se servir du pouce de la main gauche, par le côté opposé aux autres doigts, sur la sixième corde, et quelque feis sur la cinquième. La musique est d'autant plus agréable qu'elle est plus riche d'harmonie, et quatre doigts ne suffisant pas pour exécuter, en même temps, un chant et des basses raisonneés en différents tons, il faut necessairement employer le pouce; ainsi j'invite tous ceux qui veulent jouer avec plus de facilité, à s'en servir«.[62]

Insofern unterscheidet sich Carulli deutlich von den bisher diskutierten Anleitungen, denn seiner Ansicht nach soll die Gitarre nicht allein die akkordische Begleitung bestreiten, sondern »eine Melodie mit mehrstimmiger Begleitung ausführen« können.

---

59   Molitor, Vorrede zur *Großen Sonate* op. 7, S. 10.

60   Fernando Carulli, *Méthode complette [!] de Guitarre ou Lyre*, op. 27, Paris: Carli [1810], PN 142.

61   Carulli, *Méthode*, S. 1; Erik Stendstadvold sei bei dieser Gelegenheit für die Möglichkeit der Einsichtnahme in das Exemplar von Carullis *Méthode* aus seiner Privatsammlung herzlichst gedankt.

62   Carulli, *Méthode*, S. 3f.

Dass der Daumen dabei zum Greifen zu Hilfe genommen werden darf, weil »vier Finger oft nicht hinreichen«, muss wiederum zwangsläufig bedeuten, dass Melodie und mehrstimmige Begleitung gleichzeitig gespielt werden sollen. Wiewohl Carullis Erlaubnis zur Mitbenutzung des Daumens der Greifhand erst im zweiten Teil seiner *Méthode* zum Tragen kommt, war ihm offenbar sehr daran gelegen, dem Schüler von Beginn an diese Option einzuräumen.

Diesen zweiten Teil der *Méthode* eröffnet Carulli mit Abzugsübungen für die Greifhand, was notwendig sei, »lorsqu'il y a beaucoup de doubles croches dans un morceau de musique Allegro ou Allegretto, ce seul doigt ne peut pas suffire pour faire en mesure toutes les notes qui sont placées sur une corde«.[63] Daraufhin folgen konsequenterweise Aufschlagsübungen für die Greifhand, denn »il y a des traits qu'il faut lier pour rendre le passage plus doux et plus agréeable«.[64] Beide Techniken beziehen sich damit auf Kompositionen, in denen entweder aufeinanderfolgende Noten schnell und fließend zugleich, oder doch wenigstens angenehm und sanft, also ohne allzu unsaubere Unterbrechungen im Spielfluss, gespielt werden müssen, Kompositionen also, bei denen es nicht mehr nur um akkordische Begleitung gehen kann, sondern in denen der Gitarre auch die Aufgabe des Melodiespiels zufällt. Insofern fährt Carulli konsequenterweise mit Spieltechniken fort, die sich ebenfalls primär auf das melodische Spiel beziehen; zunächst erläutert er verschiedene »petites notes et agrèments« mit dazugehörigen »leçons«, danach folgen kurze und lange Triller.[65]

Erst jetzt kommt Carulli zu den verschiedenen Lagen (»positions«), die er mit Hilfe von Tonleitern und Übungen in fünf unterschiedlichen Lagen erklärt.[66]

63   Carulli, *Méthode*, S. 19.

64   Carulli, *Méthode*, S. 20.

65   Carulli, *Méthode*, S. 25–27

66   Carulli, *Méthode*, S. 27–32.

Abgeschlossen wird diese Passage mit einem »Rondeau pour s'exercer dans toutes les positions«:[67]

Notenbeispiel 5: Fernando Carulli, *Méthode* (1810).

Nun folgen Ausführungen über ›Doppelnoten‹, denn »on fait sur la Guitare un quantité de traits à doubles notes, c'est-à-dire, en *tierces*, en *sixtes*, en *octaves*, et en *dixiémes*«,[68] Spieltechniken also, die weit über die ›übliche‹ akkordische Begleitung hinausgehen, sondern vielmehr das Spiel in harmonischen/intervallischen Fortschreitungen ermöglichen sollen.

Wie sehr Carulli daran gelegen ist, den Schülern seiner *Méthode* die Gitarre nicht nur als akkordisches Begleitinstrument, sondern auch als zu einem selbstständigen Melodiespiel geeignetes Instrument nahezubringen, wird wohl am besten an seiner Abschlussbemerkung deutlich: »On peut faire sur la Guitare beaucoup d'harmonie et une basse continue; on peut même jouer deux parties écrites séparément, quoique sur la même ligne«.[69] Die Gitarre ist Carulli zufolge also einerseits zum Harmoniespiel unter Berücksichtigung eines ›fortlaufenden Basses‹, mit anderen Worten den Regeln des reinen Satzes entsprechend, fähig, andererseits ist es aber auch möglich, wenigstens zwei verschiedene Stimmen gleichzeitig, und damit melodisch, zu spielen; um dies zu untermauern, führt Carulli das folgende Beispiel an:[70]

67   Carulli, *Méthode*, S. 32.

68   Carulli, *Méthode*, S. 33.

69   Carulli, *Méthode*, S. 36.

70   Carulli, *Méthode*, S. 36f.

50

Notenbeispiel 6: Fernando Carulli, *Méthode* (1810).

Johann Jakob Staehlins *Anleitung zum Guitarrespiel* (1810) ist neben Simon Molitors Vorrede zur *Großen Sonate* op. 7 derjenige zeitgenössische Text, der die meisten und detailreichsten Informationen zur Gitarrenmusik in Deutschland um 1800 liefert. Dabei fällt zu Beginn dieser Anleitung eine gewisse ›Ähnlichkeit‹ zu Molitors Vorrede im Hinblick auf Staehlins Wahl der Argumente genauso auf, wie späterhin die deutlichen Parallelen zu Carullis *Méthode* hinsichtlich der konzeptionellen Anlage.

Wie Molitor beginnt auch Staehlin mit einer Auseinandersetzung mit zeitgenössischen Kritikern der Gitarrenmusik, und genau wie Molitor gibt er diesen Kritikern zunächst einmal recht:

> »Die Liebhaberei für dieses Instrument hat sich ungemein verbreitet. [...] Ein [...] Grund zur Aufnahme der Guitarre liegt auch wohl darinne, dass es im ersten Augenblicke scheint als sey das Spielen derselben ohne viele Mühe zu erlernen. Es ist ein Irrthum wenn man glaubt sie sey blos fähig kleine Gesangstücke oder, ein die Melodie führendes Instrument, in wenigen Tonarten, und nur in den gewöhnlichen Akkorden zu begleiten. Die Veranlassung dazu liegt in der grösten Menge der Guitarre-Composizionen, die leider nichts als ein regelloses Arppeggio von Akkorden enthalten, ohne dass dabey die geringste Rücksicht auf ihre Lage und ihr Verhältniss gegeneinander genommen worden wäre. Diese verkehrte Behandlung der Guitarre ist recht sehr dazu geeignet dieselbe wahren Musik-Kennern und Liebhabern gänzlich zu verleiden«.[71]

Zwar verzichtet Staehlin im Gegensatz zu Molitor auf das Argument der ›Beschränktheit‹ des Instruments und gibt vor allem denjenigen Liebhabern die Schuld am schlechten Ruf der zeitgenössischen Gitarrenmusik, die glaubten, man könne das Instrument ohne allzu viel Mühe erlernen und es ausschließlich zu einfacher Liedbegleitung gebrauchen. Doch im Hinblick auf das zentrale Argument der mangelhaften Kompositionen geht Staehlin mit Molitor vollkommen konform: Die Klage über das »regellose Arpeggio von Akkorden ohne jede Berücksichtigung auf deren Lage und Verhältnisse zueinander« findet sich sinngemäß genauso bei Molitor. Und auch der

---

71   Staehlin, *Anleitung*, S. 3.

nächste Argumentationsschritt folgt Molitor, indem Staehlin deutlich macht, dass es prinzipiell durchaus möglich sei, auf der Gitarre gute Musik zu spielen, denn

> »[d]ie Stimmung derselben ist so vortheilhaft gewählt, dass man ohne viel Beschwerden eine vollständige Harmonie auf derselben hervorbringen kann. Man kann auf derselben aus allen Tonarten spielen, alle beliebigen Ausweichungen vornehmen, auch durchgängig rein, das heisst mit Rücksicht auf die Regeln der Harmonie spielen. Dennoch giebt es bey einer unglaublichen Menge von Guitarre-Compositionen so wenige, die doch zum mindesten mit Rücksicht auf die allgemeinsten Regeln der Harmonie und eine richtige Bassfolge geschrieben wären«.[72]

Das zentrale Problem stellt demzufolge auch für Staehlin die kompositorische Anlage der harmonischen Ebene dar, die bei einer »unglaublichen Menge von Guitarre-Compositionen« eben nicht den Regeln des reinen Satzes folgt. An dieser Stelle schränkt Staehlin allerdings ein, dass diese Problematik zumindest einigen Zeitgenossen bewusst sei, denn

> »[e]ndlich hat man diesen Mangel eingesehen, und fängt seit kurzem an die Guitarre einer bessern Behandlung zu würdigen, eine bessere Ortographie in der Schreibart einzuführen, und durch Compositionen die derselben angemessen und auf den Effect des Instruments berechnet sind, das Guitarrespiel zu dem Grade der Vollkommenheit zu erheben, dessen es fähig ist«.[73]

Durch die Wahl der Formulierung »bessere Orthographie in der Schreibart« gibt Staehlin nun auch – wenngleich nur indirekt – die Quelle für diesen Teil seiner Argumentation, nämlich Molitors Vorrede zur *Großen Sonate* op. 7, an; gleichzeitig verlässt er mit dieser Referenz an Molitor dessen Text als Folie der eigenen Argumentation und richtet den ›inhaltlichen‹ Teil seiner Anleitung deutlich an Carullis *Méthode* aus.

Dies offenbart sich zunächst an der Übernahme einer Zweiteilung, wobei Staehlin diese – im Gegensatz zu Carulli – bereits im Titel deutlich macht: Es handelt sich um eine »Anleitung zum Guitarrespiel sowohl für diejenigen[,] welche dasselbe blos zur Begleitung anwenden wollen als auch für diejenigen[,] welche die Guitarre als concertirendes und Solo Instrument behandeln zu lernen wünschen«.[74] Deren erster Teil richtet sich dementsprechend an jene, die die Gitarre als reines Begleitinstrument verwenden wollen:

---

72 Staehlin, *Anleitung*, S. 3.

73 Staehlin, *Anleitung*, S. 3.

74 Staehlin, *Anleitung*.

>Den mehrsten ist es bey der Erlernung des Guitarrespiels nur um eine leichte Begleitung der Singstimme oder eines Melodie führenden Instruments zu thun. Für solche ist dieser Abschnitt vorzüglich geschrieben. Er enthält das fasslichste und nothwendigste was zur Behandlung der Guitarre in dieser Hinsicht erfordert wird«.[75]

Insofern unterscheidet sich Staehlins Anleitung inhaltlich kaum von den bisher diskutierten Unterrichtswerken; die vorgestellten Beispiele »enthalten kurze Vorspiele in allen üblichen Dur und Moll Tonarten, jedes mit einem besonderen Arpeggio und beigefügtem Fingersatz für die rechte Hand«.[76] Bei der Erläuterung der Dur- und Molltonarten indes ist Staehlin offenbar an der Vermittlung eines möglichst großen Spektrums gelegen, immerhin dekliniert er die Tonarten bis Ces-Dur bzw. Ais-Moll durch.[77] Allerdings dürfte diese umfangreiche Erklärung vor allem als Propädeutikum für den zweiten Teil seiner Anleitung gedacht gewesen sein, denn Staehlin schränkt sogleich wieder ein: »Zum Schluss dieses Abschnittes folgen 8 Preludien in denen bey Guitarre-Compositionen gebräuchlichsten Dur und Moll Tonarten«.[78] Als ›gebräuchlich‹ versteht er dabei G-, C-, D-, A- und F-Dur bzw. d-, a- und e-Moll, jene Tonarten also, die ohne größere spieltechnische Schwierigkeiten in der ersten Lage und unter umfangreicher Beteiligung leerer Saiten realisiert werden können. Indem Staehlin diesen ersten Abschnitt jedoch ausgerechnet mit beispielhaften Präludien beschließt, schafft er neben der ausführlichen Erläuterung von Tonarten eine weitere geschickte Überleitung zum zweiten Abschnitt, die wiederum durchaus von Gedanken aus Molitors Vorrede zur *Großen Sonate* op. 7 gespeist sein dürfte. Dort hatte sich dieser an jene Liebhaber der Gitarre gerichtet, die

> »sich nicht entschliessen wollen, von *der höheren Spielart*, die nach ihrer Meinung nur in die *sogenannte galante Musik* gehört, Notiz zu nehmen. Allein welcher unter diesen Herren Liebhabern beschränkt sich streng genommen nur auf Begleitung? [W]er unter ihnen versucht nicht gerne, wenigstens ein kurzes Präludium, ein Ritornell, einen Zwischensatz als Ruhepunkt für die Stimme u.s.w.«.[79]

Im Eröffnungsabschnitt zum zweiten Teil seiner Anleitung greift Staehlin diesen Aspekt aus Molitors Vorrede nahezu wörtlich auf:

> »Man pflegt fast allgemein der Guitarre vorzuwerfen sie sey nicht dazu geeignet ein concertirendes und Solo Instrument abgeben zu können, sondern nur zur Begleitung der Singstimme oder eines die Stimme führenden Instrumentes tauglich,

75 Staehlin, *Anleitung*, S. 4.

76 Staehlin, *Anleitung*, S. 18.

77 Staehlin, *Anleitung*, S. 18-23 bzw. S. 23–27.

78 Staehlin, *Anleitung*, S. 28-30.

79 Molitor, Vorrede zur *Großen Sonate* op. 7, S. 14.

und doch ist vielleicht kein einziger unter den Guitarre Liebhabern, der sich ausschliesslich auf blose Begleitung beschränkte, und nicht bemüht wäre ein kurzes Vor- Zwischen- oder Nachspiel bey Gesangsstücken einzustreuen«.[80]

Während Molitor sich also noch auf eine eher provokant gemeinte rhetorische Frage, die eigentlich keinen Widerspruch zulässt, beschränkt hatte, ohne genauer zu erläutern, was er unter ›höherer Spielart‹ verstanden wissen will, nimmt deren Erläuterung in Staehlins *Anleitung* einen ausgesprochen großen Teil in Anspruch. Dabei versucht er, didaktisch durchaus geschickt, den Gitarreschülerinnen und -schülern zunächst eine gewisse ›Schwellenangst‹ zu nehmen:

»Viele fürchten die mit dem sogenannten <u>höheren Spiele</u> verbundenen Schwierigkeiten, und ermüden demohngeachtet nicht sich mit gewissen französischen Guitarre Compositionen zu plagen, welche man vor kurzem auch in Deutschland noch als Muster aufzustellen bemüht war. Diese letzteren kann man getrost versichern, dass das Guitarre-Spiel welches Melodie und Begleitung verbindet keine größere Anstrengung als genanntes Studium erfordert«.[81]

Staehlins Erläuterungen zur ›höheren Spielart‹ folgen sowohl im Hinblick auf ihre Reihenfolge als auch inhaltlich auffallend deutlich Carullis *Méthode complète*. Wie dieser beginnt Staehlin mit der Erklärung »geschliffener Noten« mit Hilfe von Aufschlags- und Abzugsübungen für die Greifhand, denn »das Nachhallen der Töne kommt dabey sehr in Bedeutung und muß auf alle mögliche Art geltend gemacht werden damit im Spiele keine Lücken entstehen«.[82] Und ebenso wie bei Carulli, wenngleich deutlich kürzer als bei diesem, schließen sich nun Bemerkungen zu melodischen Verzierungen an: »Aus dem Vorhergehenden [dem ›Verschleifen‹] gehet ohne fernere Erklärung hervor, wie die bey der Musik üblichen Manieren auf der Guitarre behandelt werden«.[83]

Beide Aspekte, das ›Verschleifen‹ und die Verwendung der ›Manieren‹, beziehen sich wiederum, wie schon in Carullis *Méthode complète* gezeigt, auf Kompositionen, bei denen der Gitarre die Aufgabe des Melodiespiels zufällt und die Gitarre »als concertirendes und Solo Instrument behandel[t]« wird.[84]

---

80   Staehlin, *Anleitung*, S. 31.

81   Staehlin, *Anleitung*, S. 31; Hervorhebung im Original. Bedauerlicherweise macht Staehlin an keiner Stelle deutlich, wessen Werke er mit »gewissen französischen Guitarre Compositionen« genau meint.

82   Staehlin, *Anleitung*, S. 31–33.

83   Staehlin, *Anleitung*, S. 33.

84   Staehlin, *Anleitung*, Titel.

Während Carulli an dieser Stelle noch das Spiel von sogenannten ›Doppelnoten‹ erklärt hatte, schlägt Staehlin nun aber eine gänzlich andere Richtung ein als jener: Auf immerhin 25 Seiten diskutiert er insgesamt 22 Gitarrenkompositionen, die »sämtlich aus den Werken bereits bekannter Guitarre Componisten entlehnt«[85] sind und »dazu dienen um das Verfahren bey dem höheren Spiele an Ort und Stelle erläutern zu können«.[86] Allerdings nimmt Staehlin nun eine bemerkenswerte und auf den ersten Blick etwas irritierende Einschränkung vor, denn die ausgewählten Beispielstücke »machen keinen Anspruch in Hinsicht der Composition, und finden darum hier Platz, weil sie zu dem vorliegenden Zweck tauglich schienen«.[87] Die Erläuterung der ›höheren Spielart‹ bedeutet demnach nicht zwangsläufig, dass Kompositionen, die dieser Spielart gerecht werden, dadurch auch ›gute‹, anspruchsvolle Kompositionen sein müssen.[88]

Da die Probleme, die Staehlin an ausgewählten Beispielen am Ende des zweiten Teils seiner *Anleitung* erläutert, letztendlich auch einer ersten Zusammenfassung der bisher diskutierten Aspekte der ›höheren Spielart‹ dienlich sind, seien einige dieser Exempel im Folgenden kurz vorgestellt:

---

85   Staehlin, *Anleitung*, S. 34.

86   Staehlin, *Anleitung*, S. 34.

87   Staehlin, *Anleitung*, S. 34.

88   Für den Moment soll die Diskussion dieses scheinbaren Dilemmas noch zurückgestellt werden; vgl. dazu das Kapitel *Die zeitgenössische Diskussion musikästhetischer Kategorien der Gitarrenmusik*.

Notenbeispiel 7: Johann Jakob Staehlin, *Anleitung* (1810).

Dazu merkt Staehlin an:

> »A. [...] das d wird mit dem 4ten Finger gegriffen, weil der 3te Finger auf c im
> Bass fest liegen bleiben muss bis dessen Dauer von 3 Achtheil völlig beendigt ist.
> – B. auch hier ist dieses der Fall, weil der 3te Finger das g im Bass zu greifen hat
> und während der Dauer von 5 Achtheil liegen bleiben muss«.[89]

Was auf den ersten Blick so anmutet, als handele es sich um die bloße Kommentierung eines spieltechnisch angemessenen Fingersatzes, hat durch die Verweise auf das Liegenlassen einzelner Finger notwendigerweise auch kompositionstechnische Konsequenzen: Ob nun das »c im Bass« drei Achtel, oder das »g im Bass« fünf Achtel klingen muss, in beiden Fällen ist die Dauer des Basstons gemäß der Regeln des reinen Satzes festgelegt, kurz: komponiert worden.

Notenbeispiel 8: Johann Jakob Staehlin, *Anleitung* (1810).

Staehlins Erläuterungen zu diesem Beispiel verdeutlichen die Problematik des vorhergehenden *Allegretto*:

> »A. nur der bezeichnete Fingersatz kann hier statt finden, weil sonst das im Basse
> mit dem a verbundene und mit dem 2ten Finger zu greiffende h nicht gespielt
> werden könnte, denn der Accord a, c, e, bleibt jedesmal 2 Takte durch unverändert liegen. B. nur g wird angeschlagen, denn die Bassnoten sind mit den
> nemlichen Noten des vorhergehenden Taktes verbunden«.[90]

89 Staehlin, *Anleitung*, S. 34.
90 Staehlin, *Anleitung*, S. 35.

Die Basslinie muss hinsichtlich ihrer Faktur demnach als eigenständig verstanden werden, so dass Tondauern selbstverständlich auch über (teils mehrere) Taktgrenzen hinweg auszuhalten sind bzw. klingen müssen.

Notenbeispiel 9: Johann Jakob Staehlin, *Anleitung* (1810).

Bei dieser Da-Capo-Stelle kommt es Staehlin erneut auf die klingende Dauer des Basstons d an: »[...] E. das d im Bass wird auf der a Saite gegriffen, weil es dessen Dauer von 3 Achttheil nothwendig macht, denn das fis am Schluss verhindert den Gebrauch der leeren Saite«.[91] Der Basston d darf nicht zugunsten der beiden sich mit ihm überschneidenden Töne fis und d' verkürzt werden, was wiederum ein Hinweis auf Staehlins Insistieren auf den Regeln des reinen Satzes ist.

Notenbeispiel 10: Johann Jakob Staehlin, *Anleitung* (1810).

Hierzu merkt Staehlin an: »[...] C. diese Stelle erfordert einen anderen Fingersatz als bey d [recte: D] wegen der Verschiedenheit der drey 16theile am Schluss beyder Takte«.[92] Die Betonung der unterschiedlichen Fingersätze hat nicht allein spieltechnische Gründe. Vielmehr setzt der Bindebogen, der bei »D« von c' nach d' vorgeschrieben ist, zum einen ein ›Verschleifen‹ dieser Noten voraus, wie Staehlin dies zu Beginn des zweiten Teils seiner Anleitung ausführlich erklärt hatte (in diesem Fall also durch einen ›Aufschlag‹ des vierten Fingers der Greifhand), zum anderen betont diese Bindung aber auch die Schlusswirkung dieser Wendung, so dass wiederum die spieltechnische Anweisung auch dazu gedacht ist, einen kompositionstechnisch motivierten Aspekt zu realisieren.

91   Staehlin, *Anleitung*, S. 35.

92   Staehlin, *Anleitung*, S. 41.

Ein ähnliches Beispiel gibt Staehlin in seiner Erläuterung des ersten *Allegretto* (vgl. Notenbeispiel 7), bei dem er unter dem Buchstaben A vermerkt: »[D]er Vorschlag f wird mit der Bassnote c zugleich angeschlagen und durch das Aufheben des 1ten Fingers an das e geschliffen«;[93] hier wird die Technik des ›Verschleifens‹ mit einem weiteren Aspekt der ›höheren Spielart‹ verknüpft, nämlich der Behandlung der ›Manieren‹, zu denen auch ein Vorschlag, wie der vorliegende vom f' zum e', gehört.

»Seynsollende Sonaten« und »Muster einer bessern Spielart«

Neben all jenen spiel- und kompositionstechnischen Aspekten, die in den bisher diskutierten Texten teils explizit, teils implizit behandelt wurden, ist noch ein weiterer musiktheoretisch relevanter Gesichtspunkt im Hinblick auf die musikalische Analyse ausgewählter Gitarrenwerke zu berücksichtigen, nämlich die Frage nach den musikalischen Formen. Selbstverständlich kommt an dieser Stelle die Problematik der »in Fach- wie in Umgangssprache verbreitete[n] Gleichsetzung von Gattung mit musikalischer Form« ins Spiel.[94] Allerdings ist musikalische Form unstrittig einer der wesentlichen »Gattungsindikatoren« und damit eine zentrale Konstituente des Gattungsbegriffs.[95] Dennoch lässt sich anhand der in den oben besprochenen Gitarrenschulen verwendeten Beispiele die Tendenz einer bemerkenswerten Trennung zwischen ›einfacher‹ und ›höherer‹ Spielart beobachten. Unstrittig sind mit der Wahl des Gattungsbegriffs also auch ästhetische Implikationen verbunden.[96]

In Gitarrenschulen der ›einfachen Spielart‹ finden sich vergleichsweise wenige musikalische Beispiele. Bornhardt und J. F. Scheidler verwenden fast ausnahmslos das gleiche Repertoire,[97] und zwar sämtlich Liedformen, wie etwa das *Lied der kleinen Anna*, die

---

93   Staehlin, *Anleitung*, S. 34.

94   Hermann Danuser, *Gattung*, in: MGG-Sachteil, Band 3, Sp. 1042–1069, hier: Sp. 1059.

95   Wolfgang Marx, *Kriterien der Gattungsbestimmung*, in: *Theorie der Gattungen*, hrsg. v. Siegfried Mauser, Laaber: Laaber 2005 (= Handbuch der musikalischen Gattungen 15), S. 269–293, hier: S. 284.

96   Marx, *Kriterien*, S. 278–282.

97   Es wird wohl nicht endgültig zu klären sein, wer sich hier bei wem ›bedient‹ hat; zwar schrieb Bornhardt im Vorlauf zur Publikation der vierten Auflage seiner Anweisung am 22. Februar 1807 an den Verleger Kühnel: »Da ich mir bei dieser Auflage besonders schmeicheln darf, recht sehr leichte und ins Gehör fallende Handstücke gewählt zu haben« [LEsta, 2612], und tatsächlich sind diese Beispiele in den früheren Auflagen von Bornhardts Anweisung noch nicht vorhanden, wenn allerdings die Chronologie der Plattennummern des Verlags Simrock konsequent

Chanson *Adieu*, die Chanson *Quelle jour* (beide nach Bianchi), die Romanze *Ce que je desire* (nach Reichardt) sowie das Duettino *Die beiden Blinden*.[98] Bortolazzi und Lehmann hingegen führen auch Instrumentalwerke als exemplarisch an; Bortolazzi verwendet eine *Fantasia* und ein *Allegretto* für Sologitarre, wohingegen Lehmann neben zwei kurzen Tanzsätzen und einem *Thema mit Variationen* »für die Guitarre allein« auch ein *Allegretto* mit Variationen für Flöte oder Violine mit Gitarrenbegleitung vorstellt.[99]

Die beiden Hauptlehrwerke der ›höheren Spielart‹ hingegen bedienen sich eines weitaus breiter gefächerten Spektrums musikalischer Formen. So finden sich sowohl in Carullis *Méthode complète* als auch in Staehlins *Anleitung* zum einen zahlreiche Tanzsätze wie Walzer oder Menuett und zum anderen ›gängige‹ Instrumentalsätze wie Allegro, Rondo oder Andante sowie Variationssätze zu Andante, Allegro oder schlicht ›einem Thema‹.

Die Form der Sonate hingegen wird in den Gitarrenlehrwerken überhaupt nicht als Beispiel verwandt – wenngleich Staehlin immerhin mit einer ›Kleinkombination‹ aus Andante, Adagio und Tempo primo den Gitarrenschülern einen ersten Eindruck von Dreisätzigkeit vermittelt –, demgegenüber steht dann aber Simon Molitors als ›Reformwerk‹ konzipierte *Große Sonate* op. 7, die augenscheinlich als Gegenentwurf zu einer »aus einer Zusammensetzung von Arpeggien in verschiedener Bewegung und einigen ausgestreiften Accorden bestehende[n] seynsollende[n] Sonate«[100] konzipiert war.

Dass Molitor ausgerechnet eine (noch dazu ›große‹) Sonate als Musterbeispiel zur »Probe einer besseren Behandlung dieses Instruments« wählte, kann kaum Zufall sein; vielmehr hatte sich ab Mitte des 18. Jahrhunderts der Sonatensatz als »ästhetisches Paradigma« herausgebildet: »Ästhetik und Funktion der Sonate sind [...] untrennbar verknüpft mit der Diskussion der Form, die heute als ›Sonatenform‹ bekannt ist«.[101] Im dritten Band seines *Versuchs einer Anleitung zur Composition* hatte Heinrich Christoph

durchgehalten wurde, dann müsste J. F. Scheidlers *Nouvelle Méthode* [PN 385] schon 1805 gedruckt worden sein.

98   Wobei Duettino sich auf zwei Singstimmen bezieht, während die Gitarre einzig auf die harmonische Begleitung ausgerichtet ist.

99   Die Aufgabe der Gitarre beschränkt sich in diesem Werk tatsächlich ausschließlich auf die akkordische Begleitung.

100   Molitor, Vorrede zur *Großen Sonate* op. 7, S. 12f.

101   Thomas Schmidt-Beste, *Die Sonate: Geschichte – Formen – Ästhetik*, Kassel usw.: Bärenreiter 2006 (= Bärenreiter Studienbücher Musik 5), S. 200.

Koch nicht nur die satztechnischen Aspekte der Sonatenform theoretisiert,[102] sondern vor allem auch den entsprechenden ästhetischen Bezugsrahmen geliefert:

> »VI. Von der Sonate. § 108. Die Sonate mit ihren Abarten, dem Duet, Trio und Quatuor hat keinen bestimmten Charakter, sondern die Haupttheile, woraus sie bestehet, nemlich ihr Adagio und beyde Allegro können jeden Charakter, jeden Ausdruck annehmen, den die Tonkunst zu schildern fähig ist. Der Tonsetzer (sagt Sulzer) kann bey einer Sonate die Absicht haben, in Tönen der Traurigkeit, des Jammers, oder Zärtlichkeit, oder des Vergnügens und der Fröhlichkeit ein Monolog auszudrücken; oder ein empfindsames Gespräch in blos leidenschaftlichen Tönen unter gleichen, oder von einander abstechenden Charakteren zu unterhalten; oder blos heftige, stürmende, contrastirende, oder leicht und sanft fortfließende ergözende Gemüthsbewegungen zu schildern. [...] § 109. Die zweystimmige Sonate, oder das Solo, weil es die individuellen Empfindungen einer einzigen Person ausdrücken soll, verlangt nothwendig die größten Feinheiten des Ausdrucks und der Modificationen der zu schildernden Empfindungen, und eben daher die höchste Ausbildung der Melodie. Weil nun, wie bekannt, jedes Instrument verschiedener ihm ganz eigenthümlichen Feinheiten des Ausdrucks fähig ist, so ist leicht einzusehen, daß zur Verfertigung einer Sonate die genaueste Kenntniß desjenigen Instrumentes erfordert wird, für welches man ein solches Tonstück setzen will, Daher kann man auch nur von solchen Tonsetzern gute Sonaten erwarten, die zugleich Virtuosen auf demjenigen Instrumente sind, für welches sie dergleichen Tonstücke setzen. [...] Geräuschvolle und mit Schwierigkeiten überladene Sonaten sind zwar für denjenigen Solospieler ein Bedürfnis, der nicht Ausdruck der Empfindungen, sondern blos mechanische Fertigkeit auf dem Instrumente hören lassen will«.[103]

Die ästhetischen Implikationen werden noch detailliert zu diskutieren sein, gleichwohl verdeutlicht diese Passage eindrucksvoll die enge argumentative Verknüpfung von ästhetischen und kompositionstechnischen Faktoren, als deren Folge die Sonate zu *dem* Modell ›autonomer‹ Instrumentalmusik des beginnenden 19. Jahrhunderts wurde. Insofern ist Molitors Entscheidung, sein Konzept der ›neuen Schreibart‹ am Modell einer Sonate zu demonstrieren, so ambitioniert wie konsequent.

Für die nachfolgende Analyse ausgewählter Werke der Gitarrenmusik in Deutschland um 1800 erscheint es nunmehr sinnvoll, der Aufteilung in ›einfache‹ und ›höhere‹ Spielart‹ vorerst zu folgen.

Dabei sollten sich Kompositionen der ›einfachen Spielart‹ vor allem durch folgende musikalische Kriterien charakterisieren lassen: Insbesondere bei Werken, die für min-

---

102 Vgl. dazu Schmidt-Beste, *Sonate*, sowie Dietrich Kämper, *Die Klaviersonate nach Beethoven – Von Schubert bis Skrjabin*, Darmstadt: WBG 1987 (= Grundzüge 69).

103 Koch, *Anleitung*, Band III, S. 315–318.

destens zwei Instrumente besetzt sind, dürfte eine deutliche Konzentration der Gitarre auf die harmonische Begleitung zu verfolgen sein, wobei deren Behandlung vergleichsweise frei und nicht immer regelgerecht ist. Ferner sollten sich in solchen Werken überwiegend Arpeggien finden, so dass die Melodiebildung quasi ›zufällig‹ durch die Verbindung von einem arpeggierten Akkord zum nächsten erfolgt.[104] Schließlich dürfte sich der Einsatz von ›Manieren‹ auf ein Minimum beschränken.

Kompositionen der ›höheren Spielart‹ hingegen sollten hinsichtlich der Behandlung von Bass- und Mittelstimmen im Verhältnis zur Melodiestimme nach Möglichkeit den Regeln des ›reinen Satzes‹ entsprechen, wobei das melodische Spiel der Gitarre insbesondere bei Soloformen deutlich ausgeprägter sein sollte, als sich dies durch die bloße Verbindung von einem arpeggierten Akkord zum nächsten realisieren lässt. Dementsprechend müssten sich in solchen Werken auch deutlich mehr ›Manieren‹ finden lassen, worauf insbesondere die Technik des ›Schleifens‹ und/oder der Einsatz von ›Doppelnoten‹ hinweisen. Schließlich sollten Werke, die nach 1806/07 entstanden sind, mehr und mehr der von Molitor standardisierten ›neuen Schreibart‹ folgen und eine deutliche Trennung der verschiedenen Stimmen der entsprechenden Komposition auch graphisch hervorheben.

104   Vgl. oben, S. 36.

EXEMPLARISCHE UNTERSUCHUNGEN DES REPERTOIRES

Zwar hatte Johann Jakob Staehlin als Beschluss seiner *Anleitung* schon einige Kompositionen als vorbildliche Repräsentanten einer ›höheren Spielart‹ benannt, denn:

> »[d]as bisher gesagte wird hinlänglich seyn um sich mit dem Verfahren bey dem höheren Guitarrespiele bekannt machen zu können. Die Werke von F. Carulli, A. Diabelli, M. Giuliani, W. Matiegka, S. Molitor &c aus welchen die angeführten Beyspiele gröstentheils entlehnt sind, bieten ein weites Feld zur Übung dar, und sind in dieser Hinsicht jedem Guitarristen vorzüglich zu empfehlen«,[1]

doch sollen im Folgenden Gitarrenwerke von Komponisten vorgestellt werden, deren Spektrum breiter gefächert ist, als Staehlins Beschränkung auf fünf ›große Namen‹ dies vielleicht vermuten lässt. Dabei wird sich das Hauptaugenmerk der Diskussion, dies sei vorausgeschickt, auf die wesentlichen Aspekte zur Unterscheidung zwischen ›einfacher‹ und ›höherer‹ Spielart richten.

Die kompositorische Faktur der *Zwölf Ländler* Paolo Sandrinis ist beispielhaft für diese in der Gitarrenmusik ausgesprochen beliebte Form eines kleinen und einfachen Tanzsatzes. In Ländler 1 alternieren kurze, linear geführte Wechselnotenmotive mit den beiden auf der Gitarre einfach zu greifenden, arpeggierten Akkorden C-Dur und G-Dur:

Notenbeispiel 11a: Paolo Sandrini, *12 Ländler für Gitarre* (1803).

Im zweiten Ländler arbeitet Sandrini hingegen mit ›Doppelnoten‹, die durch eine Aufteilung des jeweils zugrundeliegenden Dreiklangs in Bass- und Oberstimme konstruiert werden. Der erste Teil des Stücks liefert darüber hinaus ein anschauliches Beispiel für eine Melodiebildung, die gleichsam ›zufällig‹ aus der Aneinanderreihung der Doppelnoten entsteht:

---

1   Staehlin, *Anleitung*, S. 59.

Ländler 2

Notenbeispiel 11b: Paolo Sandrini, *12 Ländler für Gitarre* (1803).

Während der dritte Ländler strukturell dem ersten gleicht, ist Ländler 4 ausschließlich als Abfolge arpeggierter Akkorde komponiert:

Ländler 4

Notenbeispiel 11c: Paolo Sandrini, *12 Ländler für Gitarre* (1803).

PAOLO SANDRINI

* 1782 in Gorizia

† 15. November 1813 in Dresden

Sandrini lebte zwischen etwa 1804 und 1809 als Gitarrenlehrer in Prag, wo er vermutlich 1807 die Sängerin Luiggia Caravoglia heiratete. Nachdem diese 1808 als Primadonna der italienischen Oper in Dresden engagiert wurde, folgte Paolo Sandrini ihr spätestens im darauffolgenden Jahr dorthin nach; inwiefern er, wie von seiner Gattin beim Dresdner »Director des plaisirs« beantragt, tatsächlich ab 1809 als Oboist »bey Allerhöchst Dero Kapelle Dienste leisten durfte«, ist nicht nachweisbar.

Quellen: *Encyclopädie der gesammten musikalischen Wissenschaften oder Universal-Lexicon der Tonkunst*, hrsg. v. Gottfried Wilhelm Fink und Gustav Schilling, Stuttgart: Köhler 1840, Band 6, S. 135 <> Sächsisches Hauptstaatsarchiv Dresden: Geheimes Kabinett, Loc. 15/46 und Loc. 2424/3 <> AMZ VI (1803/04), Nr. 31, 2. Mai 1804, Sp. 530.

Fortan folgen lediglich Varianten der bereits genannten Kompositionstechniken, einzig für den zwölften Ländler verweisen die Legatobögen zu Beginn eines jeden Takts auf das sogenannte ›Schleifen‹, das hier durch einen einfachen Aufschlag des jeweils geforderten Fingers der Greifhand zu realisieren ist:

Ländler 12

Notenbeispiel 11d: Paolo Sandrini, *12 Ländler für Gitarre* (1803).

Mit Blick auf die insbesondere von Simon Molitor kritisierten Aspekte einer unzureichenden ›Schreibart‹ fällt an Sandrinis Ländlern rasch auf, dass – wie etwa im vierten Ländler – in der graphischen Darstellung nicht zwischen Bass- und Oberstimmen unterschieden wird. Außerdem (dies wird sich in den nachfolgenden Beispielen noch häufiger zeigen), werden an keiner einzigen Stelle die zugrundeliegenden Bassnoten ausgehalten, obwohl dies spieltechnisch keine allzu große Herausforderung darstellen sollte und kompositionstechnisch wie klanglich durchaus sinnvoll wäre. Mithin gehören Sandrinis *12 Ländler* also zweifellos einer ausgesprochen ›einfachen Spielart‹ des zeitgenössischen Solorepertoires an.

F. Brands *12 Walzer für zwei Gitarren* sind ebenfalls der ›einfachen Spielart‹ zuzuordnen. Insbesondere der Part, den die zweite Gitarre übernimmt, bleibt ausschließlich auf eine einfache akkordische Begleitung beschränkt. Diese besteht entweder aus – nach ›üblicher Walzermanier‹ – in Basston und Oberstimmen getrennten Akkorden, wie in Walzer Nr. 1, oder aus auffallend einfach arpeggierten Dreiklängen, wie in Walzer Nr. 2:

Walzer 1

Notenbeispiel 12a: F. Brand, *12 Walzer für zwei Gitarren* (1806).

Walzer 2

Notenbeispiel 12b: F. Brand, *12 Walzer für zwei Gitarren* (1806).

F. BRAND

Zu F. Brand ließen sich trotz intensiver Recherchearbeit keinerlei biographischen Hintergründe ermitteln. Zwar hatte der 1794 in Frankfurt am Main geborene Alexander Brand ca. 1824 [PN 2021] ein *Trio pour Violon, Alto & Guitarre* in Druck gegeben und seinem » frère François« gewidmet, doch konnte der vergleichsweise großen Frankfurter Musikerfamilie Brand bislang kein einziger in Frage kommender »F. Brand« zugeordnet werden; bei dem von Alexander Brand genannten François handelt es sich möglicherweise um dessen 1789 noch im Säuglingsalter verstorbenen Bruder Franz Xaver.

F. Brand darf ferner sicher nicht mit dem erst 1815 in Würzburg geborenen Gitarristen Friedrich Brand verwechselt werden; der hier naheliegende Verdacht, es könne sich bei F. Brand um dessen Vater handeln, hat sich leider nicht bestätigt.

Quellen: Stadtarchiv Würzburg: Einwohnermeldebögen und »Sterbezettel« <> Taufbücher 1785–1793 der Pfarrgemeinde St. Peter und Paul, Dieburg <> Institut für Stadtgeschichte Frankfurt am Main, Senatssupplikationen 1818 (Mina Brand), 1825 (Anton Brand) und 1833 (Alexander Brand).

Im Vergleich dazu nimmt sich der Part der ersten Gitarre etwas schwieriger aus, wobei vor allem in Walzer Nr. 9 einige Besonderheiten zu beobachten sind. Zwar wirkt auch hier, ähnlich wie bei Sandrinis Ländlern, die Melodiebildung eher als zufälliges Ergebnis einer Folge von arpeggierten Dreiklängen, aber spieltechnisch werden hier vom Ausführenden Manieren des ›Schleifens‹ gefordert,[2] die deutlich über die recht simple

---

2   Da dies graphisch durch Bindebögen verdeutlicht wird, ist das hier geforderte Spiel dieser ›Manieren‹ keinesfalls nur als eine spieltechnische ›Ausschmückung‹, sondern unbedingt als Konsequenz einer kompositorischen Entscheidung zu verstehen.

Aufschlagstechnik der Greifhand hinausgehen. So ist die Verbindung von f' zu e' in Takt 7 durch einen Abzug des das f' greifenden Fingers zu realisieren, dem wahlweise sogar noch ein g' als Vorschlagsnote vorausklingen kann; noch etwas anspruchsvoller ist die Wendung in Takt 9, in der nach g' ein Vorhalt a' eingeschoben ist, dem ein kurzer Wechsel g' – fis' – g' folgt: Auch diese Wendung ist sinnvollerweise durch ›Schleifen‹ zu realisieren. Spieltechnisch anspruchsvoll sind darüber hinaus einige Folgen von Doppelnoten, die beispielsweise in Takt 33/34 einen Wechsel bis zur fünften Lage erfordern:

Walzer 9

Notenbeispiel 13: F. Brand, *12 Walzer für zwei Gitarren* (1806).

Mit Blick auf den musikalischen Gehalt unterscheiden sich Brands Walzer hingegen kaum von Sandrinis Ländlern, die Harmonik ist, den musikalischen Formen Ländler bzw. Walzer entsprechend, vergleichsweise simpel gehalten, und die Melodik erscheint, wie gezeigt, primär als Konsequenz der jeweiligen Abfolge von Akkordverbindungen.

Neben kurzen Tanzformen wie Ländlern oder Walzern sind im zeitgenössischen Repertoire Variationssätze, vor allem Variationen über ›beliebte‹ Lieder, ausgesprochen häufig vertreten; insbesondere das ›Tyrolerlied‹ *Wann i in der Früh aufsteh* war als Vorlage offenbar außerordentlich populär. Ein Vergleich der entsprechenden Variationen von Paolo Sandrini und Antoine Marcel Lemoine verdeutlicht indes, wie unterschiedlich beide Komponisten mit *Wann i in der Früh aufsteh* umgingen.

Sandrini setzte das Thema einstimmig in C-Dur und orientierte sich mit Blick auf eine gewisse melodische und rhythmische ›Schlichtheit‹ eng an der Vorlage.

Notenbeispiel 14: Paolo Sandrini, *6 Variationen über das beliebte Tyrolerlied ‚Wann i in der Früh aufsteh'* (1804).

Lemoine hingegen wählte als Tonart D-Dur und schmückte das Thema vor allem durch Punktierungen deutlicher aus als Sandrini:

Notenbeispiel 15: Antoine Marcel Lemoine, *Air des Tiroliens (Wann i in der Früh aufsteh) varié* (1812).

Die Variationen jedoch stellen sich bei Lemoine als rhythmisch wesentlich vereinheitlichter dar als bei Sandrini; vor allem dessen dritte Variation zeichnet sich durch den Wechsel zwischen punktierten und nichtpunktierten Passagen aus.

Notenbeispiel 16: Antoine Marcel Lemoine, *Air des Tiroliens (Wann i in der Früh aufsteh) varié* (1812).

Auch in den übrigen Variationen setzte Sandrini durch den Einsatz auch längerer Notenwerte einige ›Ruhepunkte‹. Lemoine hingegen behält in jeder seiner Variationen das einmal gewählte Metrum konsequent bei; von einer Variation zur nächsten allerdings steigert Lemoine das Tempo sukzessive.

Notenbeispiel 17a: Antoine Marcel Lemoine, *Air des Tiroliens (Wann i in der Früh aufsteh) varié* (1812).

Notenbeispiel 17b: Antoine Marcel Lemoine, *Air des Tiroliens (Wann i in der Früh aufsteh) varié* (1812).

Notenbeispiel 17c: Antoine Marcel Lemoine, *Air des Tiroliens (Wann i in der Früh aufsteh) varié* (1812).

Notenbeispiel 17d: Antoine Marcel Lemoine, *Air des Tiroliens (Wann i in der Früh aufsteh) varié* (1812).

Notenbeispiel 17e: Antoine Marcel Lemoine, *Air des Tiroliens (Wann i in der Früh aufsteh) varié* (1812).

Notenbeispiel 17f: Antoine Marcel Lemoine, *Air des Tiroliens (Wann i in der Früh aufsteh) varié* (1812).

Notenbeispiel 17g: Antoine Marcel Lemoine, *Air des Tiroliens (Wann i in der Früh aufsteh) varié* (1812).

Der unterschiedliche Umgang in der Rhythmisierung bei Sandrini und Lemoine ist insofern bemerkenswert, als dass beide das Thema zwar durch ein jeweils geändertes Muster der Arpeggierung des zugrundeliegenden gebrochenen Akkords konstruieren, Lemoine allerdings wegen des zunehmenden Tempos der Arpeggien spieltechnisch höhere Ansprüche an die Anschlagshand des Ausführenden stellt als Sandrini, der sich durch den häufigeren Einsatz von ›Doppelnoten‹ und Lagenwechseln spieltechnisch eher auf die Greifhand konzentriert. Insbesondere die um eine Oktave nach oben versetzte vierte Variation Sandrinis ist spieltechnisch nicht mehr ganz so ›einfach‹ umzusetzen, wie es etwa dessen Ländler waren:

Notenbeispiel 18: Notenbeispiel 14: Paolo Sandrini, *6 Variationen über das beliebte Tyrolerlied ‚Wann i in der Früh aufsteh‘* (1804).

Andererseits verzichtet Sandrini fast gänzlich auf den Einsatz von ›Manieren‹, während Lemoines vierte Variation ein einziges Spiel mit Trillern und Vorschlägen, die durch Aufschlags- bzw. Abzugstechniken der Greifhand realisiert werden müssen, ist. In beiden Fällen allerdings geht es den Komponisten zweifellos weniger um einen besonderen musikalischen ›Gehalt‹, sondern eindeutig darum, vergleichsweise virtuos klingende Variationen ins Werk zu setzen. Vor allem die nachlässige Behandlung der Bassstimme, deren Basistöne an keiner Stelle liegen bleiben, verstößt gegen die Kompositionsregeln des reinen Satzes, die zugunsten einer leichteren, aber dafür umso virtuoser klingenden Spielart missachtet werden.

Im Gegensatz dazu deuten Joseph Ewald Reiners *8 Grandes Variations* für Sologitarre in mehrerlei Hinsicht in Richtung einer ›höheren Spielart‹. Das Thema konstituiert sich aus einer Aneinanderreihung von Dreiklangsverbindungen, deren jeweils höchster Ton zur Melodiebildung dient:

Notenbeispiel 19a: Joseph Ewald Reiner, *8 Grandes Variations* (1809).

Vor allem die harmonische Anlage des Themas ist vergleichsweise ausgefeilt. Die Grundtonart a-Moll wird durch zahlreiche Sext- bzw. Quart-/Sextakkorde (vgl. Takt 4, Takt 6/7 usw.) verschleiert; während eine Verschiebung nach d-Moll in Takt 5/6 noch nur angedeutet wird, erfolgt dieser Wechsel dann ab Takt 9/10 tatsächlich, bevor der Satz ab Takt 14 wieder nach a-Moll zurückkehrt.

Die erste Variation konstruiert Reiner – wie Sandrini und Lemoine – zunächst lediglich durch eine Arpeggierung der zugrundeliegenden Akkordfolge:

Notenbeispiel 19b: Joseph Ewald Reiner, *8 Grandes Variations* (1809).

Für die zweite Variation werden nun aber die Akkorde deutlich nach oben erweitert und führen zu einem vergleichsweise großen Tonumfang, der (z.B. in Takt 3) bis zu e″ reicht, das spieltechnisch immerhin das Greifen in der neunten Lage erfordert:

Notenbeispiel 19c: Joseph Ewald Reiner, *8 Grandes Variations* (1809).

JOSEPH EWALD REINER

* 25. Januar 1784 in Warthau bei Bunzlau

† 21. April 1851 in Ostritz

Nachdem Reiner zunächst in Halle an der Saale Jura studiert hatte, wurde er von Herzogin Dorothea von Kurland an Reichsgräfin Elisa von der Recke empfohlen, die ihn wiederum als Gitarrenlehrer »in angesehene Familien« in Leipzig einführte. Nach Beendigung seines Jurastudiums zog Reiner vermutlich 1809 nach Ostritz, wo er als »Advocat« und »Justizdirector« arbeitete, sich fortan offenbar aber nicht weiter musikalisch bzw. kompositorisch betätigte.

Quellen: *Schlesisches Musiklexikon*, hrsg. v. Lothar Hoffmann-Erbrecht, Augsburg: Wißner 2001, S. 354f. <> Christian Weise Bibliothek, Zittau <> Katholisches Totenregister Ostritz 54/1851.

Die vierte Variation zeigt sich rhythmisch deutlich erweitert und lässt durch den häufigen Einsatz von ›Manieren‹ Ansätze eines freieren Melodiespiels erkennen:

Notenbeispiel 19d: Joseph Ewald Reiner, *8 Grandes Variations* (1809).

Insbesondere die beiden letzten Variationen scheinen aber den Bereich einer ›einfachen Spielart‹ endgültig zu verlassen, sowohl mit Blick auf den spieltechnischen Schwierigkeitsgrad als auch hinsichtlich des kompositorischen Anspruchs, der durch zahlreiche ›manierierte‹ Ausführungsanweisungen offenbar wird. Die siebte Variation ist mit Adagio (anstelle des zuvor geltenden Andante) überschrieben und die ›üblichen‹ Arpeggien werden durch ausschweifendes Skalenspiel ersetzt; die kurzen Einschübe ganzer Akkorde jedoch verschaffen kontrastierende Ruhepunkte, die zusätzlich durch die dynamischen Anweisungen *piano* und *forte* bekräftigt werden. Bemerkenswert ist ferner die Verknüpfung von ›manierierten‹ Spielanweisungen wie *dolce* mit an den entsprechenden Stellen geforderten ›Schleif‹-techniken (so etwa in Takt 6):

Notenbeispiel 19e: Joseph Ewald Reiner, *8 Grandes Variations* (1809).

Die achte und letzte Variation ist wiederum mit »Allegro assai« überschrieben und gleicht einer ›krönenden‹ Zusammenfassung der vorherigen sieben Variationen, indem ganze Akkorde, Arpeggien und Skalenspiel äußerst effektiv miteinander kombiniert werden. Darüber hinaus werden von den Ausführenden zahlreiche ›Manieren‹ verlangt, die vor allem dazu dienen sollen, die dynamischen und metrischen Spielanweisungen zu realisieren. Dabei reicht das Spektrum dynamisch vom dreifachen *piano* bis zum *fortissimo*, wobei der Mittelteil, der in einem dem 6/8-Takt gegenüberstehenden 2/4-Takt erscheint, nicht nur *fortissimo*, sondern auch *più presto* gespielt werden soll, ehe die Variation als Tempo primo im 6/8-Takt beschlossen wird:

Notenbeispiel 19f: Joseph Ewald Reiner, *8 Grandes Variations* (1809).

Wenngleich die Basstöne nicht immer ›regelgerecht‹ gesetzt sind, so wird doch durch die graphische Einrichtung des Drucks im Sinne der ›neuen Schreibart‹ deutlich in Bass- und Oberstimmen unterschieden. Zusätzlich deutet vor allem die Dreiteiligkeit der achten Variation, die wohl nicht zufällig den Eindruck eines kurzen Sonatensatzes erweckt, darauf hin, dass Reiners *Grande Variations* gewiss eine musikalisch ›höhere Spielart‹ repräsentieren.

Peter Schmitz hat für die Zeit nach etwa 1820 gezeigt, dass als Vorlage für Variationen immer häufiger auf bekannte Opernmelodien zurückgegriffen wurde;[3] indes waren Variationen bei weitem nicht die einzige Möglichkeit, Stücke aus dem zeitgenössischen

---

3   Schmitz, *Dilettanten*, S. 220–237.

74

Opernrepertoire für Gitarre einzurichten. Neben der Zusammenstellung beliebter ›Favoritarien‹, bei denen man der Gesangsstimme eine Gitarrenbegleitung beigab, wurden solche Werke durchaus auch instrumental arrangiert, wie etwa F. Brands *Airs favorits* aus Peter von Winters Oper *Das unterbrochne Opferfest* für zwei Gitarren. Entgegen der intuitiven Erwartung, dass eine der beiden Gitarren die Gesangsstimme ersetzt, während die andere die Begleitung übernimmt, ergänzen sich beide Gitarren im ersten Stück, das mit »Maestoso« überschrieben ist, sei es durch die je zweistimmige Aufteilung der Akkorde, die erst in Kombination beider Gitarren vollstimmig klingen, sei es bei parallel in entweder Terzen bzw. Sexten und Oktaven geführten Passagen linearen Melodiespiels:

Notenbeispiel 20a: F. Brand, *Airs favorits du Sacrifice interrompu*, op. 18 (1812).

Notenbeispiel 20b: F. Brand, *Airs favorits du Sacrifice interrompu*, op. 18 (1812).

Erst ab dem zweiten der insgesamt acht Stücke übernimmt die erste Gitarre deutlich die melodische ›Führung‹, während die zweite Gitarre fortan auf die harmonische Begleitung beschränkt bleibt; nur ausgesprochen selten wird diese Aufteilung noch durch kurze parallel geführte solistische Passagen unterbrochen. Gleichzeitig wird aber der ersten Gitarre ab dem zweiten Stück das Spiel zahlreicher Manieren abverlangt, die im ersten »Maestoso« noch fast gänzlich fehlten bzw. – sofern sie dennoch gefordert wurden – sich auf die relativ einfach zu realisierende Abzugstechnik beschränkten. Da Brand seine *Airs favorits* den Demoiselles Caroline und Henriette de Glauburg widmete, erscheint es denkbar, dass entweder eine der beiden jungen Damen das Instrument bereits etwas besser beherrschte als die andere, oder dass die Einrichtungen durchaus auch als ›Lehrwerk‹ dienen konnte, bei dem Brand als Lehrer die ›schwiergere‹ erste Gitarre übernahm, während eine der beiden Damen mit der Begleitung betraut war. In jedem Fall aber dienten die *Airs favorits* eher der musikalischen Unterhaltung nach ›leichter Spielart‹; als Einrichtung eines ›fremden‹ Werks hätten sie wohl ohnehin nur schwer einen kompositorischen Anspruch im Sinne musikalischen Gehalts erheben können.

Ähnliches gilt sicher auch für die Einrichtung der *Sei Canzonette* von Giacopo Gotifredo Ferrari durch Eduard Anton Willimann. Die Stücke waren von Ferrari ursprünglich nur für Gesang mit Klavierbegleitung vorgesehen, doch Willimann erhielt 1802 vom Leipziger *Bureau de Musique* den Auftrag, zusätzlich eine fakultative Gitarrenbegleitung einzurichten.[4] Da im Kühnelschen Druck die Klavierbegleitung der im Selbstverlag in London erschienenen Vorlage unverändert übernommen wurde, lässt sich Willimanns Technik der Einrichtung für Gitarre am Beispiel von »A Carolina« unmittelbar nachvollziehen. In Takt 1 bis 6 adaptiert Willimann die akkordische Begleitung, wobei die Akkorde – wohl aus spieltechnischen Überlegungen – des leichteren Schwierigkeitgrads wegen teils ›verkürzt‹ werden (so etwa der erste D-Dur-Akkord).

Notenbeispiel 21a: Giacopo Gotifredo Ferrari, *[Sei] Canzonette Italiane coll'accompagnamento di Fortepiano o Chitarra*, eingerichtet von Eduard Anton Willimann (1802).

Ab Takt 7 jedoch alternieren in der Gitarrenbegleitung Arpeggien mit in Bass- und Oberstimmen ›geteilten‹ Akkorden. Besonders in Takt 10/11 fällt auf, dass Willimann von der Klavierbegleitung deutlich abweicht: Während das Klavier aus der Terz a-cis' sowohl nach oben auf e' als auch nach unten auf e ausweicht, verzichtet Willimann auf das tiefere e; wenngleich das aus der Perspektive harmonischer Regeln vergleichsweise unbedenklich ist, wirkt das klangliche Ergebnis freilich deutlich anders, der auseinanderstrebende Charakter der Klavierbegleitung geht völlig verloren:

---

4   Um diesen Auftrag entspann sich ein bemerkenswerter Konflikt zwischen Willimann und Ambrosius Kühnel; vgl. dazu S. 151–155.

Notenbeipiel 21b: Giacopo Gotifredo Ferrari, *[Sei] Canzonette Italiane coll'accompagnamento di Forte-piano o Chitarra*, eingerichtet von Eduard Anton Willimann (1802).

Mehr noch, im zweiten Teil (ab Takt 19) verzichtet Willimann vollständig auf die Bassstimme des Pianofortes und ersetzt die fehlende Klangfülle durch eine – im Vergleich zum Klavier deutlich raschere – Arpeggienfolge.

Notenbeispiel 21c: Giacopo Gotifredo Ferrari, *[Sei] Canzonette Italiane coll'accompagnamento di Forte-piano o Chitarra*, eingerichtet von Eduard Anton Willimann (1802).

EDUARD ANTON WILLIMANN

* 1770/71 in Porrentruy (Schweiz)

† 1830 in Magdeburg

Willimann lebte ab 1795 in Magdeburg und arbeitete hier zunächst als Lehrer an der ›Alten Handlungsschule‹; ab 1808 war er Sekretär des Magdeburger Magistrats und Inspektor des städtischen Möbelmagazins, offiziell zwar »ohne Nebeneinkommen«, doch wenigstens 1801 war Willimann auch als »Privatmusiklehrer« tätig.

Quellen: Johann Christian Friedrich Berghauer, *Magdeburg und die umliegende Gegend*, 2 Teile, Magdeburg 1801 <> Wolf Hobohm, *Beiträge zur Musikgeschichte Magdeburgs im 19. Jahrhundert*, 2 Bände, mschr. Dissertation, Halle/Saale 1982 <> Stadtarchiv Magdeburg: Akte [Rep. A II M 2b] <> Gesamtverband der evangelischen Kirchengemeinden der Stadt Magdeburg – Kirchenbuchstelle <> Telemann-Zentrum Magdeburg.

Zwar darf als Grund für diese Entscheidung vor allem die akustische Beschränktheit des Klangvolumens zeitgenössischer Gitarren angenommen werden,[5] dennoch verstößt Willimann in der musikalischen Behandlung fortwährend gegen die Regeln des reinen Satzes, und zwar unabhängig davon, ob eine regelgerechte Bassführung spiel- und klangtechnisch machbar wäre oder nicht – bereits in den ersten Takten geht die aufsteigende Basslinie des Klaviers durch den ›Wechselbass‹ der Gitarre verloren. Darüber hinaus werden in der Gitarrenstimme die fundamentalen Basstöne nie entsprechend der Dauer der korrespondierenden Klavierbegleitung ausgehalten. Mithin erfüllt Willimanns Arrangement der Canzonetten von Ferrari damit alle Bedingungen einer äußerst ›einfachen Spielart‹ und dürfte so als mustergültiges Beispiel jene Gitarrenmusik repräsentieren, die Guthmann als »leere Klimperey« ausmachte.

Die Bezeichnung Sonate hingegen scheint vordergründig auf einen sowohl kompositorisch als auch ästhetisch höheren Anspruch hinzuweisen, allerdings decken zeitgenössische Gitarrenwerke auch hier ein weitgefächertes Spektrum zwischen den beiden Polen ›leere Klimperey‹ und ›wirkliche Kunst‹ ab. In Bartolomeo Bortolazzis *Sonate* für Gitarre und Klavier beispielsweise wird zwar das dialogische Prinzip einer zeitgenössischen Sonate durch die kontrastierende Zweisätzigkeit formal in Romanze (Andante) und Rondo (Allegretto) umgesetzt,[6] allerdings lassen sich mit Blick auf den kompositorischen Umgang mit dem musikalischen Material kaum Bezüge zwischen beiden Sätzen herstellen. Ferner handelt es sich aber auch nicht um eine Duosonate im strengen Sinne, denn die Gitarrenstimme ist schlicht eine arpeggierende ›Dopplung‹ der Klavierbegleitung, die noch dazu harmonisch eher ›übersichtlich‹ gestaltet ist (A-Dur | E-Dur |

---

5   Vgl. unter anderem Schmitz, *Dilettanten*, S. 117–123.

6   Bartolomeo Bortolazzi, *Sonate pour Guitarre et Pianoforte*, Leipzig: Bureau de Musique [1811], PN 927.

A-Dur | E-Dur | A-Dur). Dem dialogischen Prinzip entgegen steht außerdem der Umstand, dass das musikalische Material an keiner Stelle zwischen beiden Instrumenten aufgeteilt wird. Auch wegen der gänzlich fehlenden ›Manieren‹ in der Gitarrenbegleitung und der nicht regelgerechten Behandlung der Basslinie – Bassnoten werden wiederum nicht ausgehalten, selbst, wenn die Klavierstimme das vorgibt (der Basston A der Gitarre in Takt 1 z.B. zählt eine Sechzehntel, während das entsprechende A im Klavier eine punktierte Viertel dauert) – kann Bortolazzis *Sonate* nur der ›einfachen Spielart‹ zugeordnet werden:

Notenbeispiel 22a: Bartolomeo Bortolazzi, *Sonate pour Guitarre et Pianoforte* (1811).

Notenbeispiel 22b: Bartolomeo Bortolazzi, *Sonate pour Guitarre et Pianoforte* (1811).

Insofern ist Bortolazzis *Sonate* gewiss kaum mehr als eine jener von von Simon Molitor kritisierten ›seinsollenden‹ Sonate,[7] ein Urteil, das wohl auch für Joseph Kraus' Sonate opus 2 gilt,[8] wenngleich dieses Werk zunächst wesentliche Kriterien der Gattung Sonate deutlicher zu erfüllen scheint. Die Abfolge der fünf Sätze Allegro moderato, Andante, Menuetto, Fanfare und Andante deutet einen im weitesten Sinne dialogischen Kontrast an und auch der kompositorische Umgang mit dem musikalischen Material

---

7   Molitor, Vorrede zur *Großen Sonate* op. 7, S. 12f.

8   Zu Joseph Kraus konnte lediglich ermittelt werden, dass er »Kammermusiker« (vermutlich beim anhaltinischen Ballenstedter Hoftheater) war und 1830 in Bernburg (Saale) gelebt haben muss.

80

entspricht den zeitgenössischen Ansprüchen an die Gattung, wenngleich Kraus hierbei nicht unbedingt konsequent vorgeht. Bereits der Beginn des ersten Satzes gleicht eher einer Eröffnungswendung und erinnert durchaus an die Tradition eines Vorspiels im Sinne eines Ricercare. Erst ab Takt 14 wird ein erstes Motiv etabliert, dem Kraus ab Takt 24 ein zweites ›Thema‹ gegenüberstellt, das nach einer ausgesprochen ›harten‹ Modulation in Takt 28/29 (eine simple schrittweise Rückung des Oktavintervalls d-d' über d#-d#' nach e-e') musikalisch verarbeitet wird:

Notenbeispiel 23: Joseph Kraus, *Sonate*, op. 2 (1812).

Dieses zweite Thema wird darüber hinaus auch satzübergreifend wirksam, so etwa im zweiten Satz, in dem es ab Takt 17, diesmal jedoch in g-Moll, wieder aufgegriffen wird:

Notenbeispiel 24: Joseph Kraus, *Sonate*, op. 2 (1812).

Auch im letzten Satz findet sich eine thematische Verknüpfung des musikalischen Materials, indem hier das Thema der folgenden Variationen eng am ersten Thema aus dem Allegro orientiert ist.

Notenbeispiel 25: Joseph Kraus, *Sonate*, op. 2 (1812).

Allerdings bestehen die Variationen dann, genau wie die oben diskutierten Beispiele von Sandrini und Lemoine auch, aus kaum mehr als einer jeweils veränderten Arpeggierung des harmonischen Gerüsts. Damit sind sie ein Musterbeispiel einer »aus einer Zusammensetzung von Arpeggien in verschiedener Bewegung und einigen ausgestreiften Accorden bestehende[n] seynsollende[n] Sonate«,[9] und können mit Blick auf den musikalischen Gehalt einem Vergleich mit Reiners *Grandes Variations* (insbesondere Nummer 8) kaum standhalten.

Antoine de L'Hoyers zweisätzige *Grande Sonate* op. 12 hingegen erfüllt kompositionstechnisch durchaus wesentliche Kriterien der Gattung Sonate. In den ersten acht Takten wird ein periodisch organisiertes Thema vorgestellt, dessen erste vier Takte zunächst auf der Subdominante wiederholt werden, danach aber als Halbschluss auf der Dominante enden, ehe das gesamte Thema qua fortgesetzter Arpeggierung gleichsam durchgeführt wird:

Notenbeispiel 26a: Antoine L'Hoyer, *Grande Sonate*, op. 12 (1801/02).

Erst in den Takten 29–36 etabliert L'Hoyer ein zweites Thema auf der Dominante, das wiederum zweiteilig als Periode angelegt ist und dessen zweite Hälfte auf der Tonikaparallele steht; erst danach werden beide Themen gemeinsam mittels Arpeggierungen durchgeführt, ehe in Takt 99 das erste Thema wieder aufgenommen wird und die Reprise eröffnet:

9   Molitor, Vorrede zur *Großen Sonate* op. 7, S. 12f.

Notenbeispiel 26b: Antoine L'Hoyer, *Grande Sonate*, op. 12 (1801/02).

Obwohl die formale Gestaltung hier nicht konsequent der ›reinen Satzlehre‹ zu folgen scheint,[10] muss der Satz zweifelsohne als Sonatenform gelten. Darüber hinaus verknüpft L'Hoyer den zweiten Satz mit Blick auf das musikalische Material eindeutig mit dem ersten, indem er die Umkehrung des ersten Themas aus dem ersten Satz zur Vorlage der nachfolgenden Variationen (die das Thema dann jedoch in der bereits bekannten Art und Weise ›durcharpeggieren‹) macht:[11]

Notenbeispiel 27: Antoine L'Hoyer, *Grande Sonate*, op. 12 (1801/02).

10   Wie so häufig bestätigt wohl auch hier die Ausnahme die Regel.

11   Auffallend an L'Hoyers *Grande Sonate* ist noch ein weiteres Phänomen: Im Bass wird der Ton A nie unterschritten, obwohl es kompositionstechnisch genügend ›Anlässe‹ für ein G gäbe – insofern scheint es durchaus denkbar, dass L'Hoyer diese Sonate für eine fünfsaitige Gitarre komponierte, wobei mögliche Gründe hierfür vorerst im Dunkeln bleiben.

Johann Christian Gottlieb Scheidlers dreisätzige *Sonate* Nr. 1 beginnt ebenfalls mit einem Satz, der streng als Sonatensatzform komponiert ist. In den ersten zehn Takten wird ein zweiteiliges Thema als Satz (bestehend aus 4+6 Takten) auf der Tonika C-Dur vorgestellt, ehe in den darauffolgenden Takten 11–17 ein zweites Thema auf der Dominante – im Sinne des dialogischen Kontrasts – etabliert wird; auf einen kurzen Einschub von vier Takten, in denen G-Dur als ›neue‹ Tonart bestätigt wird, folgt eine erste Durchführung des zweiten Themas.

Notenbeispiel 28: Johann Christian Gottlieb Scheidler, *Sonate Nr. 1* (1811).

Erst danach wird ab Takt 44 das erste Thema ausführlich durchgeführt, bis es ab Takt 112 die Reprise eröffnet. In den Takten 98 und 100 hingegen zeigen sich deutliche Schwierigkeiten, die einzelnen Stimmen graphisch gegeneinander abzusetzen, wenngleich dies immerhin darauf hindeutet, dass auch Scheidler offenbar versuchte, den satztechnischen Anforderungen durch eine veränderte ›Orthographie‹ gerecht zu werden:

Notenbeispiel 29: Johann Christian Gottlieb Scheidler, *Sonate Nr. 1* (1811).

Der zweite Satz, eine Romanze, ist hinsichtlich des verwendeten musikalischen Materials nur sehr lose mit dem ersten Satz verknüpft, bildet dafür jedoch durch seine gänzlich andere Faktur einen deutlichen Gegensatz zu diesem. Insbesondere die für das Skalenspiel der Takte 18–20 geforderten Manieren, die als stetiger Wechsel zwischen *staccato* und *legato* eine konsequente Umsetzung von Aufschlags- und Abzugstechniken erfordern, wecken durchaus Erinnerungen an einen ›galanten‹ Satz – etwa eine Gavotte – aus einer Lautensuite; letztendlich konnte oder wollte Scheidler seine musikalischen ›Wurzeln‹ als Hoflautenist des Mainzer Kurerzbischofs offenbar nicht ganz verleugnen:[12]

---

12   Vgl. dazu S. 105–111.

Notenbeispiel 30: Johann Christian Gottlieb Scheidler, *Sonate Nr. 1* (1811).

Mit dem abschließenden Rondo findet Scheidler jedoch wieder zur um 1800 aktuelleren Gattung der Sonate zurück. Das Thema ist verschiedenen einprägsamen Motiven aus dem ersten Satz entlehnt; so entspricht etwa Takt 3 des Rondos dem letzten Takt des ersten Themas des Allegro:

Notenbeispiel 31: Johann Christian Gottlieb Scheidler, *Sonate Nr. 1* (1811).

Auch zu einigen Motiven der Durchführung des ersten Satzes lassen sich Analogien bilden, gleichzeitig jedoch erhält das Thema des Rondo eine gewisse Eigenständigkeit, so dass Scheidler auf diese Weise zweierlei erreicht: Einerseits verknüpft er beide Ecksätze zwar musikalisch, andererseits jedoch wird zwischen beiden Sätzen ein (dialogfähiger) Kontrast konstruiert.

Simon Molitor hat bei seiner gleichsam als ›Reformwerk‹ angekündigten *Großen Sonate* op. 7 freilich ausgesprochen konsequent auf die der Solosonate um 1800 eigenen Gattungsregeln geachtet.[13] So ist die Abfolge der sechs (?)[14] Sätze in jeder Hinsicht kontrastierend angelegt, sowohl im Hinblick auf die jeweils gewählten Taktarten, als auch bezüglich der mit den Satzbezeichnungen verbundenen Tempo- und Ausdruckseigenschaften. Darüber hinaus sind die einzelnen Sätze auch durch die jeweils geltende Tonart und die Konstruktion motivisch-thematischer Beziehungen musikalisch eng miteinander verknüpft. Der erste, recht kurze Satz ist mit Adagio überschrieben und steht im 4/4-Takt. In den ersten acht Takten wird das Thema in a-Moll als Satz aus je

---

13 Simon Molitor, *Große Sonate*, op. 7, Wien: Artaria [1807], PN 1856.

14 Ob es sich tatsächlich um sechs Sätze handelt, wird sich im Folgenden noch klären.

vier Takten vorgestellt, dem sogleich ein zweites Thema folgt, das nun jedoch als Periode (wiederum viertaktig geteilt) gesetzt ist und auf der Dominante E-Dur endet; nun folgt eine Attaca-Verbindung zum nächsten Satz, der mit Agitato (ma non troppo Allegro) überschrieben ist. Dieser Satz beginnt sofort mit der Durchführung der motivischen Verarbeitung des ersten Themas und folgt auch in der weiteren Faktur dem ›klassischen‹ Modell der Form einer Sonate, so dass streng genommen die beiden ersten Sätze erst in direkter Kombination die formalen Kriterien der ›klassischen‹ Sonatensatzform erfüllen:

Notenbeispiel 32: Simon Molitor, *Große Sonate*, op. 7 (1807).

Das folgende Andante im 6/8-Takt steht in der parallelen Durtonart und bildet so einen ›dialogischen‹ Kontrast zum vorhergehenden Sonatensatz; erst im Menuetto allegretto (wiederum a-Moll, jedoch im 3/4-Takt) wird mit Blick auf die Verarbeitung des motivischen Materials wieder eindeutig auf den ersten Satz Bezug genommen:

Notenbeispiel 33: Simon Molitor, *Große Sonate*, op. 7 (1807).

Im Trio hingegen klingen nur einzelne motivische Bausteine an und lassen diesen Satz als kontrastierenden ›Puffer‹ zwischen dem vorhergehenden Menuett und dem abschließenden Rondo erscheinen; gleichsam als Vorbereitung des Rondos wird jedoch schon im Trio die abschließende Veränderung des Tongeschlechts etabliert, aus dem zuvor vorherrschenden a-Moll wird fortan A-Dur:

Notenbeispiel 34: Simon Molitor, *Große Sonate*, op. 7 (1807).

Das abschließende Rondo wiederum folgt in der formalen Anlage (A | B | A' usw.) den zeitgenössischen Konventionen eines Sonatenschlusses und bezieht sein musikalisches Material – ebenfalls ganz konventionell – aus dem ersten Sonatensatz:[15]

Notenbeispiel 35: Simon Molitor, *Große Sonate*, op. 7 (1807).

Entsprechend der in der Vorrede formulierten Ansprüche achtet Molitor strengstens auf die Regeln einer ›reinen Satzlehre‹. So stellt sich beispielsweise die Behandlung der Basslinie schon in den ersten Takten entscheidend anders dar; sie ist eben nicht länger ein fortwährender Wechsel zwischen den jeweils tiefsten Basstönen, wie sie noch in Bortolazzis Sonate, in der sich der Bass beständig auf A und E beschränkt,[16] zu erken-

---

15   Aus Platzgründen sei hier nur der Beginn des Rondos wiedergegeben.

16   Vgl. Notenbeispiel 22a.

nen ist. Mehr noch, sämtliche Basstöne werden immer solange klingend gehalten, wie es aus der kompositorischen Perspektive des reinen Satzes jeweils sinnvoll ist; um dies zu verdeutlichen, weist Molitor unter dem Buchstaben A ausdrücklich darauf hin: »Bei anhaltenden Noten muss ich besonders anempfehlen, die Finger der linken Hand bis zur völligen Ausdauer der vorgeschriebenen Zeit, so wie beim Klavierspiele fest auf den Saiten liegen zu lassen« (vgl. Notenbeispiel 32).

Entsprechend dieser Vorgaben folgt selbstverständlich auch die graphische Darstellung Molitors Vorstellungen von einer ›neuen Schreibart‹: Durch Halsung in verschiedene Richtungen werden die einzelnen Stimmen deutlich voneinander getrennt. Die zahlreich vorhandenen ›Manieren‹ wiederum werden sowohl durch Bindebögen im Notentext als auch durch zusätzliche Kommentare Molitors angezeigt, wie etwa unter dem Buchstaben F im Agitato:

> »Bei solchen Noten, die in der Ordnung der Tonleiter fortlaufen, werden nur im[m]er die ersten von den zusam[m]engebundenen mit der rechten Hand angespielt, indem die zwei oder drei darauffolgenden Töne durch den Schwung der Saiten von selbst nachhallen, wenn die Finger der linken Hand mit der gehörigen Kraft aufgedrückt werden.« (vgl. Notenbeispiel 32).

Selbstverständlich ließe sich die musikalische Qualität der diskutierten Werke je nach Maßstab höchst unterschiedlich bewerten, doch auf Grundlage der aus der Analyse der Gitarrenschulen von Staehlin und Carulli sowie aus Molitors Vorrede zu seiner *Großen Sonate* op. 7 gewonnenen spiel- und kompositionstechnischen Kriterien zeichnet sich durchaus eine deutliche Trennung zwischen ›einfacher‹ und ›höherer‹ Spielart ab.

Dies gilt zum einen für die Frage nach der Beachtung der Regeln des ›reinen Satzes‹, die wie gezeigt nicht von allen Gitarrenkomponisten berücksichtigt werden, dies gilt zum anderen aber natürlich auch mit Blick auf bestimmte Gattungskonventionen; insbesondere Bortolazzis Sonate erfüllt die zeitgenössisch gültigen Ansprüche an die Gattung Sonate nicht mehr und gerät so eben nur zu einer ›seinsollenden‹ Sonate.

Bemerkenswert ist vor allen Dingen aber, welch großen Einfluss der Einsatz von Manieren für eine Unterscheidung zwischen ›einfacher‹ und ›höherer Spielart‹ hat. Abgesehen von deren quantitativ wesentlich geringeren Vorkommen in Werken der ›einfachen Spielart‹ sind Manieren, dies hat sich hauptsächlich in den Sonaten von Molitor und Scheidler sowie in Reiners *Grandes Variations* gezeigt, keinesfalls ›nur‹ Ausführungsanweisungen, sondern stets auch notwendige Konsequenz des kompositorischen Entscheidungsprozesses und insofern immanenter Bestandteil der kompositorischen Faktur der jeweiligen Werke, so dass sie als notwendiges Kriterium zur Bewertung der musikalischen Qualität gelten müssen.

Doch während die musikalische Analyse eine Differenzierung von Gitarrenmusik in Deutschland um 1800 in ›einfache‹ und ›höhere Spielart‹ auf kompositionstechnischer Ebene durchaus ermöglicht, so klärt sie dennoch Guthmanns Unterscheidung in ›leere Klimperey‹ und ›wirkliche Kunst‹ nur zum Teil. Selbst wenn man annähme, dass Werke, die Guthmann zu ›wirklicher Kunst‹ erklären würde, notwendigerweise der ›höheren Spielart‹ zuzuordnen sein müssten, beantwortete dieses ›Qualitätsurteil‹ allein noch nicht die Frage nach ›wirklicher Kunst‹. Mehr noch: Es ist, wie sich im Folgenden zeigen wird, durchaus vorstellbar, dass auch Werke der ›einfachen Spielart‹ als Kunst aufgefasst werden könnten.

Die Bewertung einer Komposition als entweder ›leere Klimperey‹ oder ›wirkliche Kunst‹ ist nur indirekt von ihrer kompositionstechnischen Faktur abhängig, sondern vielmehr eine Entscheidung, die allein unter Berücksichtigung der jeweils geltenden musikästhetischen Maßstäbe getroffen werden kann.

Die zeitgenössische Diskussion musikästhetischer Kategorien der Gitarrenmusik

›Neue Schreibart‹, Gedanke und Geschmack

Obgleich sich seit Mitte des ersten Jahrzehnts des 19. Jahrhunderts die von Simon Molitor etablierte ›neue Orthographie‹ im Druck von Gitarrenmusik recht schnell durchsetzte, finden sich in einzelnen Werken nach wie vor Passagen, die den Wunsch nach einer weiteren Verfeinerung des gitarristischen Aufschreibsystems erweckten; Johann Jakob Staehlin macht dies in seiner *Anleitung* am Beispiel eines *Allegretto* von Mauro Giuliani deutlich:[1]

Notenbeispiel 36: Johann Jakob Staehlin, *Anleitung* (1810).

Dazu kommentiert Staehlin:

> »B. ähnliche vollstimmige Stellen erzeugen den Wunsch, dass man der Guitarre nach Art des Claviers und der Harfe, zwey durch eine Klammer verbundene Notenlinien zugestehen mögte, davon die untere mit dem Bassschlüssel die Basstöne, die obere mit dem Violon oder besser Tenorschlüssel die Melodie und die Mittelstimme enthielte. Mancher Satz würde dadurch viel deutlicher und zugleich orthographisch richtiger bezeichnet werden können«.[2]

Eine vergleichbare Idee hatte Simon Molitor in der Vorrede zu seiner *Großen Sonate* op. 7 formuliert:

> »Ausserdem mag selbst ein aufmerksamer Blick auf gegenwärtige Sonate noch auf eine andere Betrachtung führen, diese nemlich: ob man nicht – um manche Sätze orthographisch richtig und zugleich für das Auge deutlich darzustellen – sich zweyer Linien, wie beim Klavier bedienen sollte, deren untere mit dem gewöhnlichen Bassschlüssel eigentlich dem Bass, die obere aber mit dem Tenorschlüssel dem Gesang und den Mittelstimmen gewidmet wäre?«[3]

---

1   Staehlin, *Anleitung*, S. 52–55. Aus Platzgründen wird hier nur die relevante Passage um den Buchstaben ›B‹ wiedergegeben.

2   Staehlin, *Anleitung*, S. 52.

3   Molitor, *Vorrede zur Großen Sonate* op. 7, S. 14.

Auf den ersten Blick verweisen beide Beispiele erneut auf jenes Dilemma der ›Beschränktheit‹ der zeitgenössischen Gitarrenmusik, das bereits im vorigen Kapitel aus spiel- bzw. kompositionstechnischer Perspektive diskutiert wurde. Der vielfach beklagte Mangel an kompositorischer Qualität hängt, auch das wurde bereits gezeigt, vor allem damit zusammen, dass die verschiedenen Stimmen einer Gitarrenkomposition unter streng satztechnischen Gesichtspunkten häufig recht mangelhaft behandelt wurden, was nicht zuletzt – folgt man Molitor – jener unzulänglichen ›Orthographie‹ geschuldet war, mit denen Gitarrenkompositionen um 1800 notiert waren.

Molitors Vorschlag, die Unterscheidung zwischen Ober-, Mittel- und Unterstimme mittels einer graphischen Differenzierung durch Halsung der Noten in verschiedene Richtungen zu verdeutlichen, war demnach zwar ein erster wichtiger Schritt, doch wäre eine erneute Umstellung des Aufschreibsystems nach dem Vorbild der beiden übrigen harmoniefähigen Instrumentengruppen, also Tasteninstrumente und Harfen, hin zu einer Notation in zwei Systemen streng genommen nur konsequent gewesen. Dass der Forderung von Molitor und Staehlin nach einer erneuten Veränderung des Aufschreibsystems nicht nachgekommen wurde, mag nicht zuletzt darin begründet sein, dass sich die ›konventionelle‹ Notation ohnehin erst seit vergleichsweise kurzer Zeit, nämlich seit etwa 1780,[4] als Zeichensystem zur graphischen Notierung der Musik von Zupfinstrumenten gegen das bis dahin gebräuchliche Tabulatursystem erfolgreich durchgesetzt hatte.

Zupfinstrumente wie Laute und Gitarre, einschließlich all ihrer verwandten Instrumente, hatten von jeher keinen sonderlich guten Ruf in der Musikgeschichte,[5] was Molitor zufolge entscheidend auch an der sehr spezialisierten Art des Aufschreibens in Tabulatur lag:

> »Mehr noch als diess scheint jenen Instrumenten [Laute und Mandora] *die ihnen eigenthümliche Art, die Töne zu bezeichnen*, nachtheilig gewesen zu seyn. Es ist leicht begreiflich, dass diese barbarische Bezeichnung nicht nur manchen Liebhaber von der Erlernung dieses Instruments, sondern auch und vorzüglich die Tonsetzer abgeschreckt haben mag, die Applikaturen desselben, und die Schrift selbst

---

4   Vgl. James Tyler und Paul Sparks, *Guitar*, S. 193–228.

5   Entsprechend despektierliche Äußerungen von Praetorius bis Mattheson werden in der Literatur zur Geschichte der Gitarrenmusik in großer Zahl zitiert, wobei bestimmte Aspekte, die beispielsweise Mattheson durchaus zu Recht kritisiert, in aller Regel großzügig übergangen werden; vgl. S. 24.

kennen zu lernen, ohne deren Kenntniss es jedoch unmöglich war, für dasselbe zu komponiren«.[6]

Es steht allerdings zu bezweifeln, ob die Kenntnis der Lauten- und Gitarrentabulaturen es ›Tonsetzern‹ tatsächlich eher ermöglicht hätte, für diese Instrumente zu komponieren, da Tabulaturen für Zupfinstrumente im Gegensatz zur ›konventionellen‹ Notation ausschließlich instrumentalpraktische Spielanweisungen in ein graphisches Zeichensystem übersetzen.

Das, was in Tabulaturzeichen graphisch kodiert wird, ist eine direkte praktische Handlungsaufforderung, nämlich die Setzung eines bestimmten Fingers der (linken) Greifhand auf eine bestimmte Position des Griffbretts zu einer bestimmten Zeit. Insofern ist das klingende Resultat freilich ein Ton, allerdings ist dieser ein Ergebnis der Dekodierung eines graphischen Zeichens, das unmittelbar auf eine spielpraktische Anweisung verweist.

In der ›konventionellen‹ Notation verweisen die graphischen Zeichen im Ergebnis zwar auch auf Töne, doch geschieht der Prozess von der Dekodierung des Zeichens hin zum Ton auf mittelbarem Wege: Das graphische Zeichen verweist zwar auf eine Note von bestimmter Tonhöhe und -dauer, deren Realisierung jedoch kann erst in einem zweiten Schritt des Erkennens erfolgen, entweder durch die virtuelle Erkenntnis eines bestimmten Notennamens einschließlich einer bestimmten Dauer (beispielsweise ein a' von einem Viertel Länge) oder durch die Realisierung einer spielpraktischen Aktion (z.B.: ein bestimmter Finger drückt eine bestimmte Taste für eine bestimmte Dauer).

Gegenüber der Tabulatur ist die ›konventionelle‹ Notation aus zweierlei Gründen von Vorteil: Erstens erlaubt dieses Zeichensystem eine präzisere Kodierung der verlangten Eigenschaften eines bestimmten Tons (also wenigstens Tonhöhe und -dauer; insbesondere die Dauer lässt sich mit Tabulaturen oft nur unzulänglich darstellen), zweitens erleichtert diese Notation das Lesen von Musik erheblich: Indem ein bestimmtes Zeichen als graphische Kodierung einer bestimmten Tonhöhe und -dauer erkennbar ist, kann es unmittelbar als Repräsentanten eines klingenden Tons dekodiert, und demnach direkt gelesen respektive gedacht werden. Im Gegensatz dazu erfordert das ›in Tönen lesen‹ einer Tabulatur den Zwischenschritt, dass ein bestimmtes graphisches Zeichen zunächst nur als spielpraktische Handlungsaufforderung dekodiert und erst in einem zweiten Schritt in einen les- bzw. denkbaren Ton übersetzt werden kann (bei-

---

6   Molitor, Vorrede zur *Großen Sonate* op. 7, S. 9.

spielsweise: Wenn man den vierten Finger auf den fünften Bund der e'-Saite aufsetzt, erklingt ein a').

Damit einhergehend wird nun auch deutlich, dass Molitors Begriff der ›neuen Schreibart‹ unbedingt auf zweierlei Weise zu verstehen: im »engeren Sinn des Wortes [als] Orthographie«[7] und in einem weiteren Sinn als kompositorisches Konzept, das notwendig auf die »Wissenschaft der Komposizion« rekurriert und damit weitreichende Konsequenzen mit sich bringt. Eigentümlicherweise scheinen weder Matanya Ophee noch Peter Schmitz in ihren jeweiligen Auseinandersetzungen mit Molitors ›Schreibart‹ diesen weiteren Sinn berücksichtigt zu haben.[8] Natürlich war es, wie Ophee zurecht bemerkt, »Gitarristen der Zeit ein leichtes, derlei [die ›alte‹ Schreibart, wie sie etwa Scheidler verwendet] zu entziffern«[9], und ebenso selbstverständlich spielten bei der Verwendung der »alten Schreibart« wohl auch ökonomische Gründe eine wichtige Rolle, denn es ist »durchaus denkbar, daß Musik, die mehr als zwei Hilfslinien in jede Richtung benötigte, einfach nicht in Druck gegeben wurde, weil es angesichts der herrschenden Papierpreise unwirtschaftlich war, großzügig gestochene Musik in Umlauf zu bringen«.[10] Insofern wäre beispielsweise leicht erklärbar, warum Molitor seine Idee, »ob man nicht – um manche Sätze orthographisch richtig und zugleich für das Auge deutlich darzustellen – sich zweyer Linien, wie beim Klavier bedienen sollte, deren untere mit dem gewöhnlichen Bassschlüssel eigentlich dem Bass, die obere aber mit dem Tenorschlüssel dem Gesang und den Mittelstimmen gewidmet wäre«,[11] prinzipiell zwar für richtig gehalten haben mag, sie dann letztlich aber nicht umsetzte. Doch gerade seine Formulierung, es gehe ihm darum, »manche Sätze orthographisch richtig und zugleich für das Auge deutlich darzustellen«, verweist nun deutlich auf jenen Aspekt, um den es Molitor mit der Einführung einer ›neuen Schreibart‹ viel wesentlicher ging als bloß eine verbesserte ›Orthographie‹, nämlich die *Les-* und *Denk*barkeit von Gitarrenmusik.

Diese Idee einer notwendigen Verbindung von Schriftlichkeit und Musik, respektive der Wechselbeziehung zwischen direkter Schreib- und Lesbarkeit einerseits und musikalischer Komposition andererseits, ist hingegen nicht neu. Insbesondere im ersten

---

7   Molitor, Vorrede zur *Großen Sonate* op. 7, S. 14.

8   Matanya Ophee, *Die Entstehung der ›modernen‹ Gitarrennotation in neuem Licht*, in: *Gitarre und Laute* 5 (1983), S. 247–253, bzw. Peter Schmitz, *Ergänzende Bemerkungen zur Einführung der modernen Gitarrennotation in Wien*, in: *Gitarre und Laute* 16 (1994), Heft 2, S. 17–21.

9   Ebda., S. 249.

10   Ebda., S. 250.

11   Molitor, Vorrede zur *Großen Sonate* op. 7, S. 14.

Band von Johann Nikolaus Forkels *Allgemeiner Geschichte der Musik*,[12] auf den Molitor große Teile der historischen Herleitung der Vorrede zu seiner *Großen Sonate* op. 7 stützt, findet sich das Konzept einer Verbindung von Schriftlichkeit und Musik in einem bemerkenswerten Zusammenhang wieder. Auf Grundlage eines Geschichtsverständnis, das die kulturanthropologische Entwicklung als kontinuierlichen Prozess des Fortschritts von den frühesten Anfängen bis hin zur höchsten Vollkommenheit versteht,[13] schreibt Forkel in § 7 der Einleitung über den »ersten Zustand der Musik«:

> »Mehrtönig kann eine Musik nur alsdann erst genannt werden, wenn eine Reihe von Tönen, diese Reihe mag so klein seyn als sie will, so zusammengestellt wird, daß dadurch eine Art von Melodie, das heißt, ein Satz, dessen verschiedene Glieder von verschiedener Bedeutung sind, hervorgebracht werden kann. In der Sprache ist dies ein Satz, der nicht nur eine Sache an sich, sondern auch eine Eigenschaft derselben bezeichnet, und beyde zusammen verbindet, z.B. wenn ich nicht blos sage: Baum, sondern großer Baum, oder der Baum ist groß, u.s.f.«.[14]

Diese Analogiebildung von Musik und Sprache, die in beiden Fällen zu Bedeutungsträgern werden, hat für Forkels Konzept eines von ihm angenommenen musikhistorischen Fortschritts weitreichende Konsequenzen:

> »So wie nun ein unkultivirtes Volk in seiner Sprache sehr langsam zu dieser Art von Bezeichnung gelangt, vermittelst welcher nicht blos die Sache, sondern auch ihre Verschiedenheit von andern ähnlichen Sachen angedeutet wird, so ist es auch gewiß nur sehr spät [...] darauf gekommen, eine Reihe von Tönen so aneinander zu stellen, daß dadurch für die Empfindung eine, einem Sprachsatze ähnliche, Melodie hätte entstehen können. Und so lange in den Tönen einer Musik dieser Zusammenhang mangelt, so lange nicht wenigstens drey oder vier Töne so in Verbindung gestellt werden, daß sie in ihrem Zusammenhang verschiedene Bedeutungen erhalten, so lange jeder Ton, ohne alle weiteren Verhältnisse, Beziehungen und Verbindungen, für sich allein betrachtet werden muß, ist sie nicht anders als eintönig zu nennen«.[15]

Musikalischer Sinn entsteht demnach erst durch die Konstruktion eines bedeutungsvollen Zusammenhangs, sei es durch Ähnlichkeit, sei es durch Unterschiedlichkeit,

---

12   Johann Nikolaus Forkel, *Allgemeine Geschichte der Musik*, Band 1, Leipzig: Schwickert 1788, Nachdruck hrsg. v. Othmar Wessely, Graz: ADVA 1967.

13   Vgl. dazu auch Gary Tomlinson, *Musicology, Anthropology, History*, in: *The Cultural Study of Music – A Critical Introduction*, hrsg. v. Martin Clayton, Trevor Herbert und Richard Middleton, New York, London: Routledge 2003, S. 31–44. Tomlinson diskutiert die relevanten Passagen aus Forkels *Allgemeiner Geschichte* allerdings aus einer gänzlich anderen Perspektive.

14   Forkel, *Allgemeine Geschichte*, S. 5.

15   Forkel, *Allgemeine Geschichte*, S. 5.

mehrerer Töne. Auch in den direkt darauf folgenden Ausführungen wird der Fortschrittsgedanke in Forkels Konzept außerordentlich deutlich, dann allerdings um eine bemerkenswerte argumentatorische Wendung erweitert:

>»Daß keine wilde und unkultivirte Nation eine solche Tonreihe gehabt habe, und noch habe, beweisen uns die Tonstücke, die wir von solchen Völkern kennen, die blos rhythmisch sind, im eigentlich musikalischen Sinn aber so wenig Zusammenhang haben, daß man sie mit Redesätzen vergleichen kann, die aus bloßen Hauptworten bestehen. Sogar sind die melodisch unzusammenhängenden Töne dieser Stücke so sonderbar, daß sie von den Reisenden, die sie bey diesen Völkern selbst gehört haben, kaum begriffen und mit europäischen Noten geschrieben werden konnten«.[16]

Um die Unterscheidung in gute und schlechte Musik noch einmal zu präzisieren, setzt Forkel in dem direkt folgenden § 8 erneut an:

>»Wie lange sich dieser erste rohe Zustand der Musik bey einem Volke erhalten kann, ist auf keine Weise zu bestimmen. [...] So schlecht nun übrigens diese rohe, barbarische Musik an sich selbst ist, so dient sie doch ungebildeten Völkern zum Nutzen, zur Ergötzung und Unterhaltung auf mancherley Art. [...] Bey allen diesen verschiedenen Anwendungen ist sie aber immer die nemliche, immer blos betäubendes und erschütterndes Geräusch, welches sie um so mehr lieben, je weniger ihr Geist beschäftigt, oder einer Beschäftigung fähig ist«.[17]

Wenn schlechte Musik, bzw. ›Geräusch‹, den Geist nicht beschäftigt, muss gute Musik notwendigerweise genau dies tun. Indem Forkel hier nicht nur eine Unterscheidung in gute und schlechte Musik vornimmt, sondern insbesondere das Moment der Aufschreibbarkeit betont, gelangt er letztendlich zu der folgenreichen Konsequenz: Gute Musik ist geistvoll und aufschreibbar!

Damit die Tragweite dieses Aspekts für die vorliegende Diskussion um die ästhetischen Implikationen der Gitarrenmusik um 1800 deutlich wird, bedarf es nun allerdings noch eines weiteren Schritts. Die Analogiebildung zwischen Musik und Sprache, die Forkel vornimmt, ist keineswegs neu, sondern verweist einerseits hinsichtlich der generell zu Grunde liegenden Idee auf wesentlich ältere Vorbilder und ist andererseits, mit Blick auf die spezifischen Überlegungen zu einer musikalischen Grammatik und Syntax, Teil eines zeitgenössischen Diskurses, wie er sich beispielsweise auch im zweiten und dritten Teil von Heinrich Christoph Kochs *Anleitung zur Komposition* findet.[18]

---

16   Forkel, *Allgemeine Geschichte*, S. 5.

17   Forkel, *Allgemeine Geschichte*, S. 5f.

18   Vgl. dazu Nicole Schwindt, *Drama und Diskurs – Zur Beziehung zwischen Satztechnik und motivischem Prozeß am Beispiel der durchbrochenen Arbeit in den Streichquartetten Mozarts und*

Indes: Durch den Gesichtspunkt der Aufschreibbarkeit erweitert Forkel die Ebene der Sprache als Analogon zur Musik um das Element der Schrift, die Sprache als graphisch kodiertes Zeichensystem repräsentiert.[19]

Wie wesentlich das Moment der Schrift in Forkels Konzept einer guten (weil geistvollen) Musik ist, wird in den »Betrachtungen über die musikalische Schreibekunst« in § 58 der Einleitung seiner *Geschichte der Musik* deutlich:

> »Die dritte Stelle unter den Hülfswissenschaften, die in die musikalische Grammatik gehören, nimmt die musikalische Schreibekunst ein, die auch Notirungskunst, oder mit ihrem Kunstnamen, Semeiographie (Zeichenlehre) genannt wird. Schrift setzt Gedanken voraus, denn sie ist das sichtbare Zeichen eines Gedankens, den man durch sie entweder andern mittheilen, oder sich selbst wieder in Erinnrung bringen will. Eben so mit der Notenschrift, welche die sichtbaren Zeichen von blos hörbaren, mit einander verbundenen Tönen enthält, die vermittelst derselben theils andern mitgetheilt, theils wieder in eigene Erinnerung gebracht werden können«.[20]

Vor dem Hintergrund dieser Lesart bieten sich für die vorliegenden Überlegungen nun zwei Anknüpfungspunkte an. Zunächst wird in der Rückbindung an Simon Molitors Äußerungen zur ›neuen Orthographie‹ noch einmal sehr deutlich, dass dieser mit seiner Kritik an dem ›barbarischen‹ Tabulatursystem vor allem auf dessen Unzulänglichkeiten in Bezug auf die Kodierung musikalischer Gedanken in graphische Zeichen abzielte. Was er implizit von den Tonsetzern, die sich zu seinem Bedauern vor der Einführung der ›konventionellen Notation‹ für Gitarrenmusik leider nicht an entsprechende Kompositionen gewagt hatten, erwartet hätte, waren im Forkelschen Sinne gute, nämlich ›gedankenvolle‹ Gitarrenwerke. Indem Forkel außerdem Schrift als ›sichtbares Zeichen von Gedanken‹ wertet, erklärt sich ferner Molitors implizit formulierte Überlegung, dass die Schreib- und Lesbarkeit von Gitarrenmusik unabdingbare Voraussetzung für die Komposition adäquater Werke ist, denn »ohne deren Kenntniss [war] es jedoch unmöglich, für dasselbe zu komponiren«.[21]

Haydns, Laaber: Laaber 1989 (= Neue Heidelberger Schriften zur Musikwissenschaft 15), S. 70–122.

19   Nicole Schwindt verfolgt in ihren Ausführungen eine wesentlich andere Argumentationslinie, weshalb sie auf das Moment der Schriftlichkeit nicht näher eingeht. Gary Tomlinson hingegen hebt zwar auf die Schriftlichkeit ab, zielt in seinen Ausführungen jedoch auf den von Forkel hier etablierten Gegensatz zwischen schriftlicher als guter und mündlicher als minderwertiger Musikkultur ab.

20   Forkel, *Allgemeine Geschichte,* S. 31.

21   Molitor, Vorrede zur *Großen Sonate* op. 7, S. 9.

Weiterhin gerät durch die Verbindung der guten, weil geistvollen Musik mit dem Begriff des ›Gedankens‹ eine erste zentrale musikästhetische Kategorie in den Blick. Forkel zufolge entspricht der Schrift als sichtbarem Zeichen von ›Gedanken‹ in der Musik die Notenschrift, die »sichtbare Zeichen von miteinander verbundenen Tönen« enthalte. Nach Forkels – und damit implizit Molitors – Verständnis wäre demzufolge ein musikalischer Gedanke als miteinander verbundene Töne zu begreifen, wobei, dies macht Forkel in § 7 der Einleitung seiner *Geschichte der Musik* unmissverständlich klar, diese Töne wenigstens »so in Verbindung gestellt werden, daß sie in ihrem Zusammenhang verschiedene Bedeutungen erhalten«.[22] Durch die Konstruktion des Begriffspaares ›Gedanke‹ – ›Bedeutung‹ wiederum wird deutlich, dass die Annäherung an die Frage nach dem ›Gedanken‹ in der Gitarrenmusik um 1800 zuallererst eine musikästhetische und weit weniger eine kompositionstechnische sein muss.[23]

Zwar findet sich der Begriff ›Gedanke‹ nur in ausgesprochen wenigen zeitgenössischen musikhistorischen bzw. -theoretischen Texten des späten 18. Jahrhunderts und er wird dort auch nicht explizit als musikästhetischer Terminus behandelt, doch lassen sich aus entsprechenden Passagen, die mit dem musikalischen Gedanken aus kompositionstechnischer Perspektive operieren, durchaus auch musikästhetische Aspekte gewinnen.[24]

In Johann Georg Sulzers *Allgemeiner Theorie der schönen Künste* heißt es im Artikel *Musik* an etwas versteckter Stelle:

> »Nach dem Zweck [der Musik] kommen die Mittel in Betrachtung, in deren Kenntniß und Gebrauch eigentlich die Kunst besteht. Hier ist also die Frage zu beantworten, wie die Töne zu einer verständlichen Sprache der Empfindung werden, und wie eine Folge von Tönen zusammenzusetzen sey, daß der, der sie hö-

---

22 Forkel, *Allgemeine Geschichte*, S. 5.

23 Ulrich Leisinger verfolgt primär eine entgegengesetzte Zielrichtung, indem er versucht, die Tragfähigkeit des Begriffs ›musikalischer Gedanke‹ als musiktheoretischen »Fachausdruck, mit dessen Hilfe thematisches Material beschrieben werden kann« zu überprüfen; Ulrich Leisinger, *Was sind musikalische Gedanken?*, in: *Archiv für Musikwissenschaft* 42 (1990), S. 103–119. Spätestens jetzt sollte ferner deutlich sein, dass sich Forkels Analogiebildung zwischen Musik und Sprache von Matthesons berühmten Diktum der ›Musik als Klangrede‹ konzeptionell massiv unterscheidet; vgl. Nicole Schwindt, *Drama und Diskurs*, S. 70–73.

24 Leisinger scheint die musikästhetische Ebene jener Passagen völlig zu ignorieren und diskutiert ausschließlich deren kompositionstechnische Gesichtspunkte.

ret, in Empfindung gesetzt, eine Zeitlang darin unterhalten, und durch sanften Zwang genöthiget werde, derselben nachzuhangen«.[25]

Bemerkenswert ist, dass Sulzer zum einen – wie Forkel zuvor – eine Analogie zwischen Musik und Sprache konstruiert und zum anderen die Frage stellt, wie eine Folge von Tönen so zu organisieren sei, dass sie zu einer »verständlichen Sprache« wird. Als erstes (und wohl wichtigstes) Mittel, um solches zu erreichen, nennt Sulzer den »Gesang, oder die Folge einzelner Töne, in sofern sie nach der besonderen Natur der Empfindung langsamer oder geschwinder fortfließen«,[26] nach heutiger Terminologie also die Konstruktion der melodischen Ebene. Dies präzisiert Sulzer noch einmal, indem er schreibt: »Ein kurze Folge solcher Töne [...] wird ein melodischer Satz, ein Gedanken in der Musik genennt«.[27]

Insofern ist der ›musikalische Gedanke‹ selbstverständlich auch als kompositionstechnischer Begriff zu verstehen, durch die Einbindung in den Kontext wird indes gleichzeitig dessen eindeutige musikästhetische Komponente offenbar: Eine Tonfolge wird erst dann zu einem Gedanken in der Musik, wenn sie auf eine ganz bestimmte Art und Weise, nämlich »nach der besonderen Natur der Empfindung« konstruiert ist. Der Begriff der ›Empfindung‹ hingegen scheint auf den ersten Blick etwas verwirrend, lässt sich aber wohl damit erklären, dass der Artikel Musik in Sulzers *Allgemeiner Theorie* von Johann Philipp Kirnberger stammt, der ›Empfindung‹ aus einem für die Zeit um 1800 etwas ›altmodischen‹ Diskurs um Empfindsamkeit als musikästhetischem Paradigma übernommen haben dürfte. Letztendlich hat Kirnberger mit ›Empfindung‹ jedoch ein etwas anders gelagertes Phänomen gemeint, das durch Begriffe wie ›Vorstellung‹ und ›Eindruck‹ bestimmt ist. Sulzers *Allgemeine Theorie* verhilft hier zu einer ersten Annäherung in dem eigens angelegten Artikel *Gedanken*: »[Gedanke] Heißt überhaupt jede Vorstellung, in welcher einige Deutlichkeit ist, vermöge welcher man sie durch Zeichen bekannt machen kann«.[28]

Die bemerkenswerte Idee, dass eine ›Vorstellung‹ nur dann ein Gedanke sein kann, wenn sie als wie auch immer geartetes ›Zeichen‹ darstellbar ist, verweist nun einerseits wiederum zurück auf Forkels Überlegungen zu den Beziehungen zwischen Sprache, Schrift und Gedanken, sowie letztendlich auch auf Molitors implizit geforderte ›Lesbarkeit‹ von Gitarrenmusik. Andererseits wendet sie Kirnbergers missverständlich ge-

---

25   Johann Georg Sulzer, *Allgemeine Theorie der schönen Künste*, Leipzig: Weidmann ²1792–94, Nachdruck, Hildesheim: Olms 1967, Dritter Teil, S. 421–483, hier: S. 425f.

26   Sulzer, *Allgemeine Theorie*, Dritter Teil, S. 421–483, hier: S. 426.

27   Sulzer, *Allgemeine Theorie*, Dritter Teil, S. 421–483, hier: S. 426.

28   Sulzer, *Allgemeine Theorie*, Zweiter Teil, S. 319–322, hier: S. 319.

wählten Begriff der ›Empfindung‹ in Richtung einer ›aktuelleren‹ musikästhetischen Debatte um Ausdrucks- und Autonomieästhetik.[29] Sulzer präzisiert diese Idee augenblicklich für das zentrale Moment der Ästhetik, die Kunst:

> »Wenn man insbesondere in Absicht auf die schönen Künste von Gedanken spricht, so versteht man dadurch die Vorstellungen, welche der Künstler durch sein Werk hervorzubringen sucht, in so fern sie von der Art, wie sie erregt werden, oder sich darstellen, unterschieden sind. Die Gedanken in den Werken der Kunst sind dasjenige, was von einem Werk übrig bleibet, wenn der ästhetische Schmuck davon genommen wird. [...] Das Aesthetische selbst ist das Zufällige der Gedanken, das Kleid, worin sie gezeiget werden, oder die Form, in welcher sie der Künstler bildet. Derowegen sind sie das erste, worauf in jedem Werk der Kunst zu sehen ist, der Geist und die Seele des Werks: und wenn sie schlecht sind, so kann das ganze Werk keinen großen Werth haben«.[30]

Gleichwohl scheinen sich Ausdrucks- und Autonomieästhetik hier zu vermischen, indem »die Vorstellungen, welche der Künstler durch sein Werk hervorzubringen sucht«, deutlich auf der Ausdrucksebene anzusiedeln sind, wohingegen »der Geist und die Seele des Werks«, denen einzig der Gedanke gleichsam als Kern des Werkes zu Grunde liegt, in Richtung eines Autonomiekonzepts deuten.

Eine ähnliches ästhetisches ›Mischkonzept‹ zeigt sich indes in einem Text, der noch vor Forkels *Allgemeiner Geschichte der Musik* erschien. In der Fortsetzung eines *Beytrags zu einem musikalischen Wörterbuch* von T. S. heißt es im 39. Stück von Johann Adam Hillers *Wöchentlichen Nachrichten* unter dem Stichwort ›Gedanken‹:

> »Gedanken, musikalische, sind kleine Theile einer Melodie, die doch einen Verstand haben müssen. [...] Die Gedanken sind das erste, was man nach festgesetzten Plan zu der Ausführung desselben niederschreibt. Man überläßt sich hier dem Feuer der Einbildungskraft, und bringt dann das vorgenommene Stück zu der Vollkommenheit, die es haben soll. [...] Der Componist muß nur den Hauptgedanken allemal so zu erheben wissen, daß er vorzüglich ins Gehör falle und den stärksten Eindruck auf das Ohr und die Seele der Zuhörer mache«.[31]

---

29 Dieser Satz sei nur als erster Fingerzeig verstanden, welche Richtung die nachfolgende Argumentation einschlagen soll, und nicht etwa als voreilige ›Antwort‹.

30 Sulzer, *Allgemeine Theorie*, Zweiter Teil, S. 319–322, hier: S. 319.

31 T. S., *Beytrag zu einem musikalischen Wörterbuch*, Fortsetzung in: Wöchentliche Nachrichten und Anmerkungen die Musik betreffend, hrsg. v. Johann Adam Hiller, Leipzig: Zeitungs=Expedition, 39. Stück, 27. März 1769, Nachdruck, Hildesheim, New York: Olms 1970, S. 301–304, hier: S. 303.

Auch hier wird zunächst der musikalische Gedanke mit dem Begriff des ›Verstandes‹ – Forkel und Sulzer verwenden als Synonym den ›Geist‹ – verknüpft, jedoch muss dieser Gedanke nicht allein »Verstand haben«, sondern, sofern auf Ohr und Seele der Zuhörer Eindruck gemacht werden soll, er muss (ästhetisch) sublimiert, in Sulzers Terminologie »mit einem Kleid« versehen werden.

Daneben gerät allerdings sogleich eine neue Komponente in den Blick der Diskussion, die Frage nämlich, wie ein Künstler, respektive Komponist, überhaupt zu einem ›Gedanken‹ findet: T. S. zufolge gelingt dies eben durch »das Feuer der Einbildungskraft«.

›Einbildungskraft‹ gehört wiederum zu jenen mit musikästhetischen Implikationen aufgeladenen Begriffen, die in der Tat in den zeitgenössischen Texten zur Gitarrenmusik um 1800 diskutiert werden, wobei ›Einbildungskraft‹ durchaus synonym mit ›Fantasie‹ gelesen werden kann, denn: »[Fantasie] nennet man das durch Töne ausgedrückte und gleichsam hingeworfene Spiel der sich ganz überlassenden Einbildungs- und Erfindungskraft des Tonkünstlers«.[32] So verstanden meint Friedrich Guthmann in seinem Text *Ueber Guitarrenspiel* genau diesen Aspekt der Einbildungskraft, wenn er schreibt: »[die Gitarre] ist zur Phantasie für einen fühlenden Menschen, der aber nothwendig eine hinlängliche Kenntniss der Harmonie überhaupt haben muss, ausserordentlich geschickt, und zeigt gerade hier, ganz eigene Schönheiten«.[33] Und nur wenige Zeilen später konkretisiert Guthmann den Gesichtspunkt der Fantasie mit Hinblick auf die Frage nach Kunst: »Freylich gehört dazu, ausser (wie schon erwähnt) nothwendiger Kenntniss der Harmonie, auch eine längere Uebung, Geschmack und Phantasie; dann ist das Guitarrenspiel keine leere Klimperey; sondern wirkliche Kunst«.[34]

Zweifellos findet bei Guthmann jedoch eine bemerkenswerte Verschiebung der Perspektive statt – es ist nicht der Komponist, von dem er Fantasie oder Einbildungskraft verlangt, sondern der Ausführende.[35] Guthmann versteht indes nicht nur den Begriff der Fantasie als notwendige Bedingung, damit aus »leerer Klimperey wirkliche Kunst«

---

32 Koch, *Musikalisches Lexikon*, Sp. 554. Selbstverständlich beschreibt Koch hier zuallererst die Gattung der musikalischen Fantasie als mehr oder minder frei improvisiertes Stück, dennoch wird der synonyme Gebrauch von ›Einbildungskraft‹ und ›Fantasie‹ außerordentlich deutlich.

33 Guthmann, *Ueber Guitarrenspiel*, Sp. 363.

34 Guthmann, *Ueber Guitarrenspiel*, Sp. 363.

35 Da allerdings in den zeitgenössischen Texten zur Gitarrenmusik um 1800 diese aufführungsorientierte oder performative Perspektive auch im Hinblick auf die weiteren musikästhetischen Überlegungen im Mittelpunkt steht, scheint es sinnvoll, diese im weiteren Fortgang der Diskussion beizubehalten.

werde, sondern bringt seinerseits nun wiederum einen weiteren musikästhetisch relevanten Terminus in die Diskussion, den des ›Geschmacks‹. Dass im zeitgenössischen Diskurs um Gitarrenmusik dieser Begriff allerdings unterschiedlich, ja sogar scheinbar widersprüchlich, verstanden wurde, mag ein Vergleich seines Gebrauchs bei Molitor und Guthmann verdeutlichen.

Molitor verbindet in der Vorrede zu seiner *Großen Sonate* op. 7 den ›Geschmack‹ unmissverständlich mit einem ästhetisch gemeinten Kunsturteil:

> »Der strengere Kunstliebhaber eifert sogar gegen dieses Instrument, welches, eben durch die Leichtigkeit womit man auf demselben die gewöhnlichen Accorde in einigen Tonarten hervorbringen lernt, und durch die Unbekümmertniss, womit diese Accorde – meistens ohne Rücksicht auf ihre Lage und ihr Verhältnis unter sich – gespielt werden, zur schalesten Klimperei verleite, und dessen Verbreitung daher dem guten Geschmack in der Kunst wahren Nachtheil bringe«.[36]

In der Tat führt Molitor hier auf den ersten Blick ausschließlich kompositionstechnische Aspekte als Nachteil für den »guten Geschmack in der Kunst« an. Liest man dagegen erneut die entsprechende Passage bei Guthmann, derzufolge neben den ebenfalls kompositionstechnischen Momenten »Kenntnis der Harmonie« und »längere Übung« eben auch »Geschmack und Phantasie« notwendig sind, damit das Gitarrenspiel wirkliche Kunst sei, dann kann auch Molitors Formulierung »guter Geschmack in der Kunst« tatsächlich nur als ästhetisches Urteil gemeint sein.

Um die Kategorie des ›Geschmacks‹ als Kriterium eines ästhetischen Kunsturteils zu verdeutlichen, scheint es an der Zeit, sich in aller gebotenen Kürze einige Überlegungen entsprechender zeitgenössischer Diskurse zur (Musik-)Ästhetik zu vergegenwärtigen.

»Der Geschmack«, heißt es in Sulzers *Allgemeiner Theorie der schönen Künste*, »ist im Grunde nichts anders, als das Vermögen das Schöne zu empfinden, so wie die Vernunft das Vermögen ist, das Wahre, Vollkommene und Richtige zu erkennen; das sittliche Gefühl, die Fähigkeit das Gute zu fühlen«.[37] Wenngleich eine gewisse Analogie zu Immanuel Kants Begriff des Geschmacks als »Beurteilungsvermögen eines Gegenstands oder einer Vorstellungsart durch ein Wohlgefallen, oder Missfallen, ohne alles Interesse« bemerkenswert ist,[38] so ist Sulzers Definition des ›Geschmacks‹ sicher keine

---

36   Molitor, Vorrede zur *Großen Sonate* op. 7, S. 10.

37   Sulzer, *Allgemeine Theorie*, Zweiter Band, S. 371.

38   Immanuel Kant, *Kritik der Urteilskraft*, hrsg. v. Wilhelm Weischedel, Werkausgabe Band 10, Frankfurt am Main: Suhrkamp 1974, S. 124.

Vorwegnahme derjenigen Kants,[39] der, wie Koch im Artikel *Geschmack* seines *Musikalischen Lexikons* bemerkt, »über diesen Gegenstand einen besonderen Weg eingeschlagen ist«.[40] Dazu ist Kants deutliche Unterscheidung zwischen Moral und Ästhetik mit Sulzers Position einer beständigen Verquickung von Moral und Ästhetik – im Sinne moralischer Bildung qua ästhetischer Erziehung – kaum zu vereinbaren.

Immanuel Kants Einfluss auf musikästhetische Diskurse um 1800 – dies gilt insbesondere für Gitarrenmusik – ist nur schwerlich angemessen einzuschätzen. Enrico Fubini etwa verlegt Kants Bedeutung für die Musikästhetik kurzerhand »auf die künftigen Denker-Generationen«; das »gesamte Form-Denken des 19. Jahrhunderts und darüber hinaus [sei] von der Kantschen Philosophie ausgerichtet«[41] – demzufolge wären Kants Überlegungen für die vorliegende Diskussion also mehr oder minder untauglich. Bernd Sponheuer hingegen hat überzeugend gezeigt, welch enormen Stellenwert Kants ästhetische Theorien als »ideellem Fluchtpunkt« einer »Vorstellung der Kunst als ›Mitte‹« darstellen, »auf den hin die gedankliche Entwicklung der deutschen Ästhetik des 18. Jahrhunderts [...] ausgerichtet erscheint«.[42] Thomas Christensen hat einen solchen Gedanken der Zielgerichtetheit alledings etwas eingeschränkt, denn »German musical thought in the later eighteenth century developed in ways that were neither uniform nor directed«,[43] und so die Gefahr einer allzu naiven Teleologie ausgeräumt; dennoch ist auch er der Überzeugung, dass sich das deutsche Musikdenken des späten 18. Jahrhunderts mit einem gemeinsamen Bündel an Fragen auseinandersetzte, das als Dialektik zwischen den beiden Polen Rationalismus und Sensualismus zu bezeichnen ist.[44] Insofern liegt – in der Interpretation Hegels – Kants Verdienst in der Erkenntnis des Kunstschönen »als eine der Mitten [...], welche jenen Gegensatz und Widerspruch

---

39   Vgl. Thomas Christensens deutliche Kritik: »[I]t is surely pushing things too far to claim, as do some of Sulzer's apologists, that his aesthetic theory can be read as an anticipation of Kant's«; *Aesthetics and the Art of Musical Composition in the German Enlightment – Selected Writings of Johann Georg Sulzer and Heinrich Christoph Koch*, hrsg. v. Nancy Kovaleff Baker und Thomas Christensen, Cambridge: CUP 1995 (= Cambridge Studies in Music Theory and Analysis 7), S. 16, Fußnote 31.

40   Koch, *Musikalisches Lexikon*, Sp. 669.

41   Enrico Fubini, *Geschichte der Musikästhetik – Von der Antike bis zur Gegenwart*, Stuttgart, Weimar: Metzler 1997, S. 172.

42   Bernd Sponheuer, *Musik als Kunst und Nicht-Kunst – Untersuchungen zur Dichotomie von ›hoher‹ und ›niederer‹ Musik im musikästhetischen Denken zwischen Kant und Hanslick*, Kassel usw.: Bärenreiter 1987 (= Kieler Schriften zur Musikwissenschaft 30), S. 37.

43   Christensen, *Aesthetics*, S. 5.

44   Christensen, *Aesthetics*, S. 5.

des in sich abstrakt beruhenden Geistes und der Natur – sowohl der äußerlich erscheinenden als auch der innerlichen des subjektiven Gefühls und Gemüts – auflösen und zur Einheit zurückzuführen«.[45]

Mit Blick auf die Gitarrenmusik in Deutschland um 1800 lässt sich auf Basis der entsprechenden zeitgenössischen Texte das Konzept des ›Kunstschönen als Mitte‹ allerdings nur schwerlich erkennen, zumal für die in den ersten Jahren nach 1800 aktuell geführte Diskussion um »leere Klimperey« und »wirkliche Kunst« Kants *Kritik der Urteilskraft* weder als zentrales, erst recht jedoch nicht als einziges Paradigma fungiert hat. Nach wie vor dürfte hier Thomas Christensens Analyse der musikästhetischen Diskussion um 1800 als Beschäftigung mit »a common core of questions« gelten.[46] Die Auseinandersetzung mit Fragen der Musikästhetik – jedenfalls innerhalb des ›gitarristischen‹ Diskurses der Zeit – verläuft vielmehr auf der Ebene des Sensualismus, die sich eher Fragen ästhetischer Aspekte der sinnlichen Wahrnehmung widmet.[47] Das Moment des ›Kunstschönen‹ hingegen deutet sich allenfalls, gleichsam nachgeordnet, als Konsequenz aus solchen ästhetischen Überlegungen zur sinnlichen Wahrnehmung an.

Klang, Empfindung, Wirkung

Johann Traugott Lehmann begriff – im Unterschied zu Simon Molitor – ›Geschmack‹ eindeutig aus einer performativ-rezeptiven Perspektive als wesentliche Voraussetzung dafür, den ›weichen‹ Instrumentalklang der Gitarre möglichst angenehm mit dem Klang der zu begleitenden Gesangsstimme zu verbinden:

> »Unter allen Instrumenten ist die Guitarre, zur Begleitung des Gesanges von einer oder zwei Stimmen, unstreitig eines der vorzüglichsten, weil es [...] wegen der ihm und der Laute, ausschließend eigenthümlichen Weichheit des Tones, mit einer sanften Stimme so ganz zu vereinbaren ist. [...] Diese Vereinbarung hängt einzig von der Geschicklichkeit und hauptsächlich von dem Zartgefühl des Spielers ab; und ob schon Gefühl und Geschmack nicht zu erlernen sind, so können doch beide vermittelst eines guten Unterrichts, da, wo sie schlummern, geweckt,

---

45   Sponheuer, *Musik als Kunst und Nicht-Kunst*, S. 37.

46   Christensen, *Aesthetics*, S. 5.

47   Inwiefern der Begriff ›Wirkungsästhetik‹, der erst in der literaturtheoretischen Diskussion der 1960er und 70er Jahre entwickelt wurde, hier zutreffend wäre, steht allerdings auf einem anderen Blatt; vgl. Jauß, *Ästhetische Erfahrung*.

und da, wo sie ganz fehlen, wenigstens durch Kunst ersetzt und ihr Mangel durch Fleiß verdeckt werden«.[48]

Mit der Vorstellung, dass ein Mangel an Gefühl und Geschmack »wenigstens durch Kunst ersetzt« werden könne, kann Lehmann Kunst also keinesfalls als ästhetische Kategorie meinen, sondern muss sich eindeutig auf ›Kunstfertigkeit‹ im Sinne instrumentaltechnischer Raffinesse beziehen. Und doch: Mögen sich die Positionen von Molitor und Lehmann auf den ersten Blick auch widersprüchlich gegenüberstehen, so sind sie sich bei genauerem Hinsehen durchaus überraschend nah.

Lehmann zufolge beeinflussen Gefühl und Geschmack die Vereinbarung zwischen einer »sanften Stimme« mit der der Gitarre »eigenthümlichen Weichheit des Tones«. Diese Beziehung zwischen Instrumentalklang und menschlicher Stimme wird in den zeitgenössischen Texten zur Gitarrenmusik zu einem konsequent wiederkehrenden Topos. Simon Molitor beispielsweise schreibt dazu: »In Hinsicht auf *Ton* wird niemand bestreiten, dass der Ton der Guitare sich besonders vortheilhaft an die menschliche Stimme anschmiegt«,[49] und bei Johann Jakob Staehlin liest man: »Es konnte nicht fehlen, daß die Guitarre wegen ihres sanften und mit der menschlichen Stimme so schön verschmelzenden Tones, nicht hätte vortheilhaft für sich einnehmen sollen«.[50]

Indes: Der ›angenehme Klang‹[51] der Gitarre wird nicht allein auf deren Funktion als Begleitung einer menschlichen Singstimme beschränkt; im Hinblick auf die ›höhere Spielart‹ führt Staehlin die Bedeutung des schönen Klangs genauer aus:

> »So nothwendig schon bey dem blos begleitenden Spiele Fertigkeit in Auffindung einzelner Töne oder ganzer Accorde, deutlicher Anschlag u.s.w. ist, in einem noch vollkommeneren Grade wird dieses hier [bei dem ›höheren Spiele‹] erfordert. [...] kurz: vertraute Bekanntschaft mit dem Instrument und der Behandlungsart durch welche dasselbe sowohl in Ansehung des Tones als seiner Wirkung überhaupt am meisten gewinnt«.[52]

Hier wird der Aspekt des Klangs als zentraler Kategorie nicht allein auf das Solospiel ausgeweitet, sondern zusätzlich mit einer Funktion verbunden: Es geht um die »Wir-

---

48   Lehmann, *Guitarre=Schule*, S. 5.

49   Molitor, Vorrede zur *Großen Sonate* op. 7, S. 11.

50   Staehlin, *Anleitung*, S. 3.

51   Da, wie noch zu zeigen sein wird, die hier diskutierten Texte in der Tradition Johann Nikolaus Forkels stehen, ist der Begriff ›Ton‹ in diesem Zusammenhang freilich auch im Forkelschen Verständnis als Synonym für ›Klang‹ zu verstehen; vgl. dazu Hans Heinrich Eggebrecht, *Musik als Tonsprache*, in: *Archiv für Musikwissenschaft* 18 (1961), S. 73–100, hier: S. 94–99.

52   Staehlin, *Anleitung*, S. 31.

kung überhaupt«. Den Punkt der Wirkung hatte Molitor wiederum noch präziser gefasst als Staehlin. Wesentlicher Vorteil des ›angenehmen Klangs‹ der Gitarre sei nämlich, »dass die manchfaltigen Modulazionen, deren derselbe fähig ist, dieses Instrument in die Reihe derjenigen setzen, welche vorzüglich geeignet sind, Leidenschaften zu erregen und Leidenschaften zu beschwichtigen, mithin den Zweck der Musik unmittelbar zu erfüllen«.[53]

Die Verbindung von ›Klang‹ und ›Wirkung‹ verweist auf jenen zeitgenössischen Diskurs zur Wirkung von Musik, der in der Ästhetik um 1800 eine außerordentlich zentrale Rolle spielte. Molitors Gewährsmann dürfte hierbei, wie schon im Hinblick auf die historische Entwicklung der Musik »seit den ältesten Zeiten«, Johann Nikolaus Forkel gewesen sein, der sich im zweiten Band seiner *Allgemeinen Geschichte der Musik* dazu ausführlich äußert und einzelne Aspekte zeitgenössischer Überlegungen zur Wirkung von Musik Schritt für Schritt differenziert. Zunächst beginnt Forkel mit einer sinnesphysiologischen Begründung:

> »Das gegenseitige Verhältnis der Luft- und Nervenerschütterungen ist daher der
> Grund und die erste Ursache alles musikalischen Ausdrucks, und aller der Wir-
> kungen, die durch Musik hervorgebracht werden können. Jedoch vermehrt sich
> die Summe dieser Verbindungen noch ins Unendliche, wenn die Kunst einzelne
> Töne nicht nur zu ganzen Tonreihen verbindet, sondern sich auch noch anderer
> Mittel bedient, die sämmtlich dazu beytragen können, den Menschen in leiden-
> schaftliche Zustände zu versetzen, und ihn darin zu unterhalten«.[54]

Ausgangspunkt dieser Idee ist ein seit Mitte des 18. Jahrhunderts diskutiertes ›Resonanzmodell‹, das u.a. bei Johann Gottlob Krüger theoretisiert wurde.[55] Dabei wird die neurophysiologische Übertragung akustischer Schallreize in Analogie zur Schwingungsübertragung der Saiten eines Musikinstruments gesetzt, so dass die ›Nervenhäute‹ entsprechend der Schwingungen der Instrumentalsaiten resonieren und so akus-

53   Molitor, Vorrede zur *Großen Sonate* op. 7, S. 11f.

54   Johann Nikolaus Forkel, *Allgemeine Geschichte der Musik*, Band 2, Leipzig: Schwickert 1801,
      Nachdruck, Graz: ADVA 1967, S. 11.

55   Johann Gottlob Krüger, *Naturlehre. Zweyter Theil, welcher die Physiologie oder die Lehre von dem
      Leben und der Gesundheit der Menschen in sich fasset*, Halle: Hemmerde 1748; vgl. ferner Caro-
      line Welsh, *Hirnhöhlenpoetiken – Theorien zur Wahrnehmung in Wissenschaft, Ästhetik und Lite-
      ratur um 1800*, Freiburg: Rombach 2003 (= Rombach Litterae 114), S. 29–43. Zu Krüger vgl.
      außerdem Tanja van Hoorn, *Entwurf einer Psychophysiologie des Menschen – Johann Gottlob Krü-
      gers ›Grundriß eines neuen Lehrgebäudes der Artzneygelahrtheit‹ (1745)*, Hannover: Wehr-
      hahn 2006.

tisch-musikalische Wahrnehmung realisiert wird.[56] Dieses Konzept findet sich bei Forkel in nuce wieder:

> »Der Mensch ist allenthalben mit Luft, oder mit dem Vehikel des Schalles umgeben; er lebt darin wie in seinem Elemente. [...] Außerdem sind seine festen Theile mit Nerven und Sehnen verbunden und überspannt, wodurch er gewissermaßen selbst eine Art von musikalischem Instrument wird«.[57]

Krüger hatte das Resonanzmodell außerdem dahingehend erweitert, dass er es auf eine Temperamentlehre übertrug, nach der Spannung und Beschaffenheit der ›Nervensaiten‹ dafür verantwortlich waren, beispielsweise zwischen Cholerikern (zarte, straff gespannte Nerven) und Melancholikern (straff gespannte, aber grobe und nur schwer zu mobilisierende Nerven) zu unterscheiden.[58] Auch dieser Gedanke wird bei Forkel formuliert:

> »Da die leidenschaftlichen Zustände der Menschen mannichfaltig sind, und jeder derselben mit eigenen Nervenerschütterungen vergesellschaftet ist, wodurch er sich von anderen unterscheidet, so wird die Musik durch den zweckmäßigen Gebrauch der erwähnten Mittel vermögend, ihre Töne jedesmal von einer solchen Wirkung auf die Nerven zu wählen, wie sie den Eindrücken eines gewissen Gemüthszustandes ähnlich und angemessen ist«.[59]

Jedoch hat Forkel dieses Modell der neurophysiologischen Wirkung von Musik dahingehend modifiziert, dass die Musik auf den jeweils anzusprechenden ›Gemützustand‹ individuell abzustimmen ist:

> »Sie hat es dadurch in ihrer Gewalt, nicht nur durch einzelne Töne schon sympathetische Gefühle der Freude, des Mitleides, des Trauerns und des Trostes zu erregen, sondern auch innere Empfindungen der Seele, oder ganze Gemüthsstimmungen zu befördern, zu unterhalten, und eben dadurch auf Sittlichkeit und Besserung des Willens kräftig zu wirken«.[60]

Die Vorstellung einer Verbindung von Musik und Empfindung ist innerhalb der musikästhetischen Diskurse des 18. Jahrhunderts gewiss als sensus communis zu werten, wie nicht zuletzt Heinrich Christoph Koch dies wenige Jahre vor der Veröffentlichung des ersten Bands von Forkels *Allgemeiner Geschichte* vermerkt hatte:

56 Welsh, *Hirnhöhlenpoetiken*, S. 29f.

57 Forkel, *Allgemeine Geschichte* II, S. 10.

58 Welsh, *Hirnhöhlenpoetiken*, S. 30.

59 Forkel, *Allgemeine Geschichte* II, S. 11.

60 Forkel, *Allgemeine Geschichte* II, S. 11.

> »In dem allgemeinen Begriffe der Tonkunst herrscht nichts dunkles, nichts un-
> entschiedenes mehr. Selbst da, wo man alles auf die Nachahmung der Natur zu-
> rückführt, läßt man die Tonkunst ganz der Empfindung. Und so ist es auch. Sie
> ist unter den schönen Künsten diejenige, die durch Verbindung der Töne Emp-
> findungen ausdrückt«.[61]

Doch während auf der einen Seite Koch – in Übereinstimmung mit den entsprechen-
den Vorläufertexten – die Ebene des musikalischen Ausdrucks von Empfindungen
betont und auf der anderen Seite Krügers Konzept der Resonanz – einschließlich der
Temperamentlehre – als Erklärungsmodell zur Begründung des neurophysiologischen
Hörvorgangs dient, argumentiert Forkel in seiner *Allgemeinen Geschichte* mit einem
Wirkungsmodell: Indem Musik so oder so komponiert ist, hat sie (so oder so) eine
bestimmte Wirkung. Daraus leitet Forkel sein zentrales Verständnis der Aufgabe der
Musik – »ihr einziger und höchster Zweck« – ab, die Erziehung zur »Sittlichkeit und
Besserung des Willens«, die er nunmehr als wesentliches Kriterium seiner musikali-
schen Ästhetik entwickelt:

> »Es ergiebt sich hieraus, daß die Musik nur bey dem ihrem wahren Wesen ange-
> messenen Gebrauch und der weisen Anwendung aller ihrer Hülfsmittel das seyn
> kann, was sie seyn soll. Wenn ihre Töne oder Tonreihen nichts in sich enthalten,
> was den Empfindungen und Vorstellungen der Seele ähnlich ist, das heißt: wenn
> die durch sie erregten Lufterzitterungen den mit gewissen Empfindungen unzer-
> trennlich verbundenen Nervenerschütterungen nicht entsprechen, so sind sie ein
> leeres und unbedeutendes Geräusch. Wenn sie hingegen ihrer Natur gemäß sich
> ihrer Mittel so bedient, daß sie lebendiger Ausdruck menschlicher Gefühle und
> Gemüthszustände wird, und alles vermeidet, was diesen ihren einzigen und
> höchsten Zweck stören kann, so ist sie das, was sie sein soll, und der Lobreden
> werth, die ihr von den weisesten Menschen aus allen Zeitaltern gegeben worden
> sind«.[62]

Indem Forkel mit Hinblick auf den Aspekt der Empfindung den Fokus hin zu einer
Zweckbestimmung der Musik als Instrument sittlicher Erziehung bewegt, nimmt er
innerhalb der (musik-)ästhetischen Diskurse um 1800 eine entschieden andere Position ein als die meisten seiner Zeitgenossen. Forkels Idee einer erzieherischen Funktion
der Musik ist deutlich auf eine religiöse, sittlich-christliche Bildung ausgerichtet[63] und

---

61 Koch, *Anleitung*, S. 3f.

62 Forkel, *Allgemeine Geschichte* II, S. 11.

63 »Da nun die christliche Moral schon an sich meistens solche Lehren enthält, die auf Besserung
    und Reinigung der menschlichen Leidenschaften abzwecken (*), da der Stifter unserer Religion
    ausdrücklich sagt, daß nicht die Beobachtung der äußeren Kirchenpflichten, sondern nur die
    reine moralische Herzensgesinnung den Menschen Gott wohlgefällig machen könne; so sieht

unterscheidet sich so beispielsweise von dem Erziehungsgedanken Friedrich Schillers, der in der ästhetischen Erziehung eine Grundvoraussetzung für die (aufgeklärte) Freiheit des Menschen sieht.[64] Selbst Simon Molitor, der wie gesehen einen bemerkenswert großen Teil der Vorrede seiner *Großen Sonate* op. 7 auf Forkels *Allgemeine Geschichte* abgestellt hatte, formuliert in diesem Zusammenhang deutlich zurückhaltender: »Zweck der Musik« sei es »Leidenschaften zu erregen und Leidenschaften zu beschwichtigen«.[65] Dass Molitor insofern nicht einfach nur kritiklos bei Forkel ›abgeschrieben‹ hat, sondern zuweilen eine andere Meinung als dieser vertritt, ist wiederum symptomatisch für das zentrale Grundproblem der musik-ästhtetischen Diskurse um 1800: »Musical aesthetics also manifests considerable variety during this period«,[66] und Forkel, so möchte man ergänzen, repräsentiert nur eine musikästhetische Perspektive unter vielen.

Eine mit Blick auf Forkels Konzept der Empfindung bemerkenswerte Veränderung der Perspektive nimmt Wilhelm Heinrich Wackenroder vor.[67] Wackenroders Tonkünstler Berglinger scheitert letztendlich genau an jenem ›Sympathiemodell‹ Forkelscher Prägung,[68] nach dem der Musik via Empfindsamkeit eine (erzieherische) Wirkungsfunktion zugesprochen wird. Berglinger hat als Komponist erhebliche

man daß das Wesentliche der Religion überhaupt auf Empfindungen ankomme, die zwar durch das Verhältniß, in welches sie hier mit der Gottheit selbst gesetzt werden, gleichsam übersinnlich und erhabener sind, als moralische Gefühle in bloß bürgerlichen Verhältnissen an sich vielleicht seyn mögen, aber deswegen nicht aufhören, Gegenstände musikalischer Darstellungen zu seyn«, schreibt Forkel und ergänzt in einer Fußnote zu (*): »Liebe und Furcht Gottes, Liebe des Nächsten und sogar der Feinde; Duldsamkeit in Leiden; Mäßigung in Freuden; Unterdrückung des Hasses und der Rachsucht; Wohltätigkeit gegen Arme etc etc sind die Hauptgesetze der christlichen Moral, und lauter Gegenstände des gefühlvollen Herzens, folglich auch lauter Gegenstände des musikalischen Ausdrucks«; Forkel, *Allgemeine Geschichte* II, S. 13.

64 Der ›Erziehungsgedanke‹ stellt im Übrigen ein zentrales Moment in einem Großteil der Texte zur Aufklärungsästhetik dar; Friedrich Schillers »Über die ästhetische Erziehung des Menschen« (1794) ist lediglich deren prominentestes Beispiel.

65 Molitor, Vorrede zur *Großen Sonate* op. 7, S. 11f.

66 Edward Lippman, *A History of Western Musical Aesthetics*, Lincoln, London: University of Nebraska Press 1992, S. 126.

67 Zu den musikästhetischen Verbindungen zwischen Forkel und Wackenroder vgl. Barbara Naumann, *»Musikalisches Ideen-Instrument«* – *Das Musikalische in Poetik und Sprachtheorie der Frühromantik*, Stuttgart: Metzler 1990.

68 Zum Begriff ›Sympathiemodell‹ vgl. Welsh, *Hirnhöhlenpoetiken*, S. 44–53, mit Bezug auf Wackenroder insbesondere S. 50–52.

Schwierigkeiten mit der Kommunikation seiner musikalischen Empfindungen an das Publikum:

> »Nun sitz' ich gar oft in eben diesem Saal, und führe auch meine Werke auf; aber es ist mir wahrlich sehr anders zu Muthe. Daß ich mir einbilden konnte, diese in Gold und Seide stolzierende Zuhörerschaft käme zusammen, um ein Kunstwerk zu genießen, um ihr Herz zu erwärmen, ihre Empfindung dem Künstler darzubringen! [...] Die Empfindung und der Sinn für Kunst sind aus der Mode gekommen und unanständig geworden; bey einem Kunstwerk zu empfinden, wäre grade eben so fremd und lächerlich, als in einer Gesellschaft auf einmal in Versen und Reimen zu reden, wenn man sich sonst im ganzen Leben mit vernünftiger und gemein-verständlicher Prosa behilft. Und für diese Seelen arbeit' ich meinen Geist ab! Für diese erhitz' ich mich, es so zu machen, daß man dabey was soll empfinden können! Das ist die hohe Bestimmung, wozu ich geboren zu seyn glaubte!«[69]

Das von Forkel favorisierte Modell einer sympathetischen Verbindung zwischen Seelenschwingungen, Nervenvibrationen und Klang wird von Wackenroder letztendlich ad absurdum geführt, denn Berglinger gelingt »die sympathetische Übertragung seiner Gefühle auf den Zuhörer nur in einem solch krankhaft übersteigerten Gemütszustand [...], daß er kurz darauf ausgerechnet an den Folgen einer mit diesem Zustand einhergehenden Nervenschwäche stirbt«.[70] Mehr noch, auch Forkels ›Erziehungsgedanke‹ wird von Wackenroder in diesem Zusammenhang verworfen, denn sowohl Berglingers Vorwurf »Für diese erhitz' ich mich, es so zu machen, daß man dabey was soll empfinden können!« als auch seine Bitte an die heilige Cäcilia »Öffne mir der Menschen Geister, daß ich ihre Seelen Meister«[71] symbolisieren kaum weniger als das Scheitern eben jenes Erziehungsgedankens. Im Gegenzug entwickeln Wackenroder und Ludwig Tieck in der Auseinandersetzung mit Forkels Ästhetik eine grundlegend andere Musikauffassung, die »zu einer Betrachtung der Musik als autonomes, auf nichts als sich selbst verweisendes, in sich geschlossenes System mit selbstreflexiven Strukturen führt«.[72] Musik stellt nunmehr für Tieck ein selbstreferentielles System dar:

---

69   Wilhelm Heinrich Wackenroder, *Das merkwürdige musikalische Leben des Tonkünstlers Joseph Berglinger. In zwey Hauptstücken* [1797], in ders.: *Sämtliche Werke und Briefe – Historisch-kritische Ausgabe*, hrsg. v. Silvio Vietta und Richard Littlejohns, Band I: Werke, Heidelberg: Winter 1991, S. 130–145, hier: S. 140.

70   Welsh, *Hirnhöhlenpoetiken*, S. 51.

71   Wackenroder, *Berglinger*, S. 137.

72   Welsh, *Hirnhöhlenpoetiken*, S. 175.

»In der lebenden Natur begleitet Schall und Geräusch unaufhörlich Farbe und Form. Die bildende und zeichnende Kunst entlehnt immer von dort ihre Bildungen, wenn sie sie auch noch so verschönt: ja, Abend- und Morgenroth, so wie Mondschein, spielen in Farben und Wolken, die kein Mahler mit seinen Farben erreichen oder nachahmen kann; der Glanz, der in der Natur brennt, das Licht, mit dem die grüne Erde sich schmückt, ist der Mahlerkunst unzugänglich. Wie anders verhält es sich mit der Musik! Die schönsten Töne, die die Natur hervorbringt, ihren Vogelgesang, ihr Wasserrauschen, ihr Bergwiederhall und Waldbrausen, ja der majestätische Donner selbst, alle diese Klänge sind nur unverständlich und rauh, sprechen gleichsam nur im Schlafe, nur einzelne Laute, wenn wir sie gegen die Töne der Instrumente messen. Ja diese Töne, die die Kunst auf wundersame Weise entdeckt hat, und sie auf den verschiedensten Wegen sucht, sind von einer durchaus verschiedenen Natur, sie ahmen nicht nach, sie verschönern nicht, sondern sie sind eine abgesonderte Welt für sich selbst«.[73]

Während die bildende Kunst demnach (weiterhin) dem Prinzip der Nachahmung verpflichtet bleibt, obwohl sie dadurch gleichzeitig wiederum genau daran scheitern muss, da ihr die ›wahren‹ Farben der Natur unzugänglich bleiben, wird die Musik aus dem Kanon der mimetischen Künste herausgelöst. Musik ist Kunst weder durch Nachahmung, noch durch Sublimation, sondern ausschließlich qua Existenz in ihrer »abgesonderten Welt für sich selbst«. Die Kopplung von ›Nachahmen‹ und ›Verschönern‹ lässt sich insofern durchaus auch als Chiffre für (und damit gleichzeitig als Absage an) Horaz' »aut prodesse aut delectare« lesen.[74] Indes ist die hier angestoßene Idee einer absoluten Musik im Sinne einer Kunst aus sich selbst heraus im Zusammenhang der Diskussion zur Gitarrenmusik um 1800 nur indirekt von Interesse. Wesentlicher an den Schriften von Wackenroder und Tieck ist der Wechsel der Perspektive von außen nach innen, wie Christine Lubkoll dies eindrucksvoll demonstriert hat: »In der *Berglinger*-Novelle überführt Wackenroder das Raffaelsche Modell vom ›Bild im Geiste‹ in eine Ästhetik des Hörens«.[75]

Die Betonung der Innenperspektive wird von Wackenroder bereits in der Vorstellung der Hauptperson der Novelle überdeutlich thematisiert: »In diese Familie konnte nie-

73   Wilhelm Heinrich Wackenroder, *Phantasien über die Kunst, für Freunde der Kunst – Anhang einiger musikalischer Aufsätze von Joseph Berglinger, IX. Die Töne*, in ders., *Sämtliche Werke und Briefe – Historisch-kritische Ausgabe*, hrsg. v. Silvio Vietta und Richard Littlejohns, Band I: Werke, Heidelberg: Winter 1991, S. 233–239, hier: S. 236.

74   Vgl. Carl Dahlhaus, *Die Idee der absoluten Musik*, in ders., *Gesammelte Schriften 4: 19. Jahrhundert I*, hrsg. v. Hermann Danuser, Laaber: Laaber 2002, S. 11–126, hier: S. 14.

75   Christine Lubkoll, *Mythos Musik – Poetische Entwürfe des Musikalischen in der Literatur um 1800*, Freiburg: Rombach 1995 (= Rombach Litterae 32); insbesondere S. 133–141.

mand weniger passen, als Joseph, der immer in schöner Einbildung und himmlischen Träumen lebte. [...] Er war stets einsam und still für sich, und weidete sich nur an seinen inneren Phantaseyen«.[76] Und selbstverständlich überträgt sich diese Binnenperspektive auch auf Berglingers Zugang zur Musik:

> »Seine Hauptfreude war von seinen frühesten Jahren an, die Musik gewesen. Er hörte zuweilen jemandem auf dem Claviere spielen, und spielte auch selber etwas. Nach und nach bildete er sich durch den oft wiederholten Genuß auf eine so eigene Weise aus, daß sein Inneres ganz und gar zu Musik ward, und sein Gemüth, von dieser Kunst gelockt, immer in dem dämmernden Irrgängen poetischer Empfindung umherschweifte«.[77]

Auf den ersten Blick ließe sich bis zu diesem Punkt Berglingers musikästhetische Erfahrung noch mit Forkels Resonanzmodell in Einklang bringen, doch dann verleiht Wackenroder Berglingers Art des Musikerlebens eine entscheidende Wendung:

> »Erwartungsvoll harrte er auf den ersten Ton der Instrumente; – und indem er nun aus der dumpfen Stille, mächtig und langgezogen, gleich dem Wehen eines Windes vom Himmel hervorbrach, und die ganze Gewalt der Töne über seinem Haupte daherzog, – da war es ihm, als wenn auf einmal seine Seele große Flügel ausgespannt [...]. Dann hielt er sich mit seinem Körper still und unbeweglich, und heftete seine Augen unverrückt auf den Boden. Die Gegenwart versank vor ihm; sein Inneres war von allen irdischen Kleinigkeiten, welche der wahre Staub auf dem Glanze der Seele sind, gereinigt; die Musik durchdrang seine Nerven mit leisem Schaudern, und ließ, so sie wechselte, mannigfache Bilder vor ihm aufsteigen. [...] Tausend schlafende Empfindungen in seinem Busen wurden losgerissen, und bewegten sich wunderbar durcheinander«.[78]

Zwar klingt auch hier ein Rest des Resonanzmodells nach, wenn »die Musik seine Nerven mit leisem Schaudern durchdringt«, doch gleichzeitig findet in Berglingers Musikerleben eine deutliche Trennung zwischen Körper und Seele statt: Einerseits hält er den Körper still und unbeweglich und blickt starr auf den Boden, während andererseits gleichzeitig »seine Seele große Flügel ausspannt«, die Musik »manngifache Bilder vor ihm aufsteigen lässt« und sich »tausend schlafende Empfindungen in seinem Busen losreißen«. Indem so die Musik in Berglingers Innerstem gleich »einer abgesonderten Welt in sich selbst« wirkt, kann ihre ästhetische Wirkung wie noch bei Forkel nicht mehr als neurophysiologisch zu verarbeitender Schallreiz verstanden werden, sondern

---

76   Wackenroder, *Berglinger*, S. 131.

77   Wackenroder, *Berglinger*, S. 131 f.

78   Wackenroder, *Berglinger*, S. 132.

in einem nur transzendenten Sinne: »Ja bey manchen Stellen der Musik endlich schien ein besonderer Lichtstrahl in seine Seele zu fallen«.[79]

Wenngleich in den zeitgenössischen Texten zur Gitarrenmusik um 1800 ständig mit ästhetischen Kategorien wie Kunst, Geschmack, Fantasie, Gedanken, Empfindung, Wirkung usw. operiert wird, so ist letztlich nicht zu entscheiden, auf welchen konkreten Kunstbegriff der jeweilige Autor rekurriert, geschweige denn, dass allen Texten ein mehr oder weniger gemeinsames Verständnis von ›wirklicher Kunst‹ zugrunde läge. Und doch: Gerade diese ›Uneindeutigkeit‹ des Umgangs mit musikästhetischen Begriffen innerhalb der ›Gitarristik‹ um 1800 reflektiert und repräsentiert die Vielfalt des ästhetischen Diskurses der Zeit: »German musical thought in the later eighteenth century developed in ways that were neither uniform nor directed«.[80]

Indes: Insbesondere die zuletzt skizzierte Entwicklung einer Binnenperspektive, einschließlich der Ausbildung eines Verständnisses von Musik als selbstreferentiellem System, hatte für die Gitarrenmusik in Deutschland um 1800 auf zweierlei Ebenen entscheidende Konsequenzen. Zum einen liefert sie den ästhetischen Bezugsrahmen für die Bildung von Unterscheidungen zwischen ›niedriger und höherer Spielart‹, zwischen ›leerer Klimperey und wirklicher Kunst‹, die sich kompositionstechnisch an so unterschiedlichen Parametern wie Molitors ›Schreibart‹ oder Guthmanns Forderung nach Beachtung des ›reinen Satzes‹ konkretisiert; dass Molitor für seine *Große Sonate* op. 7 ausgerechnet die Gattung der Sonate wählte, war eben keinesfalls ein Zufall, sondern eine bewusste ästhetische Entscheidung. Zum anderen, dies wird noch zu zeigen sein, hatte der musikästhetische Diskurs aber auch Auswirkungen auf jene – im weitesten Sinne performativ-rezeptiven – Aspekte, in denen Musik als soziokulturelle Praxis zu verstehen ist. ›Bildung‹ als zentrales Moment der Konstruktion eines (noch näher zu definierenden) bürgerlichen Selbstverständnisses um 1800 schloss die Teilhabe an den diskutierten ästhetischen Diskussionen dabei ebenso mit ein, wie der sich bereits andeutende Gestus eines romantischen ›in-sich-Versunkenseins‹.

<hr>

79   Wackenroder, *Berglinger*, S. 132.
80   Christensen, *Aesthetics*, S. 5.

Gitarristen und Komponisten

Gitarrenmusik als ›Beruf‹

Die Jahre um 1800 waren durch eine fast unüberschaubare Vielzahl unterschiedlichster sozialer, politischer und kultureller Bedingungen charakterisiert. Während der ›Sattelzeit‹ zwischen französischer Revolution und Wiener Kongress vollzog sich ein massiver Umbruch der gesellschaftspolitischen Strukturen, fort von einer feudalen und hin zu einer bürgerlichen Gesellschaftsform,[1] so dass die lebensweltlichen Strukturen der zu jener Zeit in Deutschland lebenden Menschen von eben solchen Umbrüchen gekennzeichnet waren. Gleichsam sinnbildlich für diesen Umbruch steht der Lebensweg von Johann Christian Gottlieb Scheidler.

Scheidler entstammte nicht, wie es in zahlreichen Generationen zuvor üblich war,[2] einer Lautenistenfamilie, sondern wurde 1747 als Sohn eines Unteroffiziers in Aken (Elbe) geboren.[3] Etwa 1778 wurde Scheidler als Lautenist am Kurfürstlichen Hof des Erzbischofs von Mainz angestellt.[4] Nachdem jedoch im Verlauf des ersten Revolutionskriegs 1792 französische Truppen in Mainz einrückten, wurde der kurfürstliche Hofstaat nach Aschaffenburg verlegt, während Scheidler seinerseits Zuflucht in der freien Reichsstadt Frankfurt am Main suchte. In einer Supplikation an den Rat der Stadt Frankfurt beantragte Scheidler am 14. Mai 1794 eine offizielle und länger geltende Aufenthaltserlaubnis, nachdem er einen vorläufigen »Permissions=Schein« für die Dauer von vier Wochen erstmals am 10. Januar 1794 vom Frankfurter ›Schatzungsamt‹ ausgestellt bekommen hatte.[5] Als Ursache seines Aufenthalts in Frankfurt gab Scheidler zunächst »die unglückliche Belagerung von Mainz, während welcher

---

1   Zum Problem der ›bürgerlichen Gesellschaft‹ vgl. S. 165–173.

2   Man denke etwa an die Familien Falckenhagen, Weiss und zahlreiche andere.

3   Taufregister der evangelischen Kirchengemeinde Aken (Elbe), 1747, Seite 671, Nr. 109.

4   1779 wurde Scheidler erstmals in der Rubrik »Kurfürstliche Hof- und Kammermusik« des jährlich erscheinenden Kurfürstlichen Hof- und Staatskalenders erwähnt; vgl. auch Adam Gottron, *Mainzer Musikgeschichte von 1500 bis 1800*, Mainz: Stadtbibliothek 1959 (= Beiträge zur Geschichte der Stadt Mainz 18), S. 164.

5   Institut für Stadtgeschichte Frankfurt am Main, Ratssupplikationen [1794, III], fol. 234r–240v; der »Permissions=Schein« findet sich auf fol. 238r; zum ›Meldewesen‹ der Stadt Frankfurt am Main um 1800 vgl. Ralf Roth, *Stadt und Bürgertum in Frankfurt am Main – Ein besonderer Weg von der ständischen zur modernen Bürgergesellschaft 1760–1914*, München: Oldenbourg 1996 (= Stadt und Bürgertum 7), S. 65–88.

Zeit ich mich öfters hier aufhielte und Frankfurt mit allem Rechte als meinen Zufluchts-Ort ansehen konnte« an,[6] und setzte seinen Antrag dann mit einer genaueren
Begründung jener Umstände fort, die seinen weiteren Verbleib in Frankfurt erforderlich machten:

> »Ob nun gleich Dank sei es der Fürsehung, Mainz lange wieder in deutschen
> Händen ist; so ist doch mein daselbst befindliches mir eigenthümlich zuständiges
> Haus durch die anhaltende Beschießung und Bombardierung dermaßen beschä-
> digt worden, daß ich es bei der schnellsten Reparatur die noch dazu lediglich
> durch Aufwendung einer beträchtlichen Summe zu bewirken ist, daß vor einem
> halben Jahre nicht in einen völlig bewohnbaren Zustand herzustellen vermag, ich
> gleichwohl über dieses dermalen gar nicht in der Lage bin, daß in [recte: ich] in
> der Eile diese dazu erforderliche Summe aufbringen könnte, in Betracht ich so-
> wohl während dieser Belagerung als nachher einen nicht geringen Verlust erlitten,
> auf der anderen Seite hingegen mir dahier während meinem Aufenthalt durch
> meine musikalische[n] Talente die Ehre einer ausgezeichnetesten ansehnlichen
> Bekanntschaft erworben; so daß ich hin und wieder um Ertheilung des Unter-
> richtes auf der spanischen Guitarre weil selbige dahier niemand spielet, angegan-
> gen worden bin und in dieser Hinsicht es nicht gerne ausschlagen wollen. Ich ha-
> be daher seit einiger Zeit mit Unterrichtung in diesem Instrumente den Anfang
> gemacht und meine sämtliche Scholaren sind [...] nicht nur äußerst mit mir zu-
> frieden, sondern wünschen auch [...] die Verlängerung meines Aufenthalts«.[7]

Vor dem Hintergrund der Prämisse Jacques Le Goffs, dass ein (historischer) Akteur
›sich selbst gestaltet, und er auf seine Zeit ebenso wirkt wie sie auf ihn‹,[8] ist diese Passage aus Scheidlers erster Supplikation an den Rat der Stadt Frankfurt in mehrerlei
Hinsicht bemerkenswert. Es waren zunächst äußere Umstände, die ihn erstens zu seinem Aufenthalt in Frankfurt und zweitens zu einer Neuordnung seiner ökonomischen
Basis als Musiker – fort vom Hoflautenisten, hin zum privaten Gitarrenlehrer – zwangen: die Belagerung von Mainz durch französische Truppen, die Verlegung des Mainzer kurfürstlichen Hofs nach Aschaffenburg und die enormen Schäden, die sein eige-
nes Haus in Mainz »durch die anhaltende Beschießung und Bombardierung« genommen hatte.

Inwiefern Scheidler dann bereits mit der Absicht (im Sinne eines ›inneren Umstands‹),
privaten Gitarrenunterricht zu erteilen, nach Frankfurt gezogen war, ist nicht zu entscheiden, doch spätestens während seines Aufenthalts dort hatte er sich offenbar
»durch [s]eine musikalischen Talente die Ehre einer ausgezeichnetesten ansehnlichen

---

6   Institut für Stadtgeschichte Frankfurt am Main, Ratssupplikationen [1794, III], fol. 234v.

7   Institut für Stadtgeschichte Frankfurt am Main, Ratssupplikationen [1794, III], fol. 235r–236r.

8   Le Goff, *Ludwig der Heilige*, S. 16.

Bekanntschaft erworben«, die ihm, da er »hin und wieder um Ertheilung des Unterrichtes auf der spanischen Guitarre weil selbige dahier niemand spielet, angegangen worden«, sukzessive die Möglichkeit eröffneten, sein finanzielles Auskommen als Privatmusiklehrer zu sichern. Zwar führte Scheidler als Grund für diese Tätigkeit mit dem Hinweis auf sein zerstörtes Haus, das er erstens »vor einem halben Jahre nicht in einen völlig bewohnbaren Zustand herzustellen« vermöge, und wozu es ihm zweitens auch nicht möglich sei, »in der Eile diese dazu erforderliche Summe« aufzubringen, wiederum eine äußere finanzielle Notlage an, doch wollte er der Nachfrage nach »Ertheilung des Unterrichtes auf der spanischen Guitarre« gerade auch »in [...] Hinsicht« auf seine wirtschaftliche Situation nachkommen. Letztendlich seien, so beeilte sich Scheidler zu versichern, seine »sämtliche Scholaren [...] nicht nur äußerst mit mir zufrieden, sondern wünschen auch [...] die Verlängerung meines Aufenthalts« – mithin: Scheidler ›wirkte auf seine Zeit wie sie auf ihn‹.

Scheidler blieb Zeit seines Lebens hauptberuflicher Musiker, ein »Musikus«, wie es im Familienregister der Stadt Mainz heißt.[9] Bedauerlicherweise geht aus den bis dato gesicherten Quellen nicht hervor, wann er aus Frankfurt nach Mainz zurückkehrte (wo er 1829 starb),[10] doch immerhin berichtete der Rezensent eines Konzerts von Scheidler vom 22. Januar 1806 in der AMZ:

> »[E]r lebt jetzt hier [Frankfurt] von der Pension, die er, wie alle Musiker, die ehemals in Diensten dieses Kurfürsten [von Mainz] waren, von dem Kurerzkanzler bekömmt, und von dem Ertrag der Stunden, in welchen er Unterricht auf der Guitarre giebt«.[11]

Im Frühjahr 1797 hatte Scheidler noch beharrlich versucht, in Frankfurt ein »großes Vocal und Instrumental-Concert in dem Gasthof zum großen Rothen Hause«[12] zu organisieren und dem Rat der Stadt Frankfurt gegenüber hierfür in erster Linie ökonomische Gründe geltend gemacht:

> »1) meine unglückliche Flucht bey dem Eintritt der Franzosen in hiesiger Gegend, im vorigen Sommer, und an einer dadurch erlittenen großen Einbüßung an meinem ohnehin sehr geringen Vermögen, 2) der sehr geringe Verdienst, welchen ich gegenwärtig habe, und der kaum zu meinem nothdürftigen Unterhalt hinreicht, 3) die steete und viele Kriegs=Abgaben, welche ich als ein Maynzer

9   Stadtarchiv Mainz, Familienregister, Nr. 4475.

10   Stadtarchiv Mainz, Zivilstandsregister für das Jahr 1829.

11   AMZ VIII (1805/06), Nr. 22, 26. Februar 1806, Sp. 344–346.

12   Institut für Stadtgeschichte Frankfurt am Main, Ratssupplikationen [1797, I], fol. 571r; der Gasthof zum Roten Haus befand sich – ausgesprochen zentral gelegen – auf der Frankfurter Zeil.

> Unterthan mit zu contribuiren habe 4) diese – mich unter solchen Umständen gewiß am meisten drückende außerordentliche Theuerung, und 5) der Wunsch und das Verlangen aller meiner hoher Gönner und Musikliebhaber, daß ich zu ihrem Vergnügen ein solches Concert veranstalten möchte«,[13]

doch ganz offenbar erwies sich die selbstständige Organisation öffentlicher Konzerte als so aufwändig für Scheidler,[14] dass das Geben von Konzerten fortan eher die Ausnahme in Scheidlers Berufsalltag darstellte; in der eben erwähnten Rezension der AMZ heißt es 1806 dazu: »Er spielt selten in Gesellschaft, öffentlich gar nicht mehr; aber dem Freund, dem Künstler, dem Kunstliebhaber, entzieht er das Vergnügen, ihn privatim zu hören, niemals«.[15]

Gleichzeitig scheint es nicht ganz ausgeschlossen, dass Scheidlers ›Scheu‹ vor öffentlichen Konzerten auch mit seinem persönlichen Charakter in Zusammenhang zu bringen ist, der, glaubt man den Lebenserinnerungen von Maria Belli-Gontard, wenigstens außergewöhnlich zu nennen wäre:

> »Allein als Musiker konnte man kein größeres Original als Scheidler finden; schon sein Anzug erschien auffallend; stets hatten seine Kleider die Farbe von dunkelrothem Zahnpulver, auch die Wäsche war nicht die reinste. Am merkwürdigsten ist sein Gesicht gewesen. Er war bleich, hatte einen großen Mund, unstäte Augen, wenig Haare, und war gepudert. Es schien ihm unmöglich, Jemanden nur eine Minute lang anzusehen; die Augen funkelten hin und her. Wenn er spielte, (immer ohne Noten), richtete er die Blicke gegen den Himmel und schien alles um sich zu vergessen«.[16]

Freilich dürften Belli-Gontards Erinnerungen ihren eigenen Teil zu dieser Beschreibung von Scheidlers Persönlichkeit beigetragen haben, doch sofern man annimmt, dass sie wenigstens in der Tendenz zutreffen, stellt sich Scheidler tatsächlich als eine

---

13 Institut für Stadtgeschichte Frankfurt am Main, Ratssupplikationen [1797, I], fol. 573r/v.

14 Trotz Scheidlers 1797 dem Rat der Stadt Frankfurt gegenüber an den Tag gelegten Beharrlichkeit konnte bis dato nicht ermittelt werden, ob das beantragte Konzert tatsächlich realisiert wurde; vgl. Anhang S. 243f.

15 AMZ VIII (1805/06), Nr. 22, 26. Februar 1806, Sp. 344–346.

16 Maria Belli-Gontard, *Lebens-Erinnerungen*, Frankfurt am Main: Diesterweg 1872, S. 31f. Belli-Gontard berichtet über Scheidler im Zusammenhang mit den Erinnerungen an ihre Mutter, die von Scheidler Gitarrenunterricht erhalten hatte.

Christian Xeller, *Bildnis des Lautenspielers Scheidler* (um 1812)
Mit freundlicher Genehmigung des Historischen Museums Frankfurt am Main

Persönlichkeit dar, die man sich (zunächst) nur reichlich schwer als öffentlich gefeierten Virtuosen vorzustellen vermag, ungeachtet aller überlieferten Lobeshymnen auf sein brillantes Spiel.[17] In erster Linie aber lag Scheidlers Hauptaugenmerk hinsichtlich der Berufstätigkeit als Gitarrist fast ausschließlich auf dem Unterricht, der, nach dem Verlust seiner Stellung als Hoflautenist des Kurfürsten zu Mainz, zur zentralen Stütze seiner Existenz wurde. Nicht zuletzt vor diesem Hintergrund sind dann auch Scheidlers spärliche Konzerte zu verstehen: Ihm war vorrangig an der Präsentation der ›Ergebnisse‹ seiner Lehrtätigkeit gelegen, wie der Bericht über ein Konzert verdeutlicht, das Scheidler gemeinsam mit Johann Gottfried Arnold und ›Demoiselle Jung‹ am 22. Januar 1806 gab:[18]

> »Das erste Allegro und die Menuet aus Mozarts grosser Sinfonie aus Es dur leitete es ein. [...] Hier folgten auf jene gewaltigen Sätze, Variationen für zwey Guitarren und ein Violoncell, komponirt von Hrn. Scheidler und gespielt von ihm, Dem. Jung, einer sehr talentvollen Liebhaberin, und Hrn. Arnold. Das sehr angenehme Thema war so mannigfaltig, und mit so viel Kunst variirt, als es von der beschränkten Guitarre kaum zu erwarten stand. Eben so, und mit vielem Geschmack wurde es vorgetragen. Passagen und Läufer, Triller und Harpeggiaturen, hörte man mit grösster Bestimmtheit und Deutlichkeit vortragen; dies musste um so mehr Bewunderung finden, da man, wenigstens hier, gewöhnlich nur zu mat-

17 So heißt es beispielsweise in der Rezension der AMZ vom 26. Februar 1806: »Seine freye Phantasie [...] übertrifft die grösste Erwartung. Ausser einigen eigenen Kunstgriffen, gehören kunstreiche, überraschende Modulationen, Passagen aller Art, einfache und doppelte Triller, unter die gewiss selteneren und schweren Mittel, derer er sich mit Leichtigkeit bedient«; AMZ VIII (1805/06), Nr. 22, 26. Februar 1806, Sp. 344–346. Doch sieben Jahre später liest man wiederum in der AMZ über ein Konzert von ›einem Herrn Brand‹: »Die Composition war unbedeutend u[nd] wurde auch nicht vorzüglich gut gespielt. Dies Instrument ist überdies bekanntlich gar nicht für grosse Concertversammlungen geeignet, und nur ein ganz ausgezeichneter Virtuos kann vielleicht einmal ein grosses gemischtes Auditorium damit allein unterhalten. (Ein solcher ist unser Herr Scheidler, der aber auch eine reiche Phantasie besitzt, deren Eingebungen er durch Kunst zu ordnen versteht, und Schwierigkeiten überwindet, die unmöglich scheinen.)«; AMZ XV (1812/13), Nr. 6, 10. Februar 1813, Sp. 102. Insofern dürfte Scheidlers Zurückhaltung hinsichtlich öffentlicher Konzerte also nicht nur mit seiner außergewöhnlichen Persönlichkeitsstruktur zusammenhängen, sondern wohl ebenso mit gewissen Vorbehalten zeitgenössischer Kritiker gegenüber der Eignung der Gitarre als Konzertinstrument für ›ein großes gemischtes Auditorium‹. Ob es sich beim dem hier erwähnten ›Herrn Brand‹ um F. Brand oder um Anton Brand handelt, ist leider nicht zu entscheiden; vgl. S. 66.

18 ›Demoiselle‹ Marianne Jung – Johann Wolfgang von Goethes »Suleika« – heiratete offenbar kurz nach diesem Konzert den Frankfurter Bankier Johann Jakob von Willemer; vgl. Carmen Kahn-Wallerstein, *Marianne von Willemer – Goethes Suleika und ihre Welt*, Bern, München: Francke 1961, sowie Dagmar von Gersdorff, *Marianne von Willemer und Goethe – Geschichte einer Liebe*, Frankfurt am Main: Insel 2003.

ter oder süsslicher Begleitung eines Liedes und dgl. sich dieses Instrumentes zu bedienen pflegt. Die Hauptstimme hatte Dem. Jung; die beyden andern Instrumente waren nur begleitend, ausser dass das Violoncell die Melodie des Themas vortrug. Dem. Jung spielte ihre Partie, so schwierig sie auch war, mit grösster Leichtigkeit und Präcision, und in jedem Betracht als eine Virtuosin. Man hörte nur die Töne, (kein Rauschen, oder sonst etwas nebenbey) und hörte diese nie hart oder schneidend, sondern durchaus sanft und angenehm, im Forte wie im Piano. Dem. Jung ist die Schülerin eines Mannes, der ein so vollkommener Meister dieses Instruments ist, als man es seyn kann – des Hrn. Scheidler; und wenn man ihn hier nicht so kennet, als er es vor Vielen verdient, so liegt das ganz gewiss nur an Zufälligkeiten und Nichtigkeiten. Hr. Scheidler war ehedem Hof–Lautenist bey dem Kurfürsten von Mainz, und in dessen Kapelle als Fagottist angestellt; er lebt jetzt hier von der Pension, die er, wie alle Musiker, die ehemals in Diensten dieses Kurfürsten waren, von dem Kurerzkanzler bekömmt, und von dem Ertrag der Stunden, in welchen er Unterricht auf der Guitarre giebt«.[19]

Mehr noch: Scheidlers rare Konzerte, einschließlich der entsprechenden Berichterstattung darüber, dürften vor allem als (werbende) Ergänzung seiner Unterrichtstätigkeit gedient haben, wie die abschließende Bemerkung dieser Rezension verdeutlicht: »Seine Methode des Unterrichts ist sehr zweckmäßig und leicht, und um so vorzüglicher, da er das Instrument aus Erfahrung sehr genau kennt und selbst so gut spielt«.[20]

Insofern nimmt Scheidler – jedenfalls nach derzeitiger Quellenlage – im Vergleich zu allen anderen Akteuren der Gitarrenmusik in Deutschland um 1800 tatsächlich eine einzigartige Sonderstellung, und zwar in doppelter Perspektive, ein. Einerseits gehörte er zu den ganz wenigen Zeitgenossen, die als Musikus hauptberuflich und ›lebenslänglich‹ mit Gitarrenmusik ihren Lebensunterhalt bestritten und unterscheidet sich dahingehend von fast allen anderen Gitarristen der Zeit. Andererseits verstanden die beiden einzigen anderen ›hauptberuflichen‹ Gitarristen, die am Beginn des 19. Jahrhunderts in Deutschland agierten, Bortolazzi und Giuliani, im Gegensatz zu Scheidler das Geben öffentlicher Konzerte als einen wesentlichen Bestandteil ihres ›Berufsalltags‹.

An dieser Stelle scheint es geboten, sich zu vergegenwärtigen, dass »das vielfältige Spektrum im weitesten Sinne musikalischer Berufe die Tätigkeit eines nur [von] seinem kompositorischen Schaffen lebenden Musikers, einmal abgesehen von wenigen Ausnahmen, nicht vorsah«.[21] Musik im Sinne einer Berufstätigkeit zum Zweck der

---

19   AMZ VIII (1805/06), Nr. 22, 26. Februar 1806, Sp. 344–346.

20   AMZ VIII (1805/06), Nr. 22, 26. Februar 1806, Sp. 344–346.

21   Beer, *Musik zwischen Komponist, Verlag und Publikum*, S. 24.

ökonomischen Existenzsicherung auszuüben bedeutete notwendigerweise, unterschiedliche, teils einander ergänzende Strategien zu verfolgen, eben diese Musik wirtschaftlich fruchtbar, sprich: als Ware zu Geld, zu machen.[22] Das von Axel Beer angedeutete »vielfältige Spektrum im weitesten Sinne musikalischer Berufe« umfasste für Gitarristen zu Beginn des 19. Jahrhunderts konkret vor allem drei ›Kerngeschäfte‹: Konzerttätigkeit, Instrumentalunterricht und der Verkauf eigener Kompositionen an, respektive durch, Musikverlage.[23]

Während Scheidler sich beinahe ausschließlich auf den Aspekt der ›Aufführungsdistribution‹ konzentrierte, stellen sich die Strategien von Bortolazzi und Giuliani etwas komplexer als wechselwirksames System von Konzert, Unterricht und Musikdruck dar, wobei das Konzert zuallererst die Aufgabe hatte, Aufmerksamkeit zu wecken, sich einen Namen zu machen und so in einem zweiten, nachgeordneten Schritt über den Verkauf von Musikalien sowie die Nachfrage nach Unterricht die eigene ökonomische Existenz absichern zu können.

Zwar stand das ›öffentliche Konzert‹ um 1800 selbst erst am Anfang seiner Entwicklung als Institution, doch Gelegenheiten zu Auftritten vor Publikum ergaben sich für zeitgenössische Musiker ohnedies weitaus häufiger bei Privatkonzerten in Akademien und (musikalischen) Salons, die sowohl in höfischen als auch insbesondere in stadtbürgerlichen Haushalten stattfanden.[24] Bartolomeo Bortolazzis ›Distributionsstrategie‹ mag die enge Verknüpfung zwischen Musikdruck und Konzert verdeutlichen.

Der Berliner Korrespondent der AMZ berichtete im Februar 1804:

> »Am 27sten Februar gab der Prof. Bortolazzi aus Venedig ein Konzert im Saale der Stadt Paris. Er selbst spielte eins seiner Konzerte auf der Mandoline, begleitet von einer obligaten Guitarre, die sein 8jähriger Sohn spielte; eine Romanze mit einer Fantasie für Mandoline und Guitarre, und Variationen für eben diese Instrumente aus der schönen Müllerin«.[25]

Bortolazzi war zu Beginn des 19. Jahrhunderts gemeinsam mit seinem Sohn mehrfach auf ausgedehnten Konzertreisen, bei denen er nicht nur Variationen über andere

---

22   Dass dies selbstverständlich nicht nur für die Zeit um 1800 gilt, versteht sich von selbst. Vgl. ferner das Kapitel »Musik als Ware« in Christian Kaden, *Musiksoziolgie*, Wilhelmshaven: Heinrichshofen 1985, S. 238–250.

23   Vgl. hierzu Beer, *Musik zwischen Komponist, Verlag und Publikum*.

24   Vgl. etwa Andreas Ballstaedt und Tobias Widmaier, *Salonmusik – Zur Geschichte und Funktion einer bürgerlichen Musikpraxis*, Stuttgart: Steiner 1989 (= Beihefte zum AfMw 28).

25   AMZ VI (1803/04), Nr. 26, 28. März 1804, Sp. 431f. Bei der »schönen Müllerin« handelt es sich selbstverständlich um Paisiellos *La Molinara*.

Kompositionen spielte, sondern auch selbst komponierte Werke zu Gehör brachte. Ein kursorischer Überblick über Bortolazzis Konzertreisen jener Zeit sei an dieser Stelle gestattet: So konzertierte er 1803 am 18. Mai im Jahnschen Saal in Wien,[26] am 2. September in Dresden,[27] zu Michaelis in Leipzig,[28] am 15. November in Braunschweig,[29] 1804 am 27. Februar in Berlin[30] und zur Ostermesse erneut in Leipzig[31] sowie im Jahr darauf am 9. April in Wien[32] und im Herbst 1806 in Breslau.[33]

26   Mary Sue Morrow, *Concert Life in Haydn's Vienna: Aspects of a Developing Musical and Social Institution*, Stuyvesant/NY: Pendragon 1989 (= Sociology of Music 7), S. 319.

27   »Dresden, den 2ten Sept[em]b[e]r [1803]. [...] Von Bortolazzi, dem Mandolinenspieler, sage ich nichts, als, er macht sehr viel. Aber welch ein ärmliches Werkzeug, das nur Gezirp, keinen gehaltenen Ton, nichts von Gesang geben kann!«; AMZ V (1802/03), Nr. 50, 7. September 1803, Sp. 836.

28   »Leipzig. In den während der Michaelmesse gehaltenen Konzerten haben sich folgende Fremde hören lassen. [...] Herr Bortolazzi, Virtuos auf der Mandoline. Mandoline? wiederholen viele Leser kopfschüttelnd und lächelnd. Es sey drum! Wahr ist es allerdings, dass dies kleine, beschränkte, in weniger geschickter Hand nur zirpende Instrument nicht ohne Grund wenig Kredit in Deutschland hat: aber Hr. B. giebt einen vollgültigen Beweis, wie Geist, Gefühl, Geschmack und unermüdlicher Fleiss auch durch ein unbedeutendes Organ zu sprechen vermögen. Seine Konzerte mit voller Orchesterbegleitung können, der Natur der Sache nach, weniger interessiren: aber seine Variationen und ähnliche kleinere Stücke, (meistens von seinem siebenjährigen Sohne auf der Guitarre, und gut begleitet,) so wie sein Improvisiren, sind sehr höhrenswerth und äusserst erfreulich. Schwerlich möchte irgend Jemand, als ein Italiener, durch Kleines so interessant werden können. Hr. B. hat auch artige Kompositionen für sein Instrument herausgegeben; andere werden bald erscheinen«; AMZ VI (1803/04), Nr. 3, 19. Oktober 1803, Sp. 45f.

29   »[Braunschweig] Am 15ten Nov[ember] gewährte uns der Mandolinspieler Bortolazzi ein einfaches, aber desto schöneres Vergnügen. Seine bewundernswürdige Fertigkeit ist schon aus diesen Blättern bekannt, und auch hier wird Jeder das Gesagte gern unterschreiben«; AMZ VI (1803/04), Nr. 16, 18. Januar 1804, Sp. 265.

30   AMZ VI (1803/04), Nr. 26, 28. März 1804, Sp. 431f; vgl. Fußnote 25.

31   »Leipzig [während der Ostermesse]. In einem Konzert des beliebten Mandolinspielers, Hrn. Bortolazzi, worin er seine Zuhörer auch diesmal angenehm unterhielt – wurde durch unsern braven Riem ein neues Quartett von Dussek, für Pianoforte, Violin, Viola und Violoncello, zum erstenmal öffentlich producirt«; AMZ VI (1803/04), Nr. 32, 9. Mai 1804, Sp. 541.

32   »Wien, am 9ten April [1805]. Die letzten Fastenwochen sind bey uns gewöhnlich reich an Konzerten. So auch diesmal. Der bekannte Mandolinspieler Bortolazzi zeigte in dem Konzerte, worin er sich von seinem Sohne auf der Guitarre begleiten liess, viele Gewandtheit, Freiheit, Leichtigkeit und Delikatesse«; AMZ VII (1804/05), Nr. 31, 1. Mai 1805, Sp. 500.

33   »7. September [1806]. In der Aula Concert des Herrn Bortolazzi aus Wien. Er spielt die Mandoline und sein 10jähriger Sohn die Guitarre mit Begleitung eines vollständigen Orchesters. 13. Sept[ember 1806]. Zweites Concert des Herrn Bortolazzi«; *Nachrichten über Concerte in Breslau*

Wenngleich Bortolazzi Auftrittshonorare für diese Konzerte erhalten haben mag, so war deren Zweck letztlich ein anderer: Er konnte seinen Namen bekannt machen. So durfte er im Erfolgsfall nicht nur ein Engagement für weitere Konzerte anstreben, sondern vielmehr darauf hoffen, den Verkaufserfolg seiner gedruckten Kompositionen zu steigern; nicht von ungefähr spielte Bortolazzi zur Michaelis- und Ostermesse ausgerechnet in Leipzig, und der Korrespondent der AMZ vergaß selbstredend auch nicht, in seinem Bericht zu Bortolazzis Konzert an Michaelis 1803 auf dessen gedruckte Musikalien hinzuweisen: »B.[ortolazzi] hat auch artige Kompositionen für sein Instrument herausgegeben; andere werden bald erscheinen«;[34] – tatsächlich hatte Breitkopf & Härtel 1803 *Variationen* für Mandoline oder Geige und Guitarre op. 8 (PN 198), eine *Sonate* für Klavier und Mandoline oder Geige op. 9 (PN 205) sowie *Sechs Arietten* mit Guitarre op. 10 (PN 204) von Bortolazzi herausgegeben und zeigte zur Ostermesse 1804 den Druck der *Variationen* op. 8 und der *Sonate* op. 9 an.[35]

Inwiefern die Unterscheidung zwischen öffentlichem und privatem Konzert für Bortolazzis Karriere bedeutsam war, kann aufgrund der dürftigen Quellenlage nicht entschieden werden, für Mauro Giulianis immensen Erfolg in Wien jedenfalls gewann das öffentliche Konzert zunehmend an Bedeutung.[36] Wie Bortolazzi machte sich Giuliani durch seine Konzerttätigkeit einen Namen, jedoch ist nur schwerlich zu entscheiden, warum ihm ein größerer Erfolg – insofern man ›Erfolg‹ mit ›Bekanntheitsgrad‹ gleichsetzt – beschieden war als Bortolazzi. Es spricht jedoch einiges dafür, dass Giuliani nicht allein schlicht ›mehr Glück‹ oder die entscheidenderen Kontakte hatte, sondern hierfür vor allem auch seine offenbar beeindruckende Spielweise sowie seine Kompositionsfertigkeit eine nicht zu unterschätzende Rolle spielten: »Unter den hiesigen [Wien], sehr zahlreichen Guitarrespielern macht ein gewisser Giuliani durch seine Kompositionen für dieses Instrument sowol, als auch durch sein Spiel, vieles Glück, ja sogar grosses Aufsehen. Wirklich behandelt er die Guitarre mit einer seltenen Anmuth, Fertigkeit und Kraft«.[37] Selbstverständlich ließe sich an dieser Stelle ebenso fragen, inwieweit nicht vor allem auch die ›erfolgreiche‹ Berichterstattung über eben diesen Erfolg Giulianis jene Eigendynamik in Gang setzte, derzufolge Information Information erzeugt, so dass Giuliani schlicht zu einer Wiener ›Modeerscheinung‹ wurde. Es ist

1722–1836, Ms. o.J., Dawna Biblioteka Miejska, Mf. 7221 [fol. 56r]. Die Provenienz dieser Handschrift, die vermutlich um 1850 entstand, ist ungeklärt.

34   AMZ VI (1803/04), Nr. 3, 19. Oktober 1803, Sp. 46.

35   MK 1804O.

36   Peter Niedermüller, dem diese Einschätzung zu verdanken ist, bereitet seine Habilitationsschrift zum öffentlichen Konzert in Wien um 1800 derzeit zum Druck vor.

37   AMZ X (1807/08), Nr. 6, 4. November 1807, Sp. 89.

jedenfalls durchaus bemerkenswert, dass Giuliani seine Wiener Konzerte sowohl in einem kleinen, privaten Rahmen, wie etwa am 1. März 1809 bei der Madame von Rittersburg,[38] als auch in verhältnismäßig großen Konzertsälen gab: »Am 3ten [Mai] dieses [Jahres 1808] gab M.[auro] Giuliani, vielleicht der Erste aller Guitarre-Spieler, welche bis jetzt existirten, im Redoutensaale eine Akademie mit verdientem Beyfalle«.[39] Mary Sue Morrow weist noch drei weitere ›große‹ Konzerte Giulianis in Wien nach, nämlich für den 13. April 1808, den 15. April 1810 und den 23. April 1810.[40]

In jedem Fall hatte sich Giuliani in auffallender Weise vor allem auf die Liebhaber, die sogenannte ›elegante Welt‹ als Publikum konzentriert:

> »Mauro Giuliani ist ein sehr guter Kopf, ein feiner und gebildeter Mann, der vor einiger Zeit, so viel Rec. bekannt, aus Bologna nach Wien kam, und durch interessante Talente von mancherley Art, vornämlich aber durch seine gute Kenntnis und (zum Theil) eigene Ansicht der Musik, so wie durch sein wahrhaft bewundernswethes, durchaus in Deutschland ihm allein eigenes Spiel [...] die Aufmerksamkeit, und dann leicht auch die Gunst fast aller Beschützer der Tonkunst in Wien auf sich zog. Unter denen, die man die elegante Welt nennt, wurde er, wenigstens auf einige Zeit, der musikal. Held des Tages; und man muss gestehn, dass diese Welt ihre Helden nicht selten weit ungeschickter wählt«.[41]

Und doch: Wiederum versäumt es auch hier der Korrespondent nicht, sogleich noch auf Giulianis gedruckte Werke hinzuweisen:

> »Seine Kompositionen für die, den dichtenden Musiker so sehr beschränkende Guitarre, (von denen man im kurzen noch mehrere aus demselben Verlage erhalten wird,) zeigen Geist und Geschmack, zeigen besonders auch eine neue Ansicht und eigenthümliche Behandlungsart dieses Instruments – welche letztere aber freylich durch sein meisterhaftes Spiel noch besonders klar und einnehmend hervorgehet«.[42]

Allerdings hat Giuliani es nicht bei Konzerten und dem Druck seiner Kompositionen belassen, um sich sein Auskommen zu sichern, vielmehr war er auch am Erteilen von

---

38 Neben Giuliani spielten bei diesem Privatkonzert auch Mademoiselle de Zois, Mademoiselle Frank, Herr Brizzi, Herr Kiesewetter, Herr von Henikstein und Prinz Lobkowitz; Morrow, *Concert Life*, S. 409.

39 AMZ X (1807/08), Nr. 34, 18. Mai 1808, Sp. 538f. Mary Sue Morrow zufolge handelte es sich um den *Kleinen* Redoutensaal; vgl. Morrow, *Concert Life*, S. 348.

40 Morrow, *Concert Life*, S. 349 bzw. S. 360.

41 AMZ X (1807/08), Nr. 27, 30. März 1808, Sp. 427f.

42 AMZ X (1807/08), Nr. 27, 30. März 1808, Sp. 427f.

Gitarrenunterricht interessiert, wie aus einem weiteren Bericht der AMZ hervorgeht, in dem Giulianis Kompositionen als durchaus ›erlernenswert‹ herausgestellt werden:

> »Wenn man nun freylich eingestehen muss, dass man durch alles das, und den anhaltendsten, hierauf gerichteten Fleiss, der Sache selbst nach, doch nur höchstens gross im Kleinen werden kann: so wird man doch auch nicht ableugnen können, dass es für jede Kunst und Wissenschaft selbst ein Vortheil ist, wenn sich Männer von Talent, Einsicht und Beharrlichkeit mit einem ganz speciellen Zweige derselben vor allem beschäftigen, und ihren bisherigen Umfang nach dieser einen, wenn auch, im Verhältnis zum Ganzen, nicht allzuwichtigen Seite hin, erweitern; für die aber, welche ihnen dann – wenn auch nicht bis auf die lezte Spitze, folgen wollen, bringen solche Männer immer vielerley Hülfs- und Erleichterungsmittel an's Licht, die allezeit Aufmerksamkeit und Dank verdienen«.[43]

Indem Giuliani hinsichtlich der Verbreitung seiner Musik auf alle drei, voneinander zwar verschiedene, doch einander ergänzende Strategien der Distribution – Konzert, Musikdruck und Unterricht – setzte, unterscheidet er sich deutlich von seinen professionellen Kollegen Bortolazzi und Scheidler, denn während Bortolazzi den Aspekt des Gitarrenunterrichts außer Acht zu lassen schien,[44] beschränkte Johann Christian Gottlieb Scheidler seine Konzerttätigkeit auf das seiner Meinung nach Nötigste. Mehr noch: Durch einen weiteren, bemerkenswerten Aspekt unterscheidet sich Scheidler ebenfalls von Bortolazzi und Giuliani, denn er sei zwar, wie der Rezensent der AMZ attestiert, durchaus »auch ein wackerer Komponist. Die Kunst des reinen Satzes hat er recht eigentlich studirt, und ihre Regeln hält er heilig und unverbrüchlich, ohne dass seine Arbeiten dadurch steif und ungefällig würden. Er hat mehrere Konzerte und andere Stücke für die Laute und Guitarre geschrieben«[45] – allerdings habe er »aber noch nichts in Druck gegeben, und ist auch nicht Willens, je etwas öffentlich herauszugeben«.[46] Wenngleich Scheidler also seine ökonomische Existenz als hauptberuflicher Gitarrist zu sichern suchte, so verfolgte er mit der beinahe ausschließlichen Konzentration auf seine Unterrichtstätigkeit eine im Vergleich mit Bortolazzi und Giuliani wesentlich reduzierte Strategie zur Sicherung seines finanziellen Auskommens, die ihm allerdings ganz offensichtlich auszureichen schien.

Überdies ist durchaus denkbar, dass Scheidlers Weigerung, »je etwas öffentlich herauszugeben« wesentlicher Teil seiner Strategie der beruflichen Existenzsicherung war. In

---

43   AMZ X (1807/08), Nr. 27, 30. März 1808, Sp. 428–430.

44   Es finden sich jedenfalls keinerlei Hinweise auf eine Unterrichtstätigkeit Bortolazzis.

45   AMZ VIII (1805/06), Nr. 22, 26. Februar 1806, Sp. 344–346.

46   AMZ VIII (1805/06), Nr. 22, 26. Februar 1806, Sp. 344–346; wenige Jahre später sollte sich Scheidlers ›zurückhaltende‹ Veröffentlichungsstrategie jedoch ändern; vgl. S. 160f.

seinen Supplikationen an den Rat der Stadt Frankfurt zur Verlängerung seiner Aufenthaltsgenehmigung hatte Scheidler wiederholt versichert, dass er mit seiner Tätigkeit als Gitarrenlehrer keinesfalls in Konkurrenz zu den übrigen Musiklehrern der Stadt treten werde:

> »Da ich nun hiernächst keinem der hiesigen Herren Tonkünstler durch diese meine wenige Unterrichts=Ertheilung in oberwähntem Instrumente Abtrag thue, in dem diese Instrumente von keinem derselben gespielet werden. Daher ergehet um so zuversichtlicher an Euere Hochwohl= Wohl= und Hochedelgebohrene Gestrenge und Herrlichkeiten meine unterthänig=gehorsamste Bitte: Hochdieselben wollen mir einen Bewilligungsschein auf sechs Monate hindurch mich dahier in einem Privathause aufhalten und den auf der spanischen Guitarre angefangenen Unterricht, solange forthin ertheilen zu dürfen, angedeihen zu lassen, in Gnaden gewähren«.[47]

Dieser Hinweis auf eine unter örtlichen Musiklehrern offenkundig gegebene Konkurrenzsituation ist durchaus bemerkenswert. Insofern hängt Scheidlers Zögern hinsichtlich der Publikation eigener Werke wohl auch wesentlich mit einer gewissen Furcht vor Konkurrenz zusammen, eine Furcht, die wohl nicht ganz unbegründet war. Zwar hat Scheidler dies nicht konkret artikuliert, doch Johann Carl Heinrich Bornhardt sah sich in Braunschweig einer vergleichbaren Situation ausgesetzt und brachte dies in einem Brief an den Leipziger Verleger Ambrosius Kühnel außerordentlich deutlich zum Ausdruck. Offenbar hatte Kühnel den Wunsch nach einer Gitarrenschule ›für höhere Klassen‹ an ihn herangetragen, doch Bornhardt lehnte dies kategorisch ab, denn:

> »Wie viel würde ich also als Lehrer der Guitarre verlieren, da schon nach meiner großen Anweisung sich allein hiesigen Orts mehr als 10 Lehrer gebildet haben, wenn ich nun noch das letzte und beste meiner eigenthümlichen Spielart, die das Glück gehabt hat, zu gefallen, dem Publikum auf solche Weise verriethe und den andern Lehrern leicht machte, was ich durch langes Studium erreichte und welch ein bedeutendes Honorar müßte ich für ein solches Werk verlagen«.[48]

Durch die Kombination der Distributionsstrategien von ›öffentlichen‹ und ›privaten‹ Konzerten mit der Tätigkeit als Gitarrenlehrer und der Publikation eigener Kompositionen – freilich in individuell je unterschiedlicher Ausprägung – war es Scheidler, Bortolazzi und Giuliani letztendlich gelungen, eine ökonomische Existenzsicherung einzig auf ihre professionelle Tätigkeit als Gitarristen zu gründen.[49] In dieser Hinsicht

---

47 Ratssupplikationen [1794, III], fol. 235v–236r.

48 Bornhardt an Kühnel, 19. August 1809 [LEsta, 2621].

49 Dieses Selbstverständnis, in der Rolle eines Musikers eine je eigene Position innerhalb des entsprechenden sozialen Gefüges einzunehmen, soll an späterer Stelle diskutiert werden.

stellen Wenzeslaus Matiegka und Antoine de L'Hoyer im Gegensatz dazu eine Ausnahme dar.[50]

Matiegka trat 1788 als Sopranist in das Seminar zu Kroměříž (Kremsier) ein und studierte später Jura an der Universität Prag sowie Musiktheorie bei Abbé Joseph Gelinek. Auf dessen Vermittlung wiederum stellte Ferdinand Kinsky Matiegka als ›Rechtsaktuar‹ auf seinen Gütern bei Chlumetz an, »doch der Hang zur Musik siegte über das frostige Rechtswesen«.[51] Daher zog er 1800 nach Wien, wo er als Klavier- und vor allem Gitarrenlehrer wirkte, eine Tätigkeit, die ihm den Zugang auch zu höheren Gesellschaftskreisen verschaffte und die ihm für einige Zeit wohl wenigstens eine gewisse finanzielle Grundsicherung gewährte. Überdies dürfte Matiegka durch die fortwährende Publikation eigener Kompositionen versucht haben, seine Schüler weiter an sich zu binden; allerdings war ihm offenbar nicht der Erfolg Bortolazzis, Giulianis oder Scheidlers beschieden, denn obwohl er ab Juli 1817 zusätzlich – nach der erfolgreichen Aufführung einer eigenen Messe – die Chorregentenstelle an St. Leopold versah, verschlechterten sich seine wirtschaftlichen Verhältnisse im Lauf der Jahre so sehr, dass er seine Frau Theresia sowie vier unmündige Kinder in großer Armut hinterließ, als er 1830 im Alter von 58 Jahren starb.

Mit Blick auf die Realisierung des Übergangs von einem höfischen zu einem stadtbürgerlichen Lebensumfeld ist Johann Christian Gottlieb Scheidlers Werdegang zunächst durchaus mit dem von Antoine de L'Hoyer zu vergleichen: 1768 in Clermont-Ferrand geboren, emigrierte er 1791 während der Wirren der Revolution – wie zahlreiche andere Franzosen auch – nach Rheinsberg, wo er als Mitglied der französischen Schauspielergesellschaft des Prinzen Heinrich von Preußen angestellt wurde.[52] Wie bei Scheidler waren also auch bei L'Hoyer äußere Umstände für dessen Wechsel vom höfischen Kontext des Schlosses Rheinsberg zu einem bürgerlichen Umfeld maßgebend.

---

50   Zu Matiegka vgl. Thorsten Hindrichs, *Wenzelslaus Thomas Matiegka*, in: MGG2P, Band 11, Sp. 1317f., sowie Francesco Gorio, *Wenzeslaus Thomas Matiegka (1773–1830) – Ricerche biografiche*, in: Il Fronimo XIII/52 (1985), S. 24–41, und dessen Fortsetzung *Wenzeslaus Thomas Matiegka – Le caratteristiche strumentali*, in: Il Fronimo XIII/53 (1985), S. 7–26.

51   W.[ilhelm] Klingenbrunner, *Biographie [Matiegkas]*, Ms., 16. Mai 1826, in: A-Wgm.

52   Die französischen Emigranten in Rheinsberg wurden vom Prinzen Heinrich von Preußen in dessen Hofstaat in den unterschiedlichsten Funktionen – und dazu gehörte auch die Schauspielergesellschaft – angestellt; Jens Häseler, *Französische Emigranten in Rheinsberg*, in: *Prinz Heinrich von Preußen – Ein Europäer in Rheinsberg*, hrsg. v. der Generaldirektion der Stiftung Preußischer Schlösser und Gärten, Berlin, München: Deutscher Kunstverlag 2002, S. 509–511. Zur Pflege von Musik und Theater am Hof zu Rheinsberg vgl. Ingolf Sellack, *»Rheinsberg, das er den Musen und Grazien geweiht hatte...« – Musik-, Thetaer- und Festkultur am Hof des Prinzen Heinrich von Preußen*, in: ebda., S. 359–368.

Obwohl Prinz Heinrich von Preußen die französischen Emigranten zunächst unabhängig von jedweder politischen Motivation an seinem Hofe aufgenommen hatte, sah er sich angesichts der sich wandelnden politischen Verhältnisse ab etwa 1799 gezwungen, diese sukzessive von der eigens eingerichteten Emigrantenliste zu streichen, so dass L'Hoyer noch zwei Jahre vor der endgültigen Auflösung der französischen Schauspielergesellschaft 1802 nach Hamburg übersiedelte, wo er versuchte, sich seine Existenz als Gitarrenlehrer zu sichern. Allerdings war L'Hoyer dort vermutlich nicht der gleiche Erfolg beschieden wie Scheidler in Frankfurt; zwar versuchte er durch das Geben von Konzerten seinen Namen bekannt zu machen,[53] doch sah er sich offenbar gezwungen etwa 1803 nach St. Petersburg umzuziehen, wo er bis 1812 – vermutlich ebenfalls als Gitarrenlehrer – blieb. Dann jedoch, und hier unterscheidet sich L'Hoyers Lebensweg nun deutlich von demjenigen Scheidlers, kehrte er nach Frankreich zurück, schloss sich der Armee unter Louis XVIII. an und verfolgte bis zu seiner Pensionierung (ca. 1832) die militärische Laufbahn eines Offiziers,[54] während er seine Aktivitäten als Gitarrist im Laufe der Jahre immer mehr einschränkte.

Unabhängig von der Frage des Erfolgs oder Scheiterns der Distributionsstrategien bleibt jedoch festzuhalten, dass alle fünf bisher diskutierten Vertreter der Gitarrenmusik in Deutschland um 1800 tatsächlich ›Berufsgitarristen‹ waren. Im Vergleich mit ihren gitarrespielenden Zeitgenossen stellten Bortolazzi, Giuliani, L'Hoyer, Matiegka und Scheidler allerdings zweifellos eine Ausnahme dar, denn, wie sich im Folgenden deutlich zeigen wird, war ein gänzlich ›anderes‹ Modell des Lebensentwurfs eines Gitarristen um 1800 der Regelfall: Man hatte gemeinhin einen anderen ›Hauptberuf‹

53   »Berlin, den 9ten Jan. 1803. Wir hatten im vorigen Monat, ausser den gewöhnlichen, Ihnen im letzten Brief genannten Konzerte, derselben zwey. Das erste gaben am 4ten die Hrn. Isidor St. Leon, aus der russis. Kapelle, und L'Hoyé, Mitglied der ehemaligen französischen Schauspielergesellschaft des verstorbenen Prinzen Heinrich in Rheinsberg. Im ersten Theile zeichneten sich aus: die Scene und Arie von Nicoloni, von St. Leon gesungen; Capriccio und Variationen auf der Guitarre von L'Hoyé [!]; und ein Duett aus der bekannten franz. Operette: La maison à vendre (die als Lustspiel unter dem Titel ›Hausverkauf‹ mit Recht auch auf unsrer Bühne viel Glück gemacht hat) gesungen von Calais und St. Leon«; AMZ V (1802/03), Nr. 18, 26. Januar 1803, Sp. 309f.

54   Erik Stenstadvold, *Antoine de l'Hoyer (1768-1852): Riscoperta di un chitarrista-compositore trascurato*, in: Il Fronimo 100 (1997), S. 15–41; vgl. ferner ders., *Antoine de L'Hoyer*, in: NGroveD (2001), Band 14, S. 629f.

und betrieb Gitarrenmusik auf der Basis einer anderen, ökonomisch vergleichsweise abgesicherten Existenz.[55]

Gitarrenmusik als ›Nebenerwerb‹

Eduard Anton Willimann stammte aus der Schweiz und lebte ab 1795 in Magdeburg, wo er zunächst als Vorsteher einer Lehr- und Erziehungsanstalt sowie Lehrer an der ›Alten Handlungsschule‹ arbeitete.[56] Vermutlich zusätzlich unterrichtete er ab 1803 auch Französisch an der ›Neuen Handlungsschule‹.[57] Von 1808 an war Willimann Sekretär des Magdeburger Magistrats und Inspektor des städtischen Möbel-Magazins, eine Stellung, die er wenigstens im Sommer 1814 noch inne hatte.[58] Wolf Hobohm zufolge verzeichnete Johann Christian Friedrich Berghauer im zweiten Teil seines 1801 erschienenen *Magdeburg und die umliegende Gegend* eine Rubrik »Privat-Unterricht«.[59] Danach gehörten »in der Musik, Herr Kallenbach, Lohse, Märtens, Reinhardt, Seebach, Willimann, Musikdir. Zachariä u.a.m.«[60] zu Magdeburgs Privat-musiklehrern. Allerdings waren – laut Hobohm – Kallenbach, Märtens, Reinhardt und Seebach (angestellte) Organisten, Lohse und Zachariä hingegen Magdeburger Orches-termusiker; demnach kann Willimann also zur Jahrhundertwende als der einzige aus dieser Riege der – Berghauer nennenswert erscheinenden – Privatmusiklehrer Magde-burgs gelten, der im ›Hauptberuf‹ nicht ebenfalls als Musiker, sondern im ›öffentlichen Dienst‹ als städtischer Beamter tätig war.

---

55   Wenngleich das finanzielle ›Zubrot‹, das man aus musikalischen Aktivitäten hinzuverdienen konnte, zuweilen helfen konnte, die aufgrund der insgesamt desolaten Wirtschaftslage schlechte Zahlungsmoral sowohl städtischer als auch höfischer Arbeitgeber aufzufangen.

56   Vgl. Willimanns selbst geschriebenen Lebenslauf in der Akte des Magistrats der Stadt Magde-burg: *Die Einreichung eines Personal- und Administrations-Etats nebst Übersicht der etatmäßigen Ausgaben für die hiesige städtische Verwaltung bey Einem hohen Civil-Gouvernement*, die im Stadtarchiv Magdeburg archiviert ist; Akte [Rep. A II M 2b], Stadtarchiv Magdeburg, Blatt 13.

57   *Adreß-Buch vom Herzogthum Magdeburg und der Grafschaft Mansfeld Preußischer Hoheit* von 1803; Stadtarchiv Magdeburg.

58   Akte [Rep. A II M 2b], Stadtarchiv Magdeburg, Blatt 134.

59   Wolf Hobohm, *Beiträge zur Musikgeschichte Magdeburgs im 19. Jahrhundert*, 2 Bände, mschr. Dissertation, Halle/Saale 1982, Band 1, Teil 2, S. 389.

60   Johann Christian Friedrich Berghauer, *Magdeburg und die umliegende Gegend*, 2 Teile, Magde-burg 1801, S. 291, zitiert nach Hobohm, *Musikgeschichte Magdeburgs*, Band 1, Teil 2, S. 389.

Willimann konzentrierte sich bei seiner musikalischen Tätigkeit jedoch nicht allein auf die Gitarre, sondern legte ebenso Klavierkompositionen im Druck vor. Da er nach etwa 1813 keines seiner Werke mehr verlegen ließ, ist nicht endgültig zu klären, ob er zu dieser Zeit auch seine Tätigkeit als Privatmusiklehrer aufgab, allerdings wirkte »Stadtsecretair Willimann« offenbar noch 1821 bei einem Magdeburger Musikfest an der I. Violine mit,[61] so dass sich seine musikalische Aktivität wenigstens bis dahin fortgesetzt haben muss.[62]

Vor diesem Hintergrund ist Willimann im Hinblick auf seine soziale Stellung als städtischer Beamter durchaus mit Johann Heinrich Carl Bornhardt vergleichbar, jedoch waren Bornhardts Aktivitäten als Komponist weitaus umfangreicher als diejenigen Willimanns. Bornhardt sollte auf Wunsch seines Vaters ursprünglich Jura studieren, doch zwangen ihn eingeschränkte finanzielle Möglichkeiten offenbar dazu, sich sein Geld zunächst als Privatmusiklehrer für Gitarre und Klavier zu verdienen. Ab 1800 erhielt Bornhardt dann jedoch eine feste Anstellung als »Cammerbauschreiber« der Stadt Braunschweig, ehe er 1815 zum Registrator des Obersanitätskollegiums zu Braunschweig ernannt wurde, eine Position, die er bis zu seiner Pensionierung 1830 beibehielt.[63]

Ungeachtet seiner beiden Anstellungsverhältnisse in Ämtern der Stadt Braunschweig führte Bornhardt seine musikalischen Aktivitäten Zeit seines Lebens fort, indem er weiterhin privaten Musikunterricht erteilte, in privatem Rahmen konzertierte[64] und sein außergewöhnlich umfangreiches kompositorisches Schaffen im Druck herausgab. Ab 1802 betrieb Bornhardt für einige Jahre sogar einen eigenen Musikverlag, in dem er hauptsächlich seine eigenen Werke publizierte, ehe er diesen 1807 an Gottfried Vollmer in Hamburg veräußerte.[65] Jedoch, und dies ist durchaus bemerkenswert, schien Bornhardt den Pflichten, die seine berufliche Anstellung mit sich brachte, eine höhere Priorität beigemessen zu haben als seinen musikalischen Aktivitäten: »Ich wur-

---

61   Hobohm, *Musikgeschichte Magdeburgs*, Band 1, Teil 2, S. 390. Leider nennt Hobohm keine Quelle für diese Information.

62   In eben diesem Punkt unterscheidet sich Willimann deutlich von Joseph Ewald Reiner; vgl. S. 143f.

63   Zu Bornhardts Lebenslauf vgl. Dagmar Schnell, *Johann Heinrich Carl Bornhardt*, mschr. Magisterarbeit (Mainz 1996), S. 18–25.

64   Dagmar Schnell zufolge veranstaltete Bornhardt regelmäßig musikalische Veranstaltungen in seinem Haus, zu denen, glaubt man den Erinnerungen von Bornhardts Sohn, unter anderem »Hausgenoßen und Nachbarn« geladen wurden; Schnell, *Bornhardt*, S. 91.

65   Dagmar Schnell, *Johann Heinrich Carl Bornhardt*, in: MGG2P, Band 3, Sp. 423–425, hier: 425; vgl. ferner weiter unten S. 155–159.

de nun damals durch mehrere anhaltende und bedeutende Dienstgeschäfte von der Vollendung dieser Sachen gänzlich abgehalten«,[66] schrieb Bornhardt 1812 an Kühnel in Leipzig, um so zu begründen, warum sich die Fertigstellung einer Liedersammlung für Gitarre und Klavier fast ein Jahr hinausgezögert hatte. Eine umgekehrte Konstellation, dass Bornhardt also seine Dienstpflichten zu Gunsten seiner eigenen Musik vernachlässigt hätte, ist weder durch Quellen zu belegen, noch – entsprechend dem zeitgenössischen (bürgerlichen) Verständnis von ›Pflichterfüllung‹ – ernsthaft vorstellbar. So erklärt sich Bornhardts umfangreiches kompositorisches Schaffen, das wenigstens 400 Werke umfasst, offenbar tatsächlich nur durch seinen Fleiß, immerhin soll er, den Erinnerungen seines Sohnes zufolge, im Sommer bereits um vier Uhr morgens seine kompositorischen Arbeiten aufgenommen haben.[67]

In einer gewissen Analogie zu Willimann und Bornhardt, die ihre musikalischen Aktivitäten parallel zu ihrer hauptberuflichen Anstellung in städtischen Diensten ausübten, stehen dementsprechend auch die beruflichen Lebensumstände von Simon Molitor und Leonhard von Call; beider ›Dienstherr‹ war allerdings keine städtische Behörde, sondern eine höfische Institution.

So wurde Molitor nach seiner Rückkehr aus Italien 1798 Beamter im österreichischen Kriegskommissariat und schlug dort vier Jahre später eine Laufbahn im Verpflegungswesen ein, eine Karriere, die er erfolgreich bis zum Titel eines Verpflegungsoberverwalters durchlief. Im Vorlauf dieser eher nüchtern wirkenden Beamtenkarriere hatte Molitor jedoch bereits reichlich Erfahrung als ›freischaffender‹ Musiker gesammelt, denn entgegen dem Wunsch seines Vaters, der ihn für eine Laufbahn als Lehrer vorgesehen hatte, »verließ [Molitor] als Achtzehnjähriger«[68] heimlich die Universität und begann ein Wanderleben als Violinist, bis er 1796 und 1797 die Position eines Orchesterdirektoren in Venedig versah.[69] Doch während sich Molitor wenigstens im ersten Jahrzehnt des 19. Jahrhunderts ausgiebig mit der Komposition von Gitarrenmusik beschäftigte, verlagerte sich sein Interesse in späteren Jahren zunehmend auf übergreifen-

---

66   Brief Bornhardts an Kühnel, 7. September 1812 [D-LEsta Nr. 2632].

67   Vgl. Schnell, *Bornhardt*, S. 21.

68   Josef Zuth, *Handbuch der Gitarre und Laute*, Wien: Goll 1926–1928, S. 199.

69   Zu Molitors Biographie vgl. Thorsten Hindrichs, *Simon Molitor*, in: MGG2P, Band 12, Sp. 312–314, sowie Francesco Gorio, *Simon Molitor (1766–1848)*, in: Il Fronimo 46 (1984), S. 34–44.

de Themen der Musik, denen er sich nach seiner Pensionierung 1831 nahezu ausschließlich widmete.[70]

Leonhard von Call wiederum arbeitete ab etwa 1798 als »Grossist« im Wiener Kammerzahlamt und wurde 1807 zum ersten »Casse-Offizier« befördert,[71] von Rang, Funktion und Status her also durchaus eine Anstellung, die mit derjenigen Molitors gleichzusetzen ist. Wenngleich über Calls Leben – sowohl hinsichtlich seiner ›außermusikalischen‹ als auch seiner musikalischen Aktivitäten – überraschend wenig bekannt ist, so trat er doch offensichtlich recht häufig in Wiener Privatakademien auf, wo er allem Anschein nach auch zunehmend eigene Kompositionen spielte. Überhaupt ist die Zahl der Kompositionen Calls mit mehr als 140 Opuszahlen vergleichsweise groß, und man ist geneigt zu fragen, wie Call dies neben seiner hauptberuflichen Tätigkeit innerhalb eines vergleichsweise kurzen Zeitrahmens (zwischen der ersten Komposition etwa 1796 und seinem Tod 1815) überhaupt bewerkstelligen konnte. Denn wenngleich Bornhardt zwar ein weitaus ›produktiverer‹ Komponist als von Call war, so entstand sein Gesamtwerk doch trotz all seines Fleißes in einem wesentlich längeren Zeitraum als dasjenige Calls. Mauerhofers Einschätzung, Call habe als Beamter auch während seiner Arbeitszeit schlicht genügend Freiraum zum Komponieren übrig gehabt,[72] mag auf den ersten Blick wie ein etwas unbeholfener Versuch wirken, dieser Frage durch einen stereotypen Verweis auf gängige Vorurteile gegenüber der Arbeitsaktivität von Beamten zu begegnen, doch scheint für das Wiener Hofbeamtentum diese Einschätzung durchaus zutreffend zu sein: Als Wiener Beamter hatte man offenbar tatsächlich genügend Zeit, sich neben oder sogar während der ›offiziellen‹ Arbeitszeit musikalischen Aktivitäten wie Konzertbesuchen oder dem Komponieren zu widmen.[73]

Während also Willimanns und Bornhardts musikalische Aktivitäten, die sie neben ihrer regulären Berufsausübung als städtische Beamte betrieben, wohl auch als Möglichkeit zu verstehen sind, sich ein finanzielles ›Zubrot‹ zu verschaffen, war die Sachlage für Molitor und Call eine ganz andere: Für beide bedeutete Musik nicht unbedingt

---

70 Molitors musikalische Bibliothek (heute in A-Wgm) gehörte zu den umfangreichsten und wertvollsten Sammlungen der Zeit.

71 Alois Mauerhofer, *Leonhard von Call. Musik des Mittelstands zur Zeit der Wiener Klassik*, mschr. Dissertation, Graz 1974; hier: S. 17. Über Calls Biographie ist insgesamt allerdings nach wie vor erstaunlich wenig bekannt; vgl. Thomas Schipperges, *Leonhard von Call*, in: MGG2P, Band 3, Sp. 1698f.

72 Vgl. Mauerhofer, *Call*, S. 19.

73 Dieses Phänomen wird Peter Niedermüller, dem dieser freundliche Hinweis zu verdanken ist, in seiner im Druck befindlichen Habilitationsschrift zum Wiener Konzertleben um 1800 diskutieren, weshalb dem hier nicht vorgegriffen werden soll.

eine Gelegenheit des Neben*erwerbs*, sondern sie war eine Neben*beschäftigung*,[74] die vor allem – dies wird an späterer Stelle genauer zu zeigen sein – als notwendige Konstituente ihres jeweiligen Selbstverständnisses als ›Bildungsbürger‹ diente.

Ganz anders stellt sich die Situation der Gitarrenmusik als Nebenbeschäftigung dar, wenn die entsprechenden Gitarristen auch im ›Hauptberuf‹ Musiker sind, wie etwa Joseph Küffner oder Paolo Sandrini. So begann beispielsweise Küffner seine musikalisch-berufliche Karriere als Würzburger Hofmusiker, der, nachdem er ab 1797 zunächst als ›Substitut‹ der Hofkapelle zur Verfügung gestanden hatte, 1801 dann eine feste Anstellung als Oboist und Violinist der Kapelle erhielt.[75] Da Küffners unregelmäßig ausgezahlte Honorare während der vier Jahre als Substitut nicht ausreichten, suchte er sich weitere Einkommensquellen, indem er privaten Unterricht auf der Violine und dem Klavier erteilte.[76] Doch auch nachdem er formal bereits als Hofmusiker angestellt worden war, blieb Küffner weiterhin auf die Nebeneinkünfte aus seinem Instrumentalunterricht angewiesen, da die Würzburger Hofkapelle im ersten Jahrzehnt des 19. Jahrhunderts wegen wechselnder politischer Verhältnisse fortwährenden Um- und Neustrukturierungen unterlag.[77] Küffners Ernennung zum Musikdirektor beim »leichten Bataillon ›de la Motte‹« im Sommer 1803, die den Grundstein für seine berufliche Laufbahn als bayerischer Militärmusikdirektor am Würzburger Hof legte,[78] dürfte seine finanziellen Verhältnisse zwar erheblich gebessert haben, doch dessen ungeachtet behielt Küffner nicht nur seine Unterrichtstätigkeit weiterhin bei, sondern begann auch in großer Zahl eigene Kompositionen im Druck zu publizieren. Dabei standen insbesondere ›leichtere‹ und unterhaltsame Stücke für musizierende Dilettanten auf seinem Programm, deren Zielgruppe jene Bürger und Adeligen waren, die sich – folgt man Henke – regelmäßig zu geselligen Veranstaltungen (einschließlich musikalischer Unterhaltung) in Würzburger ›Casinos‹ zusammenfanden.[79] Insofern scheint es außerordentlich bemerkenswert, dass Küffner, von Haus aus Oboist und Violinist, ab etwa 1808 auch die Gitarre in sein instrumentales Repertoire mit aufnahm und zahlreiche

---

74   Ein ›Hobby‹ im modernen Verständnis war diese Nebenbeschäftigung allerdings unter keinen Unständen.

75   Zu Küffner vgl. Matthias Henke, *Joseph Küffner – Leben und Werk des Würzburger Musikers im Spiegel der Geschichte*, 2 Bände, Tutzing: Schneider 1985; hier: Band 1, S. 29–33.

76   Henke, *Küffner*, Band 1, S. 31f.

77   Henke, *Küffner*, Band 1, S. 40f.

78   Henke, *Küffner*, Band 1, S. 46–48.

79   Vgl. Henke, *Küffner*, Band 1, S. 66–71.

Gitarrenkompositionen entsprechend ›leichten‹ Charakters publizierte.[80] Wenngleich unklar bleibt, ob und in welchem Maße Küffner nach der sukzessiven Auflösung der Würzburger Hofkapelle eine finanzielle Pension erhielt, so nutzte er immerhin während der 1810er und 1820er Jahre weitere Möglichkeiten, sich seinen Lebensunterhalt als ›freischaffender‹ Musiker zu verdienen. Küffners Aktivitäten reichten dabei von Konzertreisen ins In- und Ausland, über Tätigkeiten als ›Kommissionär‹ des Offenbacher Musikverlags André und als Komponist und Instrumentalist des Würzburger Theaters.[81]

Vor diesem Hintergrund unterscheidet sich Küffners Lebensentwurf also in zweierlei Hinsicht von denjenigen seiner zuvor diskutierten Zeitgenossen: Er war zwar ein ›hauptberuflicher‹ Musiker wie etwa Scheidler oder Giuliani, doch die Gitarre spielte für ihn eben nicht die Hauptrolle; sie war als Instrument neben Oboe und Violine eher das ›Mittel zum Zweck‹, um sich ein ökonomisches Auskommen als Musiker sichern zu können. Umgekehrt war Küffners hauptberufliches Betätigungsfeld eben nicht die Anstellung als Beamter einer städtischen oder höfischen Institution, wie etwa bei Willimann und Molitor, sondern innerhalb der ›muskalischen Welt‹ selbst angesiedelt.

Aus dem Umstand, dass der Verlag Schott nach Küffners Tod 1856 eine (oder mehrere) Unbekannte damit beauftragte, »Melodien aus aktuellen Opern im Stile des Würzburgers zu verarbeiten« und diese unter Küffners Namen weiterhin publizierte,[82] kann wohl darauf geschlossen werden, dass Küffners musikalisches Berufsleben durchaus erfolgreich verlaufen ist, erfolgreicher immerhin, als jenes von Paolo Sandrini. Dieser wurde 1782 im italienischen Gorizia (nahe Udine) geboren und ist erstmals 1804 mit Prag in Verbindung zu bringen, wo seine (spätere) Gattin, die Sängerin Luiggia Caravoglia, im April 1804 ein Konzert gegeben hatte.[83] Insgesamt scheint Paolo Sandrinis Karriere fortwährend im ›Fahrwasser‹ seiner Ehefrau verlaufen zu sein, die er wohl 1807 heiratete und mit der er bereits 1806 – ebenfalls in Prag – ein gemeinsames Konzert gegeben hatte, wie der entsprechenden Rezension der AMZ zu entnehmen ist:

> »Herr Sandrini, ein sehr talentvoller junger Italiener gab [...] ein Konzert. Er erschien in dreyfacher Gestalt, blies ein Konzert auf dem englischen Horn, eine Polacca auf der Oboe, und spielte sodann noch auf der französischen Guitarre.

80   Inwiefern Würzburg zu Beginn des 19. Jahrhunderts ein »Zentrum der Gitarre« war, wie Henke vermutet, sei jedoch dahingestellt; Henke, *Küffner*, Band 1, S. 71f.

81   Vgl. dazu die Kapitel VI und VII bei Henke, *Küffner*, Band 1.

82   Henke, *Küffner*, Band 1, S. 157. Henke schreibt hier sogar von Küffners »zweiter Existenz«.

83   AMZ VI (1803/04), Nr. 31, 2. Mai 1804, Sp. 530.

> Dem[oiselle] Caravoglia füllte die Zwischenräume mit ihrer trefflichen Stimme
> aus. Dass er das Haus ziemlich gefüllt hatte, dankt er wol minder seinen wahren
> künstlerischen Vorzügen, als den Lektionen, die er einigen Damen auf der
> Guitarre gab«.[84]

Die letzte Bemerkung liefert den einzigen Hinweis darauf, dass Paolo Sandrini versuchte, sich – wie viele seiner Zeitgenossen – mit Gitarrenunterricht ein Auskommen
zu sichern, wenngleich sein ›Hauptinstrument‹ eigentlich die Oboe war. Aus den
Quellen geht leider nicht eindeutig hervor, wann das Ehepaar Sandrini von Prag nach
Dresden umgezogen ist; Luiggia Sandrini-Caravoglia wurde jedenfalls 1808 als Primadonna der Dresdner italienischen Oper engagiert, wie den »Acta [der] Schauspiele und
Redouten auf dem kleinen Theater« zu entnehmen ist,[85] jedoch wurde ihr gleichzeitig
die »Erstattung von Reisekosten von Prag bis Dresden« gewährt.[86] Drei Jahre später
erbat Sandrini-Caravoglia am 25. Februar 1809 zusätzliche finanzielle Unterstützung
wegen des Unterhalts ihrer kranken Mutter in Prag,[87] so dass es durchaus denkbar
scheint, dass die Sandrinis zwischen Prag und Dresden ›pendelten‹, wobei insbesondere nicht außer Acht gelassen werden darf, dass Paolo Sandrini möglicherweise seinen
›Schülerstamm‹ in Prag hatte halten wollen.

Eine Mitteilung der AMZ, in der der Wechsel von Luiggia Sandrini-Caravoglia nach
Dresden vermeldet wird, ist hinsichtlich der Informationen über Paolo Sandrini jedoch fragwürdig:

> »In Dresden ist die rühmlich bekannte Sängerin, Mad[emoiselle] Caravoglia-
> Sandrini von Prag, für die ersten Rollen der königl. italien. Oper mit einem sehr
> ansehnlichen Gehalt, so wie ihr Mann, ein angenehmer und kunstfertiger Oboist,
> ebenfalls mit nicht unbeträchtlichem Gehalt, als Expektant für die Kapelle,
> engagirt worden«.[88]

Zwar ist bemerkenswert, dass Sandrini als Oboist, und nicht etwa als Gitarrist bezeichnet wird, allerdings haben sich in den entsprechenden Beständen des Sächsischen
Hauptstaatsarchivs keinerlei Hinweise darauf finden lassen, dass er als »Expektant für
die Kapelle engagirt worden« wäre. Inwiefern hier einfach eine Fehlinformation des
Rezensenten der AMZ vorliegt oder aber schlicht entsprechende Quellen verloren
sind, kann nicht entschieden werden, doch in ihrem erwähnten Schreiben vom

---

84   AMZ VIII (1805/06), Nr. 34, 21. Mai 1806, Sp. 542.

85   Sächsisches Hauptstaatsarchiv Dresden, 10026 Geheimes Kabinett, Loc. 2424/3.

86   Sächsisches Hauptstaatsarchiv Dresden, 10026 Geheimes Kabinett, Loc. 2424/3.

87   Sächsisches Hauptstaatsarchiv Dresden, 10026 Geheimes Kabinett, Loc. 15/46.

88   AMZ X (1807/08), Nr. 24, 9. März 1808, Sp. 383.

25. Februar 1809 erbittet Luiggia Sandrini-Caravoglia nicht nur zusätzliche finanzielle Unterstützung zur Pflege ihrer Mutter, sondern ersucht außerdem darum, dass ihr »Ehemann während der Dauer ihres Contracts auf der Oboe oder der Flöte gegen eine verhältnißmäßige Besoldung bey Allerhöchst Dero Kapelle Dienste leisten dürfe«.[89] Wenngleich der ›Director des plaisirs‹, dessen Aufgabe es war, die Anliegen der Sängerinnen in Schriftform vorzutragen, sich immerhin genötigt sah, zusätzlich auf die »Unzuverlässigkeit des [aktuellen] Oboisten Besozzi« hinzuweisen, geht aus den Quellen nicht hervor, ob Sandrini dann tatsächlich eine Anstellung als Oboist erhielt; der einzige spätere Hinweis auf Sandrinis Lebensumstände ist wiederum in enger Verbindung mit seiner Frau zu lesen, wenn es in einer Rezension der AMZ aus Dresden heißt: »Am 18ten [März] hatten wir wieder Gelegenheit, H[er]rn Sandrini, den Gatten unserer beliebten Sängerin, zu hören«.[90]

Doch bei allen quellentechnischen Unsicherheiten in Bezug auf Paolo Sandrinis Lebensweg wird dennoch deutlich, dass er, wenngleich offenkundig nicht all zu erfolgreich, sein Auskommen durch eine Kombination verschiedener musikalischer Aktivitäten zu bestreiten versuchte; während er in Konzerten als Oboist und Gitarrist auftrat, hätte die von ihm angestrebte Anstellung als Oboist bei Hofe eine einigermaßen zuverlässige finanzielle Absicherung bedeutet. Seine Tätigkeit als Gitarrenlehrer hingegen sollte ihm – wenigstens teilweise – ebenso eine wirtschaftliche Unterstützung beschert haben, wie die Veröffentlichung seiner Gitarrenkompositionen. Dessen ungeachtet darf allerdings nicht unterschätzt werden, dass seine Ehefrau Luiggia ebenfalls ›berufstätig‹ war und als Primadonna der italienischen Oper in Dresden kein ganz bescheidenes Honorar erhielt. In diesen Zusammenhang fügt sich ein weiterer bemerkenswerter Umstand: 1809 wurde »Mademoiselle Miksch« als zweite Primadonna hinter Luiggia Sandrini-Caravaglio an der Dresdner italienischen Oper verpflichtet.[91] Deren Ehemann, Alexius Miksch, wiederum erhielt tatsächlich eine Anstellung als Hornist in der Hofkapelle und veröffentlichte 1813 mit einem *Thema mit 6 Variazionen* eine Gitarrenkomposition;[92] eine Verbindung zwischen Sandrini und Miksch scheint demnach ausgesprochen wahrscheinlich.

---

89   Sächsisches Hauptstaatsarchiv Dresden, 10026 Geheimes Kabinett, Loc. 15/46.

90   AMZ XIV (1811/12), Nr. 16, 15. April 1812, Sp. 264-265, hier: Sp. 264.

91   Sächsisches Hauptstaatsarchiv Dresden, 10026 Geheimes Kabinett, Loc. 15/46.

92   Alexius Miksch, *Thema mit 6 Variazionen*, Leipzig: Bureau de Musique [1813], PN 1054.

Gitarrenmusik als ›Beruf‹ – Ausnahmefälle

Heinrich Marschner im Zusammenhang mit Gitarrenmusik in Deutschland um 1800 zu nennen, mag zunächst vielleicht überraschen; indes steht er stellvertretend für jene ›hauptberuflichen‹ Komponisten, die zu Beginn ihrer Karriere ganz offensichtlich erst einmal Kompositionen für verschiedene Instrumente gleichsam ›ausprobierten‹, um sich im Anschluss an eine solche Probezeit mehr oder minder ausschließlich dem Instrument zuzuwenden, mit dem sie einerseits kompositionstechnisch am besten zurecht kamen und das ihnen andererseits die größte ökonomische Absicherung zu versprechen schien. 1814 veröffentlichte Marschner *Variationen* für Gitarre op. 2,[93] *12 Bagatellen* für Gitarre op. 4[94] sowie *12 Lieder* mit Guitare op. 5;[95] danach jedoch findet sich in Marschners Schaffen (nach gegenwärtigem Forschungsstand) kein einziges weiteres Werk für Gitarre,[96] sondern – von wenigen Ausnahmen abgesehen – zunächst nur noch Klavierkompositionen, ehe er sich in späteren Jahren als Musiktheaterkomponist etablierte.[97]

Ausgehend von der Überlegung, dass auf der Ebene der Produktion dem Umgang mit Musik eine nicht allein die Funktion der Identitätskonstruktion qua Rezeption, sondern auch die Sicherung der wirtschaftlichen Existenz derer, die Musik produzieren, zukommt, wurde bei den bisher diskutierten Komponisten das Hauptaugenmerk auf ökonomische Aspekte gelegt. Gleichwohl, darauf wurde zu Beginn des Kapitels deutlich hingewiesen, hat Musik für ihre Produzenten eben eine doppelte Funktion von wirtschaftlicher Fruchtbarmachung einerseits und der Konstruktion eines je eigenen Selbstverständnisses andererseits. Vor diesem Hintergrund stehen die zwei im Folgen-

---

93   Erschienen bei Aloys Krammer in Prag.

94   Erschienen bei Breitkopf & Härtel in Leipzig [PN 1995].

95   Erschienen ebendort [PN 1887].

96   Es existiert jedoch ein Musikdruck mit einer Einrichtung zu Heinrich Marschners 1825 aufgeführtem Musiktheaterstück *Die Wiener in Berlin* mit Klavier- oder Gitarrenbegleitung (Mainz: Schott 1825 [PN 2310]); allerdings fehlt Marschners Name auf dem Titelblatt, so dass derzeit nicht geklärt werden kann, ob diese Einrichtung entweder von Marschner selbst stammt, auf dessen Veranlassung hin vorgenommen wurde oder vielleicht sogar ohne jegliche Autorisierung Marschners von Schott gedruckt wurde.

97   Oliver Huck, *Bagatellen?! – Heinrich Marschners Jugendwerke*, in: Gitarre & Laute 18 (1996), Heft 6, S. 45–52.

den diskutierten Komponisten als ›Sonderfälle‹ exemplarisch für jeweils eine dieser beiden Seiten (der letztendlich gleichen Medaille).[98]

Joseph Ewald Reiner »widmete sich zwei Jahre lang ausschließlich der Musik«,[99] nachdem er den Besuch der königlichen Bauschule in Breslau aus gesundheitlichen Gründen hatte abbrechen müssen. Sein Jurastudium begann Reiner zunächst in Halle, setzte es jedoch ab 1805 in Leipzig fort, wo er auf Empfehlung der Reichsgräfin Elisa von der Recke in angesehene Familien der Stadt als Gitarrenlehrer eingeführt worden war.[100] Nach dem Studienabschluss zog Reiner 1809 »über Umwege«[101] nach Ostritz in der Lausitz, wo er eine Stellung als »Oberamts=Regierungs=Advocat« innehatte und bis zu seinem Tod 1851 blieb.[102] Bemerkenswerterweise ist nichts über eine eventuelle musikalische Tätigkeit Reiners in Ostritz bekannt[103] und auch die Publikation seiner Kompositionen scheint er nach 1812 nicht mehr weiter verfolgt zu haben, so dass davon auszugehen ist, dass Reiner seine gitarristischen Aktivitäten, sei es durch Unterricht, sei es die Drucklegung einiger weniger Kompositionen, tatsächlich ausschließlich dazu genutzt hat, seinen Aufenthalt in Leipzig und insbesondere sein Jurastudium zu finanzieren.[104] Ähnlich wie bei Reiner blieben bei Johann Ernst Volbeding die gitarristischen Aktivitäten ebenfalls auf die Zeit seiner ›Jugend‹ beschränkt, möglicherweise hat also auch er sich mit Gitarrenmusik ein finanzielles Zubrot für sein Theologiestudium verdient.[105] Augustin Harder hingegen verfolgte – wohl eher, weil ihm die Gelegenheit günstig schien – einen entgegengesetzten Weg; auch er finanzierte sich

---

98 Selbstverständlich repräsentieren beide Beispiele nicht ausschließlich entweder nur die eine oder nur die andere Seite; vielmehr stehen sie für die nach Lage der Quellen am weitesten voneinander entfernten Positionen.

99 Lothar Hoffmann-Erbrecht, *Joseph Ewald Reiner*, in: Schlesisches Musiklexikon, hrsg. v. dems., Augsburg: Wißner 2001, S. 345f.

100 Hoffmann-Erbrecht, *Reiner*, S. 345.

101 *Encyclopädie der gesammten musikalischen Wissenschaften oder Univeral-Lexicon der Tonkunst*, Neue Ausgabe bearbeitet von Gottfried Wilhelm Fink und dem Redacteur Gustav Schilling, Stuttgart: Köhler 1840, Band 5, S. 688f., hier: S. 688.

102 *Encyclopädie der gesammten musikalischen Wissenschaften*, Band 5, S. 688; Reiners Berufsbezeichnug bei Schilling wird durch einen entsprechenden Eintrag im katholischen Totenregister der Stadt Ostritz bestätigt, demzufolge er am 21. April 1851 als »Bürger und Advocat« an »Abzehrung« starb; Totenregister Ostritz (kath.) 54/1851.

103 Die freundlichen Mitteilungen von Uwe Kahl (Christian-Weise-Bibliothek Zittau) und Tilo Böhmer (Ostritz) haben keinerlei Hinweise auf musikalische Aktivitäten Reiners in Ostritz ergeben.

104 Wobei freilich der Gedanke, die Studienzeit so ›angenehm‹ wie möglich zu gestalten hierbei ebenfalls eine Rolle gespielt haben könnte.

105 Johann Ernst Volbeding wurde 1792 in Annaburg geboren, wie Axel Beer freundlicherweise mitteilte.

sein Theologiestudium mit privater Unterrichtstätigkeit, doch war dies offenbar derart erfolgreich, dass er sein Studium abbrach und sich nur noch der Musik widmete.[106]

Franz Friedrich Siegmund August Boecklin von Boecklinsau wiederum konnte es sich seiner adeligen Herkunft wegen – er residierte im Schloss zu Rust im Breisgau, das seit dem 13. Jahrhundert Stammsitz derer von Boecklinsau war – offenbar durchaus leisten, sich allen nur denkbaren intellektuellen Herausforderungen zum Zwecke der eigenen Bildung zu widmen.[107] So erwarb er nicht nur einen Doktor in Philosophie und verwies auffallend häufig darauf, dass er Mitglied mehrerer Akademien (unter anderem der Accademia dell'Arcadia in Rom) sei, sondern beschäftigte sich beispielsweise auch mit agrartechnischen Fragestellungen wie der Imkerei oder dem richtigen Schnitt von Obstbäumen.[108] Die Musik jedoch zählte zu Boecklins Hauptinteressensgebieten, insbesondere, nachdem er in Stuttgart von Niccolò Jomelli Kompositionsunterricht erhalten hatte. Mit den *Fragmenten zur höhern Musik* und den *Beyträgen zur Geschichte der Musik* legte er zwei Abhandlungen im Druck vor,[109] die zwar hinsichtlich ihres theoretischen Fundaments eher im Musikverständnis des 18. Jahrhunderts verankert sind, aber dessen ungeachtet dennoch einen bemerkenswerten Einblick in Boecklins Verständnis von Musik geben und insofern mithin eben auch eines von mehreren nebeneinander existierenden zeitgenössischen Modellen sind.[110] Nicht zuletzt komponierte Boecklin, vor allem Musik für Gitarre, und ließ diese drucken, wenngleich der Großteil seiner Werke inzwischen leider als verschollen gelten muss.

---

106 Axel Beer, *August[in] Harder*, in: MGG2P, Band 8, Sp. 690f.

107 Der entsprechende Artikel von Wilhelm Seidel in MGG2P verlässt sich zu sehr auf den unzureichenden (und politisch äußerst fragwürdig motivierten) Aufsatz von Joseph Müller-Blattau; vgl. Wilhelm Seidel, *Franz Friedrich Siegmund August Boecklin von Boecklinsau*, in: MGG2P, Band 3, Sp. 176–179, bzw. Joseph Müller-Blattau, *Ein alemannischer Musikfreund zu Goethes Zeit*, in: Volkstum und Reich. Ein Buch vom Oberrhein, hrsg. v. Franz Kerber, Stuttgart: Engelhorn 1938 (= Jahrbuch der Stadt Freiburg im Breisgau 2), S. 156–172. Weitaus detailliertere Angaben zu Boecklin finden sich bei Alfred Graf von Kageneck, *Die Lebensgeschichte des ›Musikbarons‹ Franz Friedrich Sigismund Freiherrn Böcklin von Böcklinsau (1745–1813)*, in: *Schau ins Land* 113 (1994), S. 107–148. Dessen ungeachtet steht eine wissenschaftliche Aufarbeitung von Boecklins musikalischem Schaffen nach wie vor aus.

108 Boecklin veröffentlichte beispielsweise die Studien *Vom Ursprung, Vorzügen und Hindernissen des Getreidebaues nebst Anmerkungen über mancherley Anstalten zu Gewinnung der Erdproducte*, Frankfurt am Main: Reiffenstein 1786, und *Inschriften für schöne Gartenplätze und Gartenanlagen; wie auch zu Monumenten an Gräbern*, Mannheim: Löffler 1808.

109 *Fragmente zur höhern Musik, und für ästhetische Tonliebhaber*, Freiburg, Konstanz: Herder, 1811, sowie *Beyträge zur Geschichte der Musik, besonders in Deutschland; nebst freymüthigen Anmerkungen über die Kunst*, Freiburg: Zehnder 1790.

110 Insofern ist die Frage danach, ob Boecklins Musikanschauung nun ›altmodisch‹ oder ›modern‹ sei, nur von untergeordnetem Belang.

144

Musikverlage als Vermittler zwischen Komponisten und Publikum

Für Boecklin hatten seine Gitarrenkompositionen zweifelsohne weniger die Funktion, sich eine ökonomische Existenz zu sichern; vielmehr dienten sie der Konstruktion seines kulturellen und sozialen Selbstverständnisses: kulturell vor dem Hintergrund des Bildungsgedankens, der mit der Veröffentlichung eigener Kompositionen auch nach außen sichtbar gemacht wurde, sozial mit Hinblick auf die ›Sicherung‹ zwischenmenschlicher Kontakte, wie aus einem Schreiben des Karlsruher Geheimen Rats Friedrich Brauer an Boecklin deutlich wird:

> »E[uer] Excellenz gefälliges Andenken an meine Gattin das Sie durch ein Product Ihrer eigenen musikalischen Talente an sie dedicirt zu erneuern geruhet haben ist ihr äußerst schmeichelhaft gewesen: sie hätte nicht geglaubt noch von jener angenehmen Jugend Zeit her, welche sie in dortigen Gegenden zubrachte der Erinnerung E[urer] Excellenz gegenwärtig geblieben zu seyn; sie wird nun wenn sie einmale in dem erst angefangenen Spiel der Guitarre so weit seyn wird, um darauf mit accompagnement zu spielen, einen desto öfteren Anlas haben dankbar über die Vermehrung ihrer Musicalien an Sie zurückzudenken«.[1]

Ganz offenbar hatte Boecklin zuvor Friedrich Brauers Gattin Luise ein (leider nicht zu identifizierendes) Werk gewidmet. Brauers einleitende Bemerkung, Boecklins derart geäußertes »Andenken an meine Gattin« sei »äußerst schmeichelhaft«, unterstreicht indes nicht nur dessen Bestreben, soziale Kontakte zu pflegen, sondern verweist damit zugleich auf eine wesentliche Funktion der Widmung einer Komposition. Inwiefern Boecklins Dedikation an Luise Brauer über die Motivation der Stabilisierung sozialer Bindungen hinaus weitere Zwecke verfolgte, ist nach gegenwärtiger Quellenlage nicht zu entscheiden. Generell allerdings hatte die Widmung musikalischer Werke – insbesondere im frühen 19. Jahrhundert – eine im weitesten Sinne ökonomische Funktion, wobei diese jedoch nicht notwendigerweise auf eine direkte finanzielle Gegenleistung ausgerichtet sein musste. Die Widmungsträgerin der Variationen von Alexius Miksch beispielsweise war die Ehefrau des Dresdner Bankiers Gustav Schultze, doch allein wegen Schultzes Beruf darauf zu schließen, dass Miksch für diese Dedikation Geld erhalten habe, wäre sicher zu oberflächlich gedacht. Vielmehr war eine der wesentlichen

---

1 Staatsarchiv Freiburg, Bestand U101/1, Nr. 7722. Zu Brauer vgl. Christian Würtz, *Johann Niklas Friedrich Brauer (1754–1813) – Badischer Reformer in napoleonischer Zeit*, Stuttgart: Kohlhammer 2005 (= Veröffentlichungen der Kommission für geschichtliche Landeskunde in Baden-Württemberg B 159). Luise Brauer, geborene Preuschen, stammte aus einem luxemburgischen Adelsgeschlecht und war Friedrich Brauers zweite Ehefrau; Würtz, *Brauer*, S. 402.

Funktionen der Widmung die Sicherung oder gar Erhöhung der eigenen sozialen Position des Komponisten, immerhin gehörte es zum guten Ton, dass man den auserwählten Widmungsträger zuvor um dessen Erlaubnis zu fragen hatte. Erfolgte eine entsprechende Zustimmung und man ›durfte‹ seine Komposition tatsächlich dedizieren, so bedeutete dies für den Widmenden gleichzeitig, dass er der Dedikation für würdig befunden wurde. So verstanden ist es wohl wahrscheinlicher, dass Mikschs eben genannte Widmung eben eine solche Funktion der Sicherung bzw. Erhöhung des eigenen sozialen Status erfüllen sollte. Ähnliches dürfte wohl auch für Joseph Baumgärtner gelten, der seine *Sechs Lieder für die Guitarre* Mademoiselle Maria Gontard, die von Johann Christian Gottlieb Scheidler auf der Gitarre unterrichtet wurde, gewidmet hat.[2]

Dass Baumgärtner mit dieser Widmung mit Scheidler um die Gunst der Gontards konkurrieren wollte, erscheint angesichts des herausragenden Rufs Scheidlers als Gitarrenlehrer eher unwahrscheinlich,[3] doch dessen ungeachtet fällt in der Tat auf, dass bemerkenswert häufig Gitarrenschülerinnen als Widmungsträgerinnen auserwählt wurden, wie etwa »Madame la Comtesse Josephine de Clam-Gallas«, der Paolo Sandrini seine *Thèmes variés pour Guitarre et Flûte* op. 16 zueignete. Auch F. Brands Widmung seiner *Airs favorits du Sacrifice interrompu (Unterbrochne Opferfest) pour deux Guitarres* op. 18, an die »Demoiselles Caroline et Henriette de Glauburg« ist wohl als Lehrer-Schüler-Widmung zu verstehen, immerhin war das Werk den beiden Damen nicht nur gewidmet, sondern auch für sie eingerichtet, »arrangés et dediés«, wie es auf dem Titelblatt heißt. Somit erfüllten die Widmungen an Schülerinnen eine doppelte Funktion, indem sie nicht allein den sozialen Status der Gitarrenlehrer sicherten, sondern darüber hinaus auch einen – indirekten – ökonomischen Effekt hatten: Immerhin konnte man hoffen, dass die ›bewidmete‹ Dame weiterhin zum Gitarrenunterricht erscheinen und diesen dann freilich auch honorieren würde.

Dabei ist gleichzeitig ein gewisser ›Schneeballeffekt‹ kaum zu unterschätzen, denn der gute Ruf als Gitarrenlehrer beruhte nicht zuletzt auf Mund-zu-Mund-Propaganda der Schülerinnen, die so immer wieder neue Schülerinnen ›anwarben‹. Nicht von ungefähr heißt es in der Rezension eines Konzerts von Paolo Sandrini: »Dass er das Haus ziemlich gefüllt hatte, dankt er wol minder seinen wahren künstlerischen Vorzügen, als den

---

2   Joseph Baumgärtner, *Sechs Lieder für die Guitarre*, Mainz: Schott [ca. 1808], PN 348.

3   Wenngleich dies natürlich nicht gänzlich auszuschließen ist. Allerdings scheint es sich bei Baumgärtners Sechs Liedern zum einen um dessen einzige in Druck gegebene Komposition für Gitarre zu handeln, zum anderen gibt es auch keinerlei Anhaltspunkte für eine Aktivität als Gitarrenlehrer; vielmehr war Baumgärtner Klarinettist des Frankfurter Theaterorchesters.

Lektionen, die er einigen Damen auf der Guitarre gab«.[4] Um wieviel ›besser‹ erschien da der Ruf eines Gitarrenlehrers, der seinen Schülerinnen zuweilen eine seiner Kompositionen widmete. Eine Dedikation war eben mitunter auch für die Widmungsträger attraktiv, immerhin dürfte der durch eine Widmung offen sichtbare persönliche Kontakt zwischen Komponist und Schülerin bei dieser durchaus auch als ›schick‹ gegolten haben.[5]

Darüber hinaus hatten Widmungen jedoch auch eindeutig eine Werbefunktion für den Verkauf eines Musikdrucks,[6] konnte man als Käufer doch unter Umständen vom Widmungsträger auf die Qualität der Musik zurückschließen; kaum anders ist ein Brief Johann Anton Andrés an Johann Jakob Staehlin vom 23. August 1818 zu verstehen, in dem es heißt: »Lieber Freund und College! Die mir gesandten Guitarre Variationen sind allerliebst, sie sind mit Geschmack und Einsicht geschrieben, und steigern sich wohl, kurz: sie sind der Dedication ganz würdig«.[7] Mehr noch, »die Verlage fügten die Namen und Titel der Widmungsträger, falls diese einen überragenden Rang [...] besaßen, offensichtlich ausnahmslos den Werbeanzeigen bei«.[8] Vor dem Hintergrund der marktwirtschaftlichen Interessen der Musikverlage ist es auf den ersten Blick umso bemerkenswerter, dass sich ausgerechnet Boecklin, in der Absicht, einige seiner Kompositionen drucken zu lassen, während seiner Verhandlungen mit dem Leipziger Verleger Ambrosius Kühnel dennoch nach dessen primär ökonomisch ausgerichteter Argumentation richtete.[9]

In einer ersten Kontaktaufnahme mit Kühnel schrieb Boecklin am 4. Februar 1806 nach Leipzig:

4 AMZ VIII (1805/06), Nr. 34, 21. Mai 1806, Sp. 542.

5 Auf diesen Aspekt wird an späterer Stelle noch einmal genauer einzugehen sein.

6 »Sie [Widmungen] zählten in der Regel gemeinsam mit weiteren Vorgehensweisen und Umgangsformen zum Kanon präzise kalkulierter und oft mit großem Aufwand ins Werk gesetzter Maßnahmen, mit deren Hilfe Komponisten und Verleger einmütig versuchten, den wirtschaftlichen Ertrag eines musikalischen Werks oder den Stellenwert eines Autors zu heben«; Beer, *Musik zwischen Komponist, Verlag und Publikum*, S. 371.

7 D-OF, Briefkopierbuch 1816–1818, S. 832.

8 Beer, *Musik zwischen Komponist, Verlag und Publikum*, S. 370. Zu den wesentlichen Bedeutungen, die die Widmung einer Komposition für die Musikkultur zu Beginn des 19. Jahrhunderts hatte, vgl. ebda., S. 366–373.

9 Zu den unterschiedlichen Strategien der Kontaktaufnahme zwischen Komponisten und Verlegern zu Beginn des 19. Jahrhunderts vgl. Beer, *Musik zwischen Komponist, Verlag und Publikum*, S. 158–167.

»Daß ich bekanntlich, als Dilettant, Epoche im musicalisch[en] compositionsfache gemacht habe: – bedarf wohl keiner allegations – Da ich nun diesen Winter
mehrere Trios, quartette und Walzer zur Guitarre, mit Violin alt und
Baß=Begleitung componirte (welche den Beyfall der Kenner eingeerndtet) so frage hiermit an: ob Sie davon, und zwar unter welchen conditionen, – nicht in Verlag wollten?«[10]

Offenbar weckten die von Boecklin angebotenen Kompositionen Kühnels Interesse,
allerdings knüpfte der Verleger einen möglichen Druck an die Bedingung, dass
Boecklin ihm zusichern solle, in seinem Umfeld genügend Abnehmer zu finden:

»Es scheint, daß in Ihren Gegenden die Guit.[arre] mehr in Aufnahm ist, als bei
uns, da Sie so vollstimmige Stücke dazu componiren, hier gehen höchstens Solo
Werke. Wen[n] Sie uns indessen einen guten Debit in Ihren Gegenden zusichern
können, so wollen wir wohl einige Ihrer Stücke in Verlag nehmen«.[11]

Einen sogenannten Debit zu verlangen war durchaus gängige Praxis im Musikverlagswesen um 1800,[12] und insbesondere Ambrosius Kühnel legte in seiner Verlagspolitik
großen Wert darauf, dass sich der Druck einer Komposition finanziell rechnete.[13] Entscheidend für die Aufnahme in das Verlagsprogramm waren nicht allein die musika-
lisch-künstlerische Qualität einer Komposition, sondern auch deren Absatzchancen.
Axel Beer hat auf den Aspekt der sogenannten ›Gangbarkeit‹ als einer entscheidenden
Voraussetzung für den Druck einer Komposition im frühen 19. Jahrhundert eindringlich hingewiesen.[14] Auch wenn in der Musikgeschichtsschreibung hinsichtlich der Publikation von Kompositionen ein eher ›profaner‹ Aspekt wie die wirtschaftliche Kalkula-
tion eines Musikdrucks nach wie vor kaum berücksichtigt zu werden scheint, für die
zeitgenössischen Komponisten schien es selbstverständlich, dass auch ein Musikverlag
schlicht rechnen musste.

---

10 Staatsarchiv Freiburg, Bestand U101/1, Nr. 189

11 BKB BdM, 22. Februar 1806 [D-LEsta, Bestand Peters 5021].

12 So riet Kühnel in einem Brief dem Musikverlag Haas in Prag am 22. Januar 1806: »Lassen Sie
   den Guitarremeister nur recht viel debitiren. Es ist bei mir mehreres für Guit. erschienen; ich
   kann also von seinen Manusk[rip]ten nicht profitiren«. BKB BdM [D-LEsta, Bestand Peters 5021]; leider geht aus dem Schreiben nicht hervor, um welchen »Guitarremeister« es sich
   handelte.

13 Axel Beer, *Das Leipziger ›Bureau de Musique‹ (Hoffmeister & Kühnel, A. Kühnel) – Geschichte
   und Verlagsproduktion*, Tutzing: Schneider [in Vorbereitung].

14 Beer, *Musik zwischen Komponist, Verlag und Publikum*, insbesondere S. 404–409.

Ohne im Geringsten von Kühnels wirtschaftlichen Erwägungen enttäuscht zu sein, ließ Boecklin sich bereitwillig auf dessen Bedenken ein und antwortete kaum drei Wochen später am 6. März 1806:

> »Beyschlüssig folgen 3 kleine Duetten, bloß für eine 6saitige spanische Zitter und eine Flöte, die denn auch durch eine Violine con sordini ersetzt werden kann; – ihrem Wunsch gemäß: weil in ihren Gegenden zur Guitarre doch vielstimmiger Satz nicht gangbar Waare heyßt«.[15]

Mit diesem neuen Angebot berücksichtige Boecklin Kühnels Einwand, dass »so vollstimmige Stücke bei uns« kaum Absatzchancen hätten. Eine kleinere Besetzung ist freilich leicht ›weniger vollstimmig‹ zu setzen, und die fakultative Besetzung mit entweder Flöte oder Violine macht diese Duetten für größere Abnehmerkreise (Flötisten *und* Violinisten) interessant. Dementsprechend fügte Boecklin im Postskriptum dieses Briefs sogar noch ein weiters Angebot an Kühnel hinzu: »P: S: Ich habe auch Duettinen bloß für eine Guitarre und ein fortepiano oder Clavier componirt, die sich sehr gut ausnehmen und noch beßere Würkung hervorbringen, als ein Clavierstück zu vier Händen...«.[16]

Es weist, wie gesagt, nichts darauf hin, dass Boecklin an der Publikation ein ökonomisches Interesse gleich welcher Art hatte, ihm war vielmehr an der Konstruktion seines Selbstverständnisses als – auch musikalisch – gebildetem Menschen gelegen. Seine einzige Forderung an Kühnel für den Druck seiner Kompositionen macht dies nachhaltig deutlich: »Ich begehre deshalb nur 20 Freyexempl.[are] als honorarium um damit meine Freunde beschenken zu kön[n]en«.[17] Erst, indem Boecklin seine musikalische Bildung in Form von Geschenken an Freunde präsentierte, konnte die Konstruktion seines eigenen Selbstbilds offenbar gelingen.[18]

Letztendlich ließ sich Kühnel jedoch offenbar nicht auf den Druck einer Komposition von Boecklin ein; von den ohnehin sehr lückenhaft überlieferten Boecklinschen Musikdrucken erschienen die beiden einzigen nachweisbaren Publikationen im Braun-

---

15   Staatsarchiv Freiburg, Bestand U101/1, Nr. 31. Mit der »spanischen Zitter« hat Boecklin zweifellos die Gitarre gemeint; in seinen *Beyträgen zur Geschichte der Musik* erwähnt er eine »organisirte Zitter« von der er erklärt, dass sie »Guitharre organise bey den Franzosen benennt« würde; Boecklin, *Beyträge*, S. 52.

16   Staatsarchiv Freiburg, Bestand U101/1, Nr. 31.

17   Staatsarchiv Freiburg, Bestand U101/1, Nr. 189.

18   Auf den Aspekt der Identitätskonstruktion wird noch einzugehen sein.

schweiger *Magazine de Musique*, während der Katalog des *Bureau de Musique* keine einzige Komposition Boecklins verzeichnet.[19]

Festzuhalten bleibt jedoch, dass Boecklin wie selbstverständlich gewillt war, die wirtschaftlichen Interessen des Musikverlegers Kühnel zu berücksichtigen; dies unterstreicht die kaum zu unterschätzende Rolle, die betriebswirtschaftliche Kalkulationen bei der Zusammensetzung des Programms eines Musikverlags im frühen 19. Jahrhundert spielten.[20]

Die geschäftlichen Beziehungen zwischen Komponisten und Verlegern beschränkten sich indes nicht allein auf das augenfälligste Modell, demzufolge ein Komponist seine Werke einem Verleger zum Druck (und ergo zum ›Verkauf‹) anbot. Auf eine zweite Möglichkeit der Zusammenarbeit zwischen Komponist und Verlag, nämlich den Kommissionshandel, wurde bereits im Zusammenhang mit Joseph Küffner, der als Kommissionär für *André* in Offenbach tätig war,[21] hingewiesen. Doch insbesondere die, wenngleich lückenhaft überlieferte Korrespondenz zwischen Leopold Carl Reinicke und dem *Bureau de Musique* in Leipzig aus dem Jahr 1802 verweist auf einen dritten Aspekt, der vor allem für Gitarristen der Zeit relevant war: Im Februar 1802 bot Reinicke dem Verlag Kompositionen für die Gitarre an:

> »Da kein Instrument unter den Liebhabern und Liebhaberin[n]en häufiger Mode ist als die spanische Guitarre, und doch zugleich so wenig brauchbares und angenehmes für selbige geschrieben wird; so habe ich mich entschlossen eine Sam[m]lung für dieses Instrument, das ich schon seit mehrern Jahren spiele, herauszugeben«.[22]

Inwiefern man Reinicke zu Gute halten mag, dass er tatsächlich auch ein ästhetisches Interesse daran gehabt haben könnte, dem ›beschränkten Instrument‹ zu einem ›brauchbaren‹ Repertoire zu verhelfen, sei dahingestellt, dennoch dürften auch hier wiederum ökonomische Gründe eine wesentliche Rolle gespielt haben: ›Angenehme‹

---

19 Beer, *Das Leipziger ›Bureau de Musique‹*.

20 Inwiefern sich die Frage der Ökonomie hinsichtlich der Musikpublikation nicht kontinuierlich bis heute fortgesetzt hat, steht auf einem anderen Blatt. Doch dessen ungeachtet wäre es sicher ein musikwissenschaftlich lohnendes Unterfangen, die sukzessive Zusammensetzung des Programms eines Musikverlags jener Zeit einmal auch aus dieser Perspektive zu untersuchen: Welche Kompositionen wurden aus welchen Gründen gedruckt und welche Auswirkungen hatte dies beispielsweise auf eine unter Umständen nachträglich erfolgte Kanonisierung?

21 Vgl. dazu auch Klaus Hortschansky, *Der Musiker als Musikalienhändler in der zweiten Hälfte des 18. Jahrhunderts*, in: *Der Sozialstatus des Berufsmusikers vom 17. bis 19. Jahrhundert*, hrsg. v. Walter Salmen, Kassel usw.: Bärenreiter, S. 83–102.

22 Brief Reinicke an das *Bureau de Musique*, 17. Februar 1802 [LEsta Bestand Peters 2549].

Kompositionen für ein Modeinstrument versprachen mit Sicherheit auch gute Verkaufsaussichten. In den folgenden Monaten schien Reinicke sich mit dem *Bureau de Musique* auf eine entsprechende Publikation geeinigt zu haben. Zwar schränkte der Verlag zunächst noch ein: »[W]ir wissen noch nicht bestim[m]t was wir in dem Heft aufnehmen«,[23] doch dann trat man offenbar mit dem Anliegen an Reinicke heran, er möge Zumsteegs *Abschiedslied Johannens* aus Schillers *Jungfrau von Orleans* für Gitarre arrangieren. Als »auch für die Guitarre eingerichtet von Reinicke« erschien der Druck vermutlich Ende Juni 1802.[24]

Dass Musikverlage Gitarristen mit der ›Einrichtung‹ von Kompositionen beauftragten, die ursprünglich für andere Instrumente konzipiert waren (in den meisten Fällen Klavier), entsprach einer Praxis, die zu Beginn des 19. Jahrhunderts schon beinahe selbstverständlich gehandhabt wurde. In manchen Fällen schienen einige Musikverlage sogar eigene ›Spezialisten‹ für die entsprechenden Arrangements verpflichtet zu haben. So taucht beispielsweise in den Verzeichnissen des Berliner Verlags *Concha* (später *Lischke*) in auffallender Häufigkeit der Zusatz »für die Guitarre eingerichtet von Jäger« auf.[25]

Im Leipziger *Bureau de Musique* schien sich 1802 jedoch noch kein Spezialist für derartige Einrichtungen etabliert zu haben, denn beinahe zeitgleich mit Reinickes Arrangement des Werks von Zumsteeg hatte man Eduard Anton Willimann in Magdeburg mit der Einrichtung von sechs *Canzonetten* von Giacopo Gotifredo Ferrari beauftragt. Am 19. August 1802 schrieb Kühnel an Willimann wegen des Arrangements von Ferraris Komposition: »Ihre Canzonetten sind nun fertig. Wir hätten Ihnen schon Ex[em]pl[are] gesandt wen[n] wir Gelegenheit hätten. H[er]r Müller ist vermuth[lich] auf Reisen«,[26] doch nur wenige Tage später heißt es im darauffolgenden Brief Kühnels an Willimann:

> »Wegen des Honorars schrieb uns Müller, [»] Alles was Sie künftig für Ihren Verlag am convenabelsten von Guitarresachen haben, will er gern arrangiren.[«] Wir sandten Ferrari damit Sie dieselben für Guitarre übersezt[en] bei Uebersendung schrieb er »den Preiß für seine Mühewaltung überlässt er ganz Ihnen, da Sie wis-

---

23   BKB BdM, 4. Juni 1802.

24   Darauf deuten die ersten entsprechenden Anzeigen hin: *Leipziger Zeitung* 3. Juli 1802, *Reichsanzeiger* 28. Juli 1802.

25   Dabei handelt es sich höchstwahrscheinlich um Christian Jäger, der offenbar seit 1810 als Klarinettist in der Berliner Königlichen Kapelle angestellt war; Carl Freiherr von Ledebur, *Tonkünstler-Lexicon Berlin's von den ältesten Zeiten bis auf die Gegenwart*, Berlin: Ludwig Rauh 1861, S. 264.

26   BKB BdM, 19. August 1802.

sen würden, was der Bogen solcher Arbeit werth sei.« Hier ist von keiner baaren Zahlung die Rede wir versprechen auch keine. Sie werden das Honorar daher in Freiexemp. empfangen. Der Verleger kan[n] arrangirte Sachen nicht so honoriren, wie Originale«.[27]

Der Kontakt zwischen Kühnel und Willimann war augenscheinlich über Heinrich Müller zustande gekommen,[28] doch hatte sich während dessen offensichtlicher Abwesenheit Ende August 1802 ein Missverständnis hinsichtlich der finanziellen Honorierung für das Arrangement der *Canzonetten* Ferraris eingestellt. Während Willimann wohl davon ausgegangen war, dass seine Arbeit mit ›barem Geld‹ bezahlt würde, bestand Kühnel darauf, die Angelegenheit über Freiexemplare abzurechnen, die Willimann dann zu seinen eigenen Gunsten weiterverkaufen konnte. Damit wiederum schien dieser allerdings nicht einverstanden zu sein und hatte seinen Unmut Kühnel gegenüber offenbar auch deutlich bekundet. Der Verleger jedenfalls war von Willimanns Reaktion wenig begeistert:

> »Der Ton Ihres l[etzten] Briefs, ist kein angenehmer Anfang zu einer dauerh[aften] Geschäftsverbindung. Sie ken[n]en uns aber nicht oder nur durch Andere. Im Vertrauen auf Ihre durch Müller gerühmt[e] [B]illigkeit, vertrauten wir Ihnen das Arang[ieren] der Canz[onetten] ohne vorher[ige] Bestim[m]ung des Honorars welches wir Ihnen [...] in Freiex. zudachten«.[29]

Trotzdem ließ Kühnel sich auf Willimanns Forderungen zunächst ein:

> »Indeß werden wir ein Honorar in baarem Gelde senden. Wir wünschten es heute dort anweisen zu kön[n]en, da wir aber von unsrem Com[m]issionslag[er] dort lange nichts weiter gehört, als daß dort nichts zu machen sei, so wissen wir nicht, ob wir einen Saldo bekom[m]en. Nach Erhalt der Nachricht sollen sie eine Rimesse erhalten«.[30]

Nun schien die Angelegenheit zunächst tatsächlich aus der Welt geschafft, doch knapp drei Monate später hatte Willimann sich offenbar erneut so massiv bei Kühnel beschwert, dass dieser sämtliche Beziehungen zu dem Magdeburger Gitarristen abbrach. Stattdessen wandte sich der Verleger an den Regierungsrat Michaelis in Magdeburg und ließ seinem Unmut über Willimann freien Lauf:

> »Herr Müller sandte uns Guitarrenlieder von Willimann, wovon einige gestochen sind, die übrigen aber nicht dazu kom[m]en, weil der Autor keine Verehrer hat. Er hat sein Honorar an Freiex[emplaren] erhalten. Nun bot uns Müller an, aller-

---

27 BKB BdM, 27. August 1802.

28 Heinrich Müller war der Bruder von August Eberhard Müller.

29 BKB BdM, 6. September 1802.

30 BKB BdM, 6. September 1802.

hand v[on] Willimann für Guitarre arrangiren zu lassen, den Preiß für seine Mühe überließ er uns. Wir sandten also Ferrari Canzonetten in der Meinung er werde für arrangiren nicht so viel verlangen als für Originale. Nach einiger Zeit verlangt er 12 [Reichsthaler] baar & 6 Ex[em]pl[are]. Da nun Müller uns von baarem Gelde nichts geschrieben, [und da] das Honorar für Originale in Freiexpl[aren] gegeben war, so sand[t]en wir das Geld nicht, um so mehr da wir zugl[eich] Müllers Nachrichten u[nd] Berechnungen entgegensahn. Im letzten Briefe an M[üller] fragten wir, ob er mit W[illimann] außer obigen sonst etwas ausgemacht habe, erhielten aber keine Antwort, sondern W[illimann] schrieb einen schmähsüchtigen Wisch, den wir im Original beilegen, um seine Wuth zu sehen. [...] Was außerdem Anlaß gegeben habe, kön[n]en Sie wohl erfahren. Wir hätten die paar [Reichsthaler] nicht geachtet dem [!] zudringl[ichen] Arrangeur loß zu werden [...]. Stellen Sie W[illimann] seinen Wisch zu, eine Beantwortung würde uns erniedrigen. Obschon wir aus Gefälligkeit gegen Müller, seine Lieder verlegten wobei wir nicht gewin[nen] und das Arrangiren der Canz[onetten] von einem Duzend Guitarspieler besorgen lassen kön[n]ten, so wollten wir doch baares Geld zahlen. Nach Müllers Nachrichten auf die Inlage machen Sie die Sache ab. Mehr als 8 [Reichsthaler] baar u. 3 Ex[em]pl[are] möchten wir nicht gerne geben. Berühmte Meister erhalten aus Originalen andres Honorar z. B. Beethoven für eine Sonate 20 [Dukaten] Nehmen Sie das Geld aus Ihrem Saldo. Es liegt uns an Willimanns Beschämung mehr als Bestrafung, laßen Sie sich einen Schein geben. [...] Wenn es W[illimann] nicht anders thut, so befriedigen Sie seine ganzen Forderungen 12 [Reichsthaler] u. 6 [Groschen]«.[31]

Willimann selbst ließ Kühnel lediglich wissen:

»Wir müßten weniger Geschäfte haben, oder uns herabwürdigen wollen, wen[n] wir Ihnen Eine Zeile auf Ihren mit einer Art von beispielloser Wuth geschriebenen Brief antworten wollten. Noch nie hat uns Jemand so verkan[n]t. Fühlen Sie die Verachtung, wen[n] Sie können, die ein solches Benehmen verdient. Michaelis wird die Sache wegen des Arrangirens mit Ihnen abmachen«.[32]

und auch Müller wurde noch am gleichen Tag davon in Kenntnis gesetzt: »[W]ir haben Michaelis gebeten diese Sache zu beendigen«.[33]

Wenngleich in diesem Fall die Zusammenarbeit zwischen Komponist und Musikverlag ein für Willimann (mutmaßlich) unglückliches Ende nahm, so verdeutlicht der Konflikt um diesen Auftrag in bemerkenswerter Weise auch die Möglichkeit einer Verschränkung der verschiedenen Ebenen der Zusammenarbeit zwischen Komponisten und Musikverlagen höchst anschaulich: Neben der Auseinandersetzung um das

---

31   BKB BdM, 26. November 1802.

32   BKB BdM, 26. November 1802.

33   BKB BdM, 26. November 1802.

Honorar für das Arrangement der *Canzonetten* von Ferrari verhandelten Kühnel und Willimann in den gleichen Briefen über die entsprechenden Konditionen. Die Initiative dürfte, nach Lage der Quellen, zunächst von Willimann ausgegangen sein, denn Kühnel schrieb ihm am 19. August 1802 zurück:

> »Da es Ihnen nach Ihrem Schreiben, nicht an Gelegenheit mangelt, Musik zu debitiren, so suchen Sie durch unsre Catalogue [...] unsren Verlag zu verbreiten. [...] Aus Jena haben wir wieder einen Transport der besten Violinen fertig. Harmonikas[,] Geigenbogen in den vortheilhaftesten Preißen. Wen[n] Sie baldigen Verkauf vermuthen, so können wir Geigen, und -bögen senden. Empfehlen Sie unser Fortepiano 120-280 [Reichsthaler]. Empfehlen Sie vorzügl[ich] unsre Pränumerat[ions] Werke«.[34]

Zur gleichen Zeit hatte Kühnel jedoch mit Heinrich Müller, der ganz offenbar bis dato sein Magdeburger Kommissionär war, Schwierigkeiten. Willimann forderte er jedenfalls zunächst noch zur Zurückhaltung auf – »Vorläufig senden wir unser[n] Verlag in Com[m]ission doch müßten wir vorher mit Müller in Ordnung und Einvernehmen sein«[35] –, allerdings war das *Bureau de Musique* mit Müllers Tätigkeit als Kommissionär ausgesprochen unzufrieden: »Ihre sonst so angenehmen Briefe sind uns seit Monaten sehr unangenehm, da sie fast nichts [schreiben] als: daß nichts debitirt wird & daß B und Härtel zufriedener sind«.[36] Vorsorglich unterbreitete Kühnel Willimann jedenfalls ein erstes Angebot:

> »Sie erhalten 33 1/3 vom Verlag 20% v. Prän. Werken und Sortiment. Sie tragen die Spesen, berechnen viertheljährl. u. senden die Gelder prompt. Nehmen Sie Fortep[ianos] in Com[m]iss[ion] so machen wir Ihnen die billigsten Preise erwarten aber eine Anschaffung von wenigstens 2/3 des Betrags: Violinen, Guitarren [etc.] senden wir ohne Vorauszahlung. Unser Verlag zeichnet sich vortheilhaft vor Anderen aus Sie können p[e]r 2 [Reichsthaler] 20 g[roschen] franz bogen bei uns haben«.[37]

Doch ähnlich wie bei den Verhandlungen über die Honorierung des Arrangements der *Canzonetten* von Ferrari schienen auch in Bezug auf die Kommissionsbedingungen die Vorstellungen Kühnels und Willimanns auseinanderzugehen. Willimann hatte vermutlich Anfang November 1802 um ›extrafeine französische Bogen‹ nachgefragt, und Kühnel schien auch nach wie vor bereit, ihn als Kommissionär in Magdeburg einzusetzen:

34   BKB BdM, 19. August 1802.

35   BKB BdM, 27. August 1802.

36   BKB BdM, 27. August 1802.

37   BKB BdM, 27. August 1802.

»Die französischen extraf[einen] bogen sind ist [!] ausgegangen, Sie müssen bis
zur baldigen Ankunft des neuen Transports sich gedulden. [...] Bezeichnen Sie
aus unsrem Verlags Catalog die Artikel, welche Sie am meisten debitiren können.
Hernach soll ein Transport Com[m]issionsartikel folgen«;[38]

dennoch sah er sich wohl genötigt, Willimann darauf hinzuweisen, dass seine Forderungen überzogen seien: »Sie können unmögl[ich] mehr Vortheile verlangen, als ein
Petersburger Com[m]issionair u. werde[n] folglich Ihre Spesen tragen«.[39]

Welche Rolle der Magdeburger Regierungsrat Michaelis auch am Scheitern des Kom-
missionsgeschäfts zwischen Willimann und Kühnel spielte, bleibt unklar, in seinem
Beschwerdebrief an Michaelis erwähnt Kühnel jedoch, »daß wir ihm [Willimann] auf
Ihr Anrathen kein Com[m]iss[ions]lager sandten«.[40] Letztendlich schien fürs Erste
Müller Kühnels Kommissionär in Magdeburg zu bleiben; im Januar 1803 bat er Müller: »Wen[n] Sie Williman[n] sehen, so sagen Sie ihm seine Ex. würden mit erster Gelegenheit als Beischluß folgen«.[41]

Angesichts dieses wenig erfolgreichen Endes der Geschäftsbeziehungen zwischen Eduard Anton Willimann und dem Leipziger *Bureau de Musique* darf es überdies nicht
verwundern, dass damit auch die Publikation von Willimanns eigenen Kompositionen
erst etwa fünf Jahre später – und selbstverständlich nicht bei Kühnel – erfolgte; die
wenigen gedruckten Werke Willimanns lassen sich ab 1808 bei *Bruder* in Leipzig
nachweisen, wenngleich sie dort ›in Kommission‹ gehandelt wurden. Da jedoch bislang sämtliche dieser Drucke als verschollen gelten müssen, fällt es schwer zu ermitteln, welcher Musikverlag letztendlich tatsächlich für deren Publikation verantwortlich
zeichnete.[42]

Während für die geschäftlichen Beziehungen zwischen Komponisten und Musikverlagen die Publikation von Kompositionen, das Arrangement fremder Werke und die
Tätigkeit als Kommissionär, sowie in einzelnen Fällen eine Kombination dieser Aktivitäten zu Beginn des 19. Jahrhunderts als Regelfall betrachtet werden müssen, schlug
Johann Heinrich Carl Bornhardt im Hinblick auf die Gitarrenmusik der Zeit einen

---

38   BKB BdM, 8. November 1802.

39   BKB BdM, 8. November 1802.

40   BKB BdM, 26. November 1802.

41   BKB BdM, 14. Januar 1803.

42   Eventuell käme hierfür der Verlag *Spehr* in Braunschweig in Frage, von dem Hofmeis-
      ter/Whistling eine *Grande Sonate* Willimanns verzeichnen.

›Sonderweg‹ ein,[43] indem er wenigstens für einige Jahre einen eigenen Musikverlag nebst angeschlossener Musikalienhandlung betrieb.[44] Die Kombination aus Musikverlag und Musikalienhandlung war um 1800 keineswegs unüblich, im Gegenteil: Mit Blick auf die Gitarrenmusik der Zeit finden sich zahlreiche entsprechende Hinweise darauf, dass Musikverlage sowohl Noten als auch entsprechende Instrumente vertrieben.[45] Bereits 1796 hatte Bornhardt begonnen, mit Instrumenten zu handeln, wobei er insbesondere »gut gearbeitete Guitarren« sowie Streich- und Tasteninstrumente handelte.[46] Auf den Umstand, dass Bornhardt sich mit diesem Sortiment auf »genau das Instrumentarium, für das er seine Kompositionen verfaßte, konzentrierte«, hat Dagmar Schnell zwar hingewiesen,[47] begründet Bornhardts Handel mit Instrumenten jedoch »in erster Linie mit finanziellen Engpässen«.[48] Bornhardt hatte indes zur gleichen Zeit seine Tätigkeit als Privatmusiklehrer für Gitarre und Klavier aufgenommen; wenngleich eine konkrete Quelle fehlt, die diese Annahme stützen würde, erscheint es jedoch sehr wahrscheinlich, dass Bornhardt zuallererst seine Schüler als Käufer der von

---

43 Ein tatsächlicher ›Sonderweg‹ ist dies nur aufgrund der Einschränkung der Perspektive auf die Gitarrenmusik – außerhalb dieses begrenzten Rahmens geschah es durchaus häufiger, dass Komponisten eigene Verlage gründeten bzw. dass Verleger selbst komponierten; man denke etwa an Carl Zulehner oder Johann Anton André, um nur zwei der prominentesten Beispiele zu nennen. Anton Diabelli wiederum war zwar auch (unter anderem) Gitarrist, gründete seinen Verlag hingegen jedoch erst 1818 (gemeinsam mit Peter Cappi), also außerhalb des Zeitrahmens der vorliegenden Studie.

44 Vgl dazu Schnell, *Bornhardt*, S. 45–58.

45 So bestellte Ambrosius Kühnel am 19. Februar 1802 bei Pleyel in Paris »Guitar.[ren] zu 6 Saiten 6 Stück ordin.[äre] u. mittlere, senden Sie, und entnehmen den Betrag«, und schrieb am 31. Oktober 1807 an Leopold Schweitzer in Wien (in aller gebotenen Kürze): »Kaufen Sie 1 Doppelguit.[arre]«; umgekehrt erkundigte sich ein gewisser Daniel Siegismund Siegel aus Annaberg bei Kühnel am 4. August 1811 bemerkenswert detailliert wegen des Kaufs einer Gitarre: »Ein junger Herr von der hiesigen Kaufmannschaft hat mir die Verschreibung einer Guitarre aufgetragen. [...] Der Preis der Guitarre soll 8–10 Tlr, der Körper groß wenn möglich gelblichweiß nach Art der Hellmerschen in Prag, ganz einfach, ohne Stimmschrauben, die Saiten mit Nägeln von Elfenbein oder Knochen befestigt u. noch mit 1 Bezug Saiten versehen seyn«; D-LEsta [Bestand Peters 2631].

46 Werner Flechsig, *Musikinstrumentenhandel im Braunschweigischen zwischen 1750 und 1820. Ein Beitrag zur heimischen Musik- und Wirtschaftsgeschichte*, in: Braunschweigische Heimat 64 (1978), Heft 3/4, S. 98–111, hier: S. 104.

47 Schnell, *Bornhardt*, S. 46.

48 Schnell, *Bornhardt*, S. 46.

ihm vertriebenen Instrumente im Blick hatte und sich so über das Unterrichtshonorar hinaus eine zusätzliche Einkommensquelle erschloss.[49]

Ähnliches dürfte ebenso im Hinblick auf Bornhardts enge Kooperation mit dem Braunschweiger Verleger Spehr gelten, bei dem er bis 1802 nicht nur seine eigenen Kompositionen drucken ließ, sondern von dem er auch selbst Noten anderer Komponisten erwarb. Inwiefern Bornhardt hier auch gleichsam als Zwischenhändler zwischen Spehr und seinen eigenen Schülern fungierte, oder ob er diese zumindest an jenen verwies, ist nach derzeitiger Quellenlage nicht zu entscheiden, doch in beiden Fällen war Bornhardts Unterrichtstätigkeit sicher eine zentrale Größe hinsichtlich seiner Zusammenarbeit mit Spehr.

Nahezu zeitgleich versuchte Bornhardt 1801 mit *Breitkopf & Härtel* eine Geschäftsbeziehung auf den Weg zu bringen. Im August des Jahres bot er dem Leipziger Musikverlag ein »Arragemont Pleyelscher Sonatinen für die Guitarre mit Violinbegleitung« an, allerdings unter der Bedingung, »daß mein Name bei der Sache nicht genannt wird«.[50] In der Tat erschienen diese Sonatinen im Frühjahr 1802 als *Trois Sonatines pour la Guitarre et Violon No. 1* bei *Breitkopf & Härtel* ebenso ohne Nennung von Bornhardts Namen, wie dessen im Herbst 1801 auf den Weg gebrachte deutsche Übersetzung und Einrichtung von Charles Doisys wenige Monate zuvor in Paris in Druck gegebene *Principes Généraux de la Guitare*.[51] Mehr noch, ganz offenbar war Bornhardt in Hinsicht auf seine Zusammenarbeit mit Spehr zunehmend unzufrieden, wie er in seinem Brief an *Breitkopf & Härtel* vom 6. Oktober 1801 vergleichsweise freimütig formulierte: »Schade, daß ich die Ehre Ihrer Bekanntschaft und Ihres Zutrauens nicht schon vor einiger Zeit zu besitzen das Glück gehabt habe, ich hätte dann, statt der kurzen Tabelle, die ich an Spehr gab, Ihnen eine kleine Anweisung für die Guitarre [...] geben können«.[52]

---

49   Dies wiederum wäre dann in der Tat mit Bornhardts »finanziellen Engpässen« zu erklären.

50   Brief Johann Carl Heinrich Bornhardt an *Breitkopf & Härtel*, 26. August 1801; D-Mbs [Ana 750, *Gitarristische Sammlung Fritz Walter und Gabriele Wiedemann*]; vgl. Anhang S. 255.

51   Brief Johann Carl Heinrich Bornhardt an *Breitkopf & Härtel*, 6. Oktober 1801; D-Mbs [Ana 750, *Gitarristische Sammlung Fritz Walter und Gabriele Wiedemann*]; vgl. Anhang S. 256. Zur Datierung der *Principes* von Doisy vgl. Erik Stenstadvold, *Guitar Methods*, S. 86. Der Umstand, dass Bornhardt sowohl hinsichtlich der Einrichtung von Pleyels Sonatinen als auch mit Blick auf Doisys *Principes* derart auf ›Anonymität‹ bestand, nährt selbstverständlich den Verdacht, dass er tatsächlich auch hinter J. F. Scheidlers *Nouvelle Méthode* [1805] gesteckt haben könnte; vgl. oben S. 37.

52   Brief Johann Carl Heinrich Bornhardt an *Breitkopf & Härtel*, 6. Oktober 1801; D-Mbs [Ana 750, *Gitarristische Sammlung Fritz Walter und Gabriele Wiedemann*]; vgl. Anhang S. 244.

Doch weder mit *Breitkopf & Härtel*, noch mit Spehr arbeitete Bornhardt fortan kontinuierlich zusammen, sondern kündigte stattdessen am 3. Februar 1802 in den *Braunschweigischen Anzeigen* an:

> »Zugleich zeigt der Verfasser, um künftigen Irrungen vorzubeugen, den Musikliebhabern an, daß, ob er gleich den Verlag des hiesigen musikalischen Magazins [i.e. Spehr] mit Guitarrsachen versorgt habe, dieses von jetzt an aufhört und er in keiner Verbindung weder mit dem musikalischen Magazine, noch dessen herauszugebenden Musikalien stehe. Nur allein die Hartungsche Musikhandlung hieselbst wird künftig die von ihm selbst verfaßten und verlegten Musikalien verkaufen«.[53]

Die hier genannte Musikhandlung Hartung ist freilich wohl lediglich als Verkaufsadresse des Bornhardtschen Musikverlags zu verstehen, der spätestens ab Mai 1802 als *Musikalienverlag in der Neuen Straße* firmierte.[54] Über die Gründe, warum Bornhardt die Kooperation mit Spehr aufgab, kann nur spekuliert werden. Es ist gut möglich, dass die etwa zwei Jahre später dokumentierte Auseinandersetzung zwischen Bornhardt und Spehr über die brisante Frage des nicht autorisierten ›Nachstechens‹ bereits vor 1802 ihren Ursprung nahm;[55] auch die Spehr wegen der schlechten Druckqualität immer wieder vorgeworfenen »schmutzigen Auflagen« könnte für die Trennung durchaus eine Rolle gespielt haben.[56] Letztendlich ist aber auch der ökonomische Aspekt nicht zu unterschätzen: Angesichts der finanziell arg bedrängten Lage Bornhardts, dürfte ihm die simple Rechnung ›eigener Verlag = eigener Verdienst‹ durchaus attraktiv erschienen sein. Diese Annahme wird insbesondere durch den vergleichsweise raschen Weiterverkauf des Verlags gestützt, den Bornhardt seiner fortgesetzten desolaten finanziellen Situation wegen spätestens im Februar 1807 an Vollmer in Hamburg veräußerte.[57]

Doch statt sich nach dem Verkauf seines Verlages an Vollmer diesem nun auch hinsichtlich der weiteren Publikation seiner eigenen Kompositionen zuzuwenden, und obwohl er diesem kurz zuvor noch »mündlich [s]eine Manuscripte zugesagt« hatte,[58]

---

53 Braunschweigische Anzeigen, 58 (1802), 10. Stück, 3. Februar 1802, Sp. 300; zitiert nach Schnell, *Bornhardt*, S. 48.

54 Schnell, *Bornhardt*, S. 48.

55 Schnell, *Bornhardt*, S. 49–51.

56 Schnell, *Bornhardt*, S. 49. Es ist freilich bemerkenswert, mit welch auffallender Regelmäßigkeit die AMZ, die ausgerechnet bei Breitkopf & Härtel verlegt wurde, auf die miserable Druckqualität der bei Spehr publizierten Musikalien verweist.

57 Vgl. dazu Schnell, *Bornhardt*, S. 52f.

58 Bornhardt an Kühnel, 22. Februar 1807, D-LEsta [Archiv Peters Nr. 2612].

kam Bornhardt einer entsprechenden Anfrage Ambrosius Kühnels nach und veröffentlichte seine Werke fortan im Leipziger *Bureau de Musique*. Dieser auf den ersten Blick gleichsam ›lockere‹ Umgang mit Geschäftspartnern war im frühen 19. Jahrhundert allerdings gängige Praxis, Komponisten veröffentlichten ihre Werke stets bei dem Verlag, der ihnen die besten Konditionen anbot, ohne daraus notwendigerweise eine Verpflichtung zu einer dauerhaften Zusammenarbeit abzuleiten.[59]

Boecklins Verhandlungen mit dem Leipziger *Bureau de Musique* wegen der Veröffentlichung seiner Kompositionen, der Konflikt zwischen Willimann und Kühnel wegen der Einrichtung von Canzonetten für die Gitarre und einer möglichen Tätigkeit als Kommissionär und nicht zuletzt Bornhardts Versuch, einen eigenen Musikverlag aufzubauen, zeigen indes, dass dem Musikverlagswesen im gitarristischen Alltag um 1800 eine zentrale Funktion zukommt, und zwar in dreierlei Hinsicht:

Zum einen bot die Zusammenarbeit mit einem Musikverlag schlicht ökonomischen Nutzen, indem für die Publikation eigener Werke ebenso Honorare vereinbart wurden wie für das Arrangement von Kompositionen für die Gitarre oder die Tätigkeit als Kommissionär. Zum anderen bedeutete für einen (Gitarre-)Komponisten jedoch insbesondere die Publikation eigener Kompositionen zugleich die Möglichkeit, seinen Namen bekannter zu machen und so den eigenen ›Marktwert‹ zu steigern. Und schließlich: Indem im Idealfall möglichst Viele den Druck einer Gitarrenkomposition rezipierten, sei es dass sie diesen kauften, sei es, dass sie ihn über eine Musikalienleihanstalt erhielten,[60] bedeutete die Musikpublikation vor allem eine neben dem Konzert und der Unterrichtstätigkeit wesentliche dritte Möglichkeit des, wenngleich indirekten, Kontakts zwischen Komponisten und Rezipienten.

Umgekehrt kommt eben wegen dieser Indirektheit des Kontakts den Musikverlagen die wohl weitreichendste Funktion in der Distribution von (Gitarren-)Musik um 1800 zu. Der Handel mit Noten wurde zuweilen über große Entfernungen abgewickelt und hat so vermutlich einen kaum zu unterschätzenden Anteil an der Entstehung der von Zeitgenossen so oft gescholtenen ›Modeerscheinung‹ der Gitarrenmusik im ersten Drittel des 19. Jahrhunderts.

So schrieb beispielsweise der Musikalienhändler Kaffka aus Riga am 12. September 1803 an das Leipziger Bureau de Musique: »Senden Sie mir doch [...] ein paar Guitarre-Schulen, und überhaupt mehrere Sachen für die Guitarre, darnach ist häufige

---

59   Vgl. dazu Beer, *Musik zwischen Komponist, Verlag und Publikum*, S. 187–200.

60   Zu den Musikalienleihanstalten vgl. Tobias Widmaier, *Der deutsche Musikalienleihhandel – Funktion, Bedeutung und Topographie einer Form gewerblicher Musikaliendistribution vom späten 18. bis zum frühen 20. Jahrhundert*, Saarbrücken: Pfau 1998.

Nachfrage«.[61] Gleichzeitig schienen Musikverleger eben diese ›Modeerscheinung‹ mit besonderer Aufmerksamkeit zu verfolgen; Ferdinand Fränzl schrieb am 27. Dezember 1803 aus Moskau an Johann Anton André in Offenbach: »Wegen der Guitarren kann ich Dir sagen das die nehmlichen, 5 oder 6 saytigen, wie bey uns sehr in der Mode sind«.[62] Ganz offensichtlich hatte André zuvor eine entsprechende Anfrage an Fränzl gerichtet, in der er sich, nicht zuletzt aus wirtschaftlichen Erwägungen, wohl auch nach einem möglichen ›Markt‹ für Gitarrenmusik in Moskau erkundigt haben dürfte.

Hinsichtlich dieser ›Absatzmöglichkeiten‹ waren Musikverlage generell freilich auch auf eine bestimmte Nachfrage angewiesen, so dass eine ›Modeerscheinung‹ wie Gitarrenmusik ihnen selbstverständlich einen willkommenen Markt bot.[63] Sich unter betriebswirtschaftlichen Aspekten allein darauf zu verlassen, dass »die musikinteressierte Öffentlichkeit [...] in ausreichendem Maße selbst aktiv bei der Beschaffung ihres Musiziergutes gewesen wäre, hätte schwerlich als Existenzgrundlage für ein Verlagsunternehmen hingereicht«.[64]

Werbung, Kommissionshandel und insbesondere die Ausbildung eines bestimmten Verlagsprofils waren ebenfalls notwendige Bausteine eines wirtschaftlich soliden Verlagsfundaments.[65] Beispielhaft hierfür ist das offensichtliche Bestreben Georg Zulehners, ab etwa 1811 Gitarrenmusik als charakteristisches »Segment« seines Musikverlages zu etablieren, »nachdem bereits unter den letzten Mainzer [Verlags]Nummern vereinzelt Werke für Gitarre bzw. Gitarrenmusik [...] enthalten waren«;[66] dazu nutzte Zulehner bemerkenswerterweise ausgerechnet fünf Kompositionen von Johann Christian Gottlieb Scheidler, die er zwischen 1811 und 1814 – offensicht-

---

61   Kaffka in Riga an BdM, Riga 12. September 1803 (D-Zs, 9535, 2–A2).

62   Ferdinand Fränzl an André, Moskau 27. Dezember 1803 (D-BNu). Allerdings weist Fränzl André einschränkend noch auf eine ›russische Besonderheit‹ hin, denn: »– man hat aber dennoch eine Art die ich nur in Rußland gesehen habe mit 7 Saiten und wie die Viola d'amore gestimmt – man findet sie aber nicht so häufig wie die anderen«.

63   Dass Musikverleger andererseits nicht ›nur‹ wirtschaftliche Interessen verfolgten zeigt die anfängliche Skepsis Ambrosius Kühnels, sich den ›Gesetzen des Marktes‹ zu beugen und allzu viel Gitarrenmusik im Sinne ›leerer Klimperey‹ zu verlegen; doch spätestens ab etwa 1805/06 konnte auch Kühnel sich der ›Guitaromanie‹ nicht weiter verschließen und nahm zunehmend mehr Gitarrenmusik in das Programm des Leipziger *Bureau de Musique* auf; vgl. dazu Beer, *Musik zwischen Komponist, Verlag und Publikum*, S. 257–279, insbesondere, S. 257–259.

64   Beer, *Musik zwischen Komponist, Verlag und Publikum*, S. 318.

65   Vgl. dazu Beer, *Musik zwischen Komponist, Verlag und Publikum*, S. 247–336.

66   Beate Martina Wollner, *Carl Zulehner (1770–1841): Ein Musiker in Mainz*, Tutzing: Schneider 2009 (= Quellen und Abhandlungen zur Geschichte des Musikverlagswesens 4), S. 123.

lich durchaus als eine Art ›Gesamtausgabe‹ konzipiert – druckte.[67] Vor diesem Hintergrund ist Zulehners verlegerische Profilierungsstrategie als eine gleichsam doppelte zu verstehen: Das ›Prinzip Sammelausgabe‹ als Charakteristikum seines Verlags hatte er bereits seit dem ausgehenden 18. Jahrhundert verfolgt[68] und mit Scheidlers ›Gesamtausgabe‹ als prominentem ›Zugpferd‹ eröffnete er nun das »Segment Gitarrenmusik« für seinen Verlag – von den zwischen PN 199 und PN 250 gedruckten Kompositionen sind (Scheidler eingeschlossen) immerhin 17 Drucke für bzw. mit Gitarre besetzt.

Doch insbesondere der (mehr oder weniger persönliche) direkte Kontakt zwischen Verlag und Kundschaft spielte zu Beginn des 19. Jahrhunderts eine kaum zu unterschätzende Rolle. Friederike von Schleinitz beispielsweise hatte am 30. Oktober 1801 beim Leipziger *Bureau de Musique* nachgefragt, ob man »die Güte haben könnte mir welche [Gitarrennoten] auszusuchen, ich bin noch nicht fertige Spielerin«.[69] Diese Anfrage führte offenbar zu einem längeren Kontakt zwischen dem *Bureau de Musique* und »Fräulein« von Schleinitz, wobei besoders bemerkenswert scheint, dass hier der Musikverlag die ›Kundenbindung‹ zu intensivieren versuchte und ihr am 29. Oktober 1802 »einige Neuigkeiten für Guitarre zur Auswahl« sandte.[70] Kurz zuvor hatte Friederike von Schleinitz ihrerseits offenbar Gitarrennoten ›zur Fortsetzung‹ bestellt, denn am 3. September 1802 schrieb ihr das *Bureau de Musique*: »Senden an restierenden 1n Heft vom Guitarre Magazin«.[71] Wenngleich man ihr wenige Wochen später zwar mitteilte: »Auf das Magazin f. Guitarre können [wir] keine Pränumeration annehmen«,[72] so war dennoch per Pränumeration und Subskription bestimmter Musikdrucke eine dauerhafte Bindung der Kundschaft an den eigenen Verlag gewährleistet, die eben auch eine gewisse verlagsökonomische Planungssicherheit mit sich brachte.[73]

---

67 Beate Martina Wollner weist bei Zulehner folgende Drucke Scheidlers nach: Sonate Nr. 1 PN 199 (1811); Sonate Nr. 2, PN 200 (1811); Duo [Nr. 1] für Violine und Gitarre, PN 225 (1813); Duo [Nr. 2] für Violine und Gitarre, PN 226 (1813); 5 Pièces für Gitarre und Flöte, PN 235 (1814); vgl. Wollner, *Zulehner*, S. 338, 343 und 345.

68 Wollner, *Zulehner*, S. 131.

69 30. Oktober 1801, Anfrage von Friederike von Schleinitz (Ollersitz bei Belgern) an BdM [D-LEsta, Bestand Peters, Nr. 2591].

70 29. Oktober 1802, BdM an Friedrike von Schleinitz: »Senden einige Neuigkeiten für Guitarre zur Auswahl« [D-LEsta, Bestand Peters, Nr. 5022].

71 3. September 1802, BdM an Friederike von Schleinitz [D-LEsta, Bestand Peters, Nr. 5022].

72 8. Januar 1803, BdM an »Fräulein von Schleinitz in Wachau« [D-LEsta, Bestand Peters, Nr. 5022].

73 Vgl. Klaus Hortschansky, *Pränumerations- und Subskriptionslisten in Notendrucken deutscher Musiker des 18. Jahrhunderts*, in: Acta Musicologica 40 (1968), S. 154–174. Es ist außerordent-

Ferner wurden in entsprechenden Musikdrucken häufig die dazugehörigen Subskribentenlisten mit abgedruckt, was in einzelnen Fällen wiederum durchaus auch zu einem weiteren Werbeeffekt geführt haben dürfte, immerhin war es so möglich zu ermitteln, wer denn – außer einem selbst – noch das entsprechende Werk subskribiert hatte: »Zudem hatte die Veröffentlichung der Namenslisten [...] den Vorzug, daß das damit wachgerufene soziale Prestigebedüfnis [...] eine Art Kettenreaktion auszulösen vermochte«,[74] bringt Klaus Hortschansky dies auf den Punkt und führt als Beleg ein Zitat aus einem Brief an Heinrich Christian Boie vom 8. August 1772 an:

> »In St. Petersburg, höre ich, soll Agathon sein Glück zieml.[ich] machen. Die Kayserin hat auf 20 Exemplare, und einige Wochen vorher der Kayserl.[iche] Geheime Secretär, H.[er]r von Rositzky auf 12 Exempl.[are] subscribiert. Vermuthl.[ich] zieht das Beyspiel der Kayserin noch mehr Nachfolger hinter sich her [...]«.[75]

Mehr noch, neben diesem Werbeeffekt boten solche Subskribentenlisten den zeitgenössischen Rezipienten die Möglichkeit herauszufinden, wer denn noch zur eigenen Gruppe der Subskribenten von Musik ›dazugehörte‹. Zwar dürfte dies in einzelnen Fällen durchaus mit einer von Hortschansky unterstellten »Eitelkeit der Einzeichner«[76] zu begründen sein, entscheidender ist jedoch, dass so ein für das Verhältnis von Rezeption und Identitätskonstruktion zentraler Aspekt zum Tragen kommt: Die Klärung der Frage nach Zugehörigkeit bzw. Nichtzugehörigkeit bestimmt wesentlich die Unterscheidung zwischen »Selbstdefinition und Fremddistinktion«.[77]

Die dem ersten Jahrgang einer *Auswahl der vorzüglichsten Arien, Romanzen und Duetten aus den neuesten Opern mit Begleitung des Piano-Forte oder der Guitarre* beigegebene Subskribentenliste[78] verzeichnet nach der exponiert aufgeführten Königin von Bayern

---

lich bedauerlich, dass nach gegenwärtigem Stand der Dinge nichts näheres über Friederike von Schleinitz herauszufinden ist.

74 Hortschansky, *Pränumerations- und Subskriptionslisten*, S. 166.

75 *Briefe an Heinrich Christian Boie*, in: Mitteilungen aus dem Litteraturarchive in Berlin III (1901/1905), S. 373, zitiert nach Hortschansky, *Pränumerations- und Subskriptionslisten*, S. 166.

76 Hortschansky, *Pränumerations- und Subskriptionslisten*, S. 171.

77 Gunilla-Friederike Budde: *Auf dem Weg ins Bürgerleben: Kindheit und Erziehung in deutschen und englischen Bürgerfamilien 1840–1914*, Göttingen: Vandenhoeck & Ruprecht 1994 (= Bürgertum 6), S. 12.

78 Diese Auswahl erschien 1817 bei Falter in München. Die Subskribentenliste wurde freundlicherweise von Bernd Katzbichler zur Verfügung gestellt, dem an dieser Stelle herzlich gedankt sei.

sowie den bayerischen Prinzessinnen Elisabeth Ludovike, Amalie Auguste, Friederike Sophie und Marie Anne Leopoldine nicht nur weitere Adelige wie Baron Christoph von Aretin, Gräfin Anna von Jonner oder Fräulein Emilie, Gräfin von La Rosée, sondern auch etliche Subskribenten, die dem ›Bürgertum‹ zuzuordnen sind. In zahlreichen Fällen kann dies aus dern hinzugefügten Berufsbezeichnungen (Doktor, Kaufmann, »Tobaks-Fabrik-Besitzer«, Apotheker usw.) abgeleitet werden, in anderen Fällen bleibt es bei der einfachen Nennung der Namen ohne jeden weiteren Zusatz. Bei »Madame Hagenauer«, »Mademoiselle Euphrosina Buchner« oder »Herrn Hauslan« *nicht* auf deren Zugehörigkeit zum Adel hinzuweisen, hätte aber gewiss einen ernsten Fauxpas bedeutet, weshalb auch diese dem ›Bürgertum‹ angehört haben dürften.[79] Der Umstand, dass ganz offenbar sowohl Adelige als auch Bürger Gitarrenmusik rezipierten, lenkt damit den Blick jedoch auf ein Problem, das für die Diskussion der Gitarrenmusik in Deutschland um 1800 von zentraler Bedeutung ist: die Frage nach ›Bürgerlichkeit und Musik‹.

79   Einzig »Mademoiselle Theres Ellmayr« wurde als »Weinwirths-Tochter in Rosenheim« weder durch Berufs- noch durch Standesbezeichnung näher ›bestimmt‹.

GITARRENMUSIK UND ›BÜRGERLICHKEIT‹

In der Absicht, für seine Geschichte der Gitarrenmusik in der Zeit *nach* Mauro Giulianis erstem Auftreten in Wien einen soziokulturellen Bezug zu konstruieren, bemerkt Peter Päffgen in aller Kürze:

> »Die revolutionären Ereignisse [der französischen Revolution], für die der Boden aber schon seit langem bereitet war, bewirkten den ›Durchbruch des Bürgertums‹, der natürlich auch erhebliche Konsequenzen für das kulturelle Leben hatte. Kultur war nicht mehr Privileg bestimmter Klassen; sie wurde nun endgültig zum Allgemeingut breiterer Bevölkerungsschichten. Auch die Musik war in diesen Prozeß einbezogen: Musik wurde zum Gegenstand eines aufblühenden bürgerlichen Konzertlebens, das das Emporkommen reisender Virtuosen förderte, und für das aktive häusliche Musizieren entwickelte sich ein ständig wachsender Bedarf an musikalischer Unterweisung und an spieltechnisch leichter und strukturell wenig anspruchsvoller Musik«.[1]

Zugegeben, zunächst scheint Päffgen damit drei wesentliche Konstituenten für die soziokulturelle Verortung musikalischer Praxis um 1800 genannt zu haben: ›Musik als Kultur‹, ›Bürgertum als Bevölkerungsschicht (bzw. Klasse)‹ und, aus gleichsam performativer Perspektive, ›bürgerliches Konzertleben bzw. aktives häusliches Musizieren‹. In der Tat mag dieser erste Umriss eines soziokulturellen Kontexts auf den ersten Blick überzeugend sein, entspricht er doch einem musikhistoriographisch weithin verbreiteten Paradigma, das große Teile der Musik des frühen 19. Jahrhunderts fast untrennbar an den Begriff des Bürgertums koppelt.[2] Bei genauerer Betrachtung allerdings weist ein derartig oberflächliches Modell ‚bürgerlicher Musik‘ um 1800 zahlreiche Widersprüche auf – dies gilt insbesondere im Bezug auf Gitarrenmusik in Deutschland um 1800.

Päffgens Formulierung »Kultur war nicht mehr Privileg bestimmter Klassen« legt seinem Modell des Musiklebens um 1800 einen mehr als fragwürdigen Kulturbegriff zugrunde, versteht er doch ganz offenbar unter ›Kultur‹ etwas, das zuvor in irgendeiner Weise ein »Privileg bestimmter Klassen« war, und das nun, da sich ›der Bürger erhebt‹ »zum Allgemeingut breiterer Bevölkerungsschichten« wurde. Diese Sichtweise ist jedoch in mehrerlei Hinsicht schlechterdings falsch: Indem Päffgen ›Kultur‹ als Privileg begreift, versteht er diese als Attribut hierarchisch übergeordneter sozialer Schichten, mit denen er nur Adel und Klerus meinen kann; erst infolge der französischen Revolu-

---

1 Päffgen, *Gitarre*, S. 146.

2 Stellvertretend sei hier Peter Schleuning, *Das 18. Jahrhundert: der Bürger erhebt sich*, Hamburg: Rowohlt 1984 (= rororo-Sachbuch 7792) genannt.

tion, so Päffgen, verschaffte sich ›der Bürger‹ Zugang zu dem, ihm zuvor offenbar vorenthaltenen, Kulturgut Musik. Damit gründet Päffgens Perspektive jedoch auf einem mehr als fragwürdigen Verständnis von Musik als ›Hochkultur‹, das suggeriert, unter Musik sei (vor 1800, bzw. vor der ›Erhebung des Bürgers‹) einzig entweder Hof-, oder Kirchenmusik zu verstehen.[3]

Mehr noch: Ein solches Verständnis geht nicht nur von einem völlig unzureichenden Musikbegriff aus, sondern fußt auch auf einem zweifelhaften Kulturbegriff. Wenngleich im akademischen Diskurs nach wie vor heftig darum gerungen wird, was genau unter Kultur zu verstehen sei,[4] so ist doch wenigstens ein sensus communis zu unterstellen, demzufolge Kultur als eine Menge von Konzepten, Wirklichkeitskonstrukten und ihnen zugeordnetes Handlungswissen verstanden wird, die ideell von den Mitgliedern einer sozialen Gruppe geteilt werden.[5]

Darüber hinaus greift auch Päffgens implizit formulierte Gegenüberstellung von ›Bürgertum‹ und privilegierten Klassen, also Adel und Klerus, viel zu kurz und beruht auf einem allzu oberflächlichen Modell der sozialen Schichtung, das mit keiner historischen Wirklichkeit in Einklang zu bringen ist:

> »Jeder rasche Abriß, der vom Bürgertum des 19. Jahrhunderts gegeben wird, bleibt eine Kohleskizze, die auf Abstufungen verzichtet. Soviel läßt sich mit Sicherheit sagen: Jedes Land sortierte seine mittelständischen Schichten nach einer Vielzahl von Unterscheidungsmerkmalen – nach der Herkunft ihres Einkommens, nach der Größe ihres Vermögens, nach ihrem Wohnort, nach ihrem Bildungsstand«.[6]

Dies gilt allerdings nicht nur aus einer ›gesamteuropäischen‹ Perspektive, sondern umso mehr für Deutschland:

> »Im preußischen Landrecht wurde die Bildungsqualifikation noch besonders dadurch betont, daß alle Akademiker, die einen ihrem Grad entsprechenden Beruf

---

3   Dass es jenseits von Hof- und Kirchenmusik zu allen Zeiten noch ›mehr Musik‹ gegeben hat, bedarf wohl keiner näheren Erläuterung.

4   Vgl. dazu Richard Middleton, *Music Studies and the Idea of Culture*, in: *The Cultural Study of Music – A Critical Introduction*, hrsg. v. Martin Clayton, Trevor Herbert und dems., New York, London: Routledge 2003, S. 1–15; vgl. ferner Terry Eagleton: *The Idea of Culture*, Oxford: Blackwell 2000, sowie Francis Mulhern, *Culture/Metaculture*, New York: Routledge 2000.

5   Vgl. dazu Peter M. Hejl, *Culture as a Network of Socially Constructed Realities*, in: *Cultural Participation. Trends Since the Middle Ages*, hrsg. v. Ann Rigney und Douwe Fokkema, Amsterdam, Philadelphia: J. Benjamins (= Utrecht Publications in General and Comparative Literature 31), S. 227-250, sowie Jeffrey C. Alexander, *The Civil Sphere*, Oxford usw.: OxfordUP 2006.

6   Peter Gay, *Bürger und Boheme – Kunstkriege des 19. Jahrhunderts*, München: Beck 1999, S. 14.

166

ausübten – Beamte, Geistliche, Gymnasiallehrer, Ärzte u.a. – durch eine Reihe von Vorrechten dem Adel gleichgestellt waren. Das sog. ›eximierte Bürgertum‹ wurde aus der ständischen und lokalen Rechtsordnung herausgelöst; es war nicht zum Militärdienst verpflichtet, es genoß Steuerbefreiungen und besaß ein eximiertes Forum, d. h. es war direkt den königlichen Gerichten unterstellt. So entstand eine außerständische, adlig-bürgerliche Beamten- und Bildungselite, die integrierend für die Gesamtgesellschaft wirkte. Sie war jedoch viel enger als in Frankreich an das Ideal der Pflichterfüllung im Staatsdienst gebunden«.[7]

Insofern hat Laurenz Lütteken vollkommen zurecht darauf hingewiesen, dass »sich die politische und sekundär auch soziale Kategorie [des Bürgers] nicht blindlings zum Maßstab kulturellen und geistigen Handelns erheben läßt; und sich damit die solchermaßen zersplitterte Musikgeschichte intentional nur schwerlich in das Muster ›höfisch gegen bürgerlich‹ pressen läßt«.[8]

›Bürgerlichkeit‹ ist vielmehr als ›Haltung‹ zu verstehen:

> »Verkörperung solcher ›Bürgerlichkeit‹ war der Gebildete, der Absolvent höherer Schulen und Universitäten, der durch den geistigen Prozeß seiner ›Bildung‹ (in der ursprünglichen Bedeutung des Wortes) die Schranken einer ›normativen Gruppenverhaftung‹ lösen und in der Aus-Bildung der eigenen Anlagen die Grenzen der Standesgesellschaft sprengen konnte«.[9]

Bürgerlichkeit als ›Haltung‹

Die Verbindung von Bildung als ›bürgerlichem Gut‹ mit der Anerkennung individueller Leistung war charakteristisch für das Welt- und Selbstverständnis besonders des deutschen Bürgertums um 1800,[10] gerade im Hinblick auf die von Lütteken genannte Möglichkeit, »die Grenzen der Standesgesellschaft« überschreiten zu können. Musikalische Bildung im Sinne von ›Leistungsfähigkeit‹ war dementsprechend konstitutiv für die Teilhabe am gesellschaftlichen Leben; dies gilt selbstverständlich auch für Gitar-

---

7   Elisabeth Fehrenbach, *Vom Ancien Régime zum Wiener Kongress*, München ⁴2001 (= Oldenbourg Grundriss der Geschichte 12), S. 56.

8   Lütteken, *Das monologische als Denkform*, S. 14.

9   Lütteken, *Das monologische als Denkform*, S. 16.

10   Vgl. Jürgen Kocka, *Bürgertum und Bürgerlichkeit als Probleme der deutschen Geschichte*, in: *Bürger und Bürgerlickeit im 19. Jahrhundert*, hrsg. v. dems., Göttingen: Vandenhoeck & Ruprecht 1987, S. 21–63, hier: S. 43.

renmusik, wie Karl Friedrich Klödens Erinnerung an den »Gitarrenlehrer Weiß« verdeutlicht:

> »Bei Kursch lernte ich [...] den Gitarrenlehrer Weiß [kennen], einen sonderbaren Menschen, klein, unbedeutend aussehend und von possierlichem Gange. Er konnte durchaus nichts weiter als Gitarre spielen und war in allem anderen so unwissend wie ein neugeborenes Kind, so daß man ihm alles mögliche weismachen konnte. In der Gesellschaft war er ein unnützes Glied, bis man ihm die Gitarre in die Hände steckte, die er mit außerordentlicher Fertigkeit, aber ohne Gesang spielte«.[11]

Wenngleich Bildung als wesentlicher Faktor zur Konstruktion eines bürgerlichen Selbstverständnisses verstanden werden muss, wäre es jedoch trügerisch, daraus den umgekehrten Schluss zu ziehen, dass dies wiederum nur für das ›Bürgertum‹ gilt; Elisabeth Fehrenbach hat dementsprechend auf die Etablierung »eine[r] außerständische[n], adlig-bürgerliche[n] Beamten- und Bildungselite« hingewiesen,[12] in der die Unterscheidung zwischen »Selbstdefinition und Fremddistinktion«[13] gerade nicht durch Standes-, sondern durch Bildungszugehörigkeit vorgenommen wird:

> »Im gewissen Sinne bestimmt die bürgerliche Kultur geradezu den gebildeten Bürger bzw. die gebildete Bürgerin zu ihrem Träger. Das allerdings begreift nun gerade nicht irgendein elitäres, ›bildungsbürgerliches‹ Moment. Denn zu beachten ist die Tatsache, daß Bildungsunterschiede etwas ganz anderes sind als Standesunterschiede«.[14]

Nur so ist mit Blick auf Gitarrenmusik in Deutschland um 1800 zu verstehen, dass Franz Friedrich Sigmund Boecklin von Boecklinsau die Tradition seiner Zugehörigkeit zum Adelsstand als Freiherr von Boecklinsau[15] zur Konstruktion seines individuellen Selbstverständnisses allein offenbar nicht ausreichte, sondern um eine universale Bildung, einschließlich musikalischer Fähigkeiten, bereichert werden musste, so dass er in seinen Korrespondenzen gleichsam ›bei jeder sich bietenden Gelegenheit‹ auf seine Mitgliedschaft in der *Accademia dell'Arcadia* und seinen Doktortitel in Philosophie hinwies. Insofern dürften auch seinen Kompositionen für Gitarre weniger die Funktion einer ökonomischen Existenzsicherung zugekommen sein; vielmehr dienten sie

---

11 Karl Friedrich Klöden, *Von Berlin nach Berlin – Erinnerungen 1786–1824*, hrsg. v. Rolf Weber, Berlin: Verlag der Nation ²1978, S. 293f.

12 Fehrenbach, *Ancien Régime*, S. 56.

13 Budde, *Bürgerleben*, S. 12.

14 Volker Kalisch, *Studien zur ›bürgerlichen Musikkultur‹*, Tübingen: Brenner 1990, S. 38.

15 Immerhin war die Familie derer von Boecklinsau bereits im 13. Jahrhundert in den Adelsstand erhoben worden.

Boecklin – wie bereits gezeigt – eben zur Konstruktion seines eigenen kulturellen und sozialen Selbstverständnisses, wie wiederum aus dem Dankschreiben des Karlsruher Geheimen Rats Friedrich Brauer an Boecklin deutlich wird:

> »[I]ch aber benutze die Gelegenheit, welche E[ure] Excellenz mit durch Übersendung derselben an mich verschafft haben, obwohl in persönlicher Unbekanntschaft mich Ihrer Gewogenheit mit der Verpflichtung jener vollkommensten Hochachtung zu empfehlen, womit ich die Ehre habe zu verharren E[uer] Excellenz ganzgehorsamster Diener Fr[iedrich] Brauer[,] Carlsruhe 19. April 1806«.[16]

Die von Boecklin mit der Dedikation einer Gitarrenkomposition bedachte Luise Brauer war die zweite Ehefrau des ›bürgerlichen Beamten‹ Friedrich Brauer und stammte aus einem luxemburgischen Adelsgeschlecht.[17] Nach jenem oben kritisierten oberflächlichen Schematismus, der Gitarrenmusik in Deutschland um 1800 als ›bürgerliche Musik‹ versteht, wäre Luise Brauer aber genausowenig in das Modell dieser ›bürgerlichen Musikkultur‹ einzuordnen, wie zahlreiche andere adelige Gitarristen der Zeit um 1800: Madame la Comtesse Josephine de Clam-Gallas, der Paolo Sandrini seine *Thêmes variés pour Guitarre et Flûte* op. 16 zueignete, oder die Demoiselles Caroline und Henriette von Glauburg, denen F. Brand seine *Airs favorits du Sacrifice interrompu (Unterbrochne Opferfest) pour deux Guitarres* op. 18 widmete, sind nur zwei Beispiele für die Dedikation eines Gitarrenwerks an adelige Frauen.

Mehr noch: In Johann Ferdinand von Schönfelds *Jahrbuch der Tonkunst von Wien und Prag 1796* heißt es:

> »Lady Gilford, geb. Gräffin v. Thun, ist eine unserer vorzüglichsten Liebhaberinn[en] auf der Guitarre, welches Instrument sie mit zärtlicher Empfindung, Delikatesse und Geschmack spielt. Ihr Gesang ist schmelzend, seelenvoll und harmonisch, mit angenehmer Modulazion und Methode verbunden«, und »Raimund, Freiherr von Wetzlar, spielt die Guitarre sehr schön und empfindungsvoll, und singt dazu mit einer angenehmen Stimme«.[18]

Beide waren unzweifelhaft ebenso adelige Gitarristen, wie die Herzogin Dorothea von Kurland, die von Joseph Ewald Reiner Gitarrenunterricht erhalten haben soll.[19]

---

16   Staatsarchiv Freiburg, Bestand U101/1, Nr. 7722.

17   Die beiden hatten am 6. Juli 1803 geheiratet; Würtz, *Brauer*, S. 402.

18   Johann Ferdinand von Schönfeld, *Jahrbuch der Tonkunst von Wien und Prag 1796*, Wien: Schönfeld 1796, Fakismilenachdruck, München, Salzburg: Katzbichler 1976, S. 18 bzw. S. 67.

19   Anke Sieber sei für diesen freundlichen Hinweis auf Dorothea von Kurland herzlich gedankt.

Eine schematische Trennung der soziokulturellen Kontexte in ›entweder bürgerlich oder höfisch‹ lässt sich überdies ebensowenig im Hinblick auf etliche Komponisten der Zeit aufrecht erhalten, exemplarisch sei an dieser Stelle nur an Paolo Sandrini und Josef Küffner als ›Wanderer zwischen den Ständen‹ erinnert.

Umgekehrt gilt nun allerdings ebenso, dass auch zahlreiche ›Bürger‹ Gitarristen waren: Auf der weiter oben diskutierten Subskribentenliste finden sich ›bürgerliche‹ Berufsbezeichnungen wie Kaufmann, »Tobaks-Fabrik-Besitzer«, Apotheker usw.; Johann Heinrich Carl Bornhardt war städtischer Beamter in Braunschweig und Eduard Anton Willimann verwaltete das Möbellager der Stadt Magdeburg.

Vor diesem Hintergrund steht insbesondere Johann Christian Heinrich Scheidlers Lebensweg vom Mainzer Hoflautenisten zum Privatmusiklehrer in der Stadt Frankfurt gleichsam modellhaft für den prozesshaften Charakter des Übergangs von einer ständischen zu einer bürgerlichen Gesellschaftsform,[20] in dem die Trennlinien zwischen den sozialen Schichten jedoch keinesfalls als mehr oder weniger unüberbrückbare Hürden aufgestellt waren; im Gegenteil: Wenn Musik tatsächlich nicht allein die Folie ist, auf der sich soziokulturelles Handeln reflektiert, sondern als soziokulturelles Handeln selbst verstanden wird, dann lautet die Frage nach der Rezeption von Gitarrenmusik in Deutschland um 1800 eben gerade nicht, ob und wie eine bestimmte soziale Schicht wie etwa ›der Bürger‹ durch Gitarrenmusik repräsentiert wird, sondern vielmehr, wie die jeweiligen (historischen) Akteure »sich selbst gestalteten« und wie sie »auf ihre Zeit ebenso wirkten wie diese auf sie«.[21] Dies gilt nun tatsächlich auch dort, wo etliche Formen des soziokulturellen Umgangs mit Gitarrenmusik um 1800 auf den ersten Blick primär ›bürgerliche Musikpraxis‹ zu repräsentieren scheinen; im Folgenden wird deutlich, dass Trennlinien in der Unterscheidung zwischen »Selbstdefinition und Fremddistinktion«[22] der ›an Musik Beteiligten‹ keineswegs entlang der Frage der Standeszugehörigkeit verlaufen, sondern sich vielmehr in der qualitativ unterschiedlichen Bewertung des jeweiligen sozialen und kulturellen Umgangs mit und durch Musik manifestieren.

Christoph-Hellmut Mahling hat mit Blick auf die Musikkultur Berlins darauf hingewiesen, dass

> »[...] auf ›musikalische Unterhaltung‹ keine Schicht der Bevölkerung verzichten
> [wollte und konnte]: weder der Adel oder das gehobene, meist wohlhabende Fi-

---

20   Vgl. dazu Nipperdey, *Deutsche Geschichte*.

21   Le Goff, *Ludwig der Heilige*, S. 16.

22   Budde, *Bürgerleben*, S. 12.

nanzbürgertum, noch das mittlere und Kleinbürgertum, noch die Angehörigen des Dienstleistungsgewerbes oder die Arbeiterschaft«.[23]

Bemerkenswerterweise bleibt Mahlings Beobachtung auf den Faktor Unterhaltung dahingehend begrenzt, dass dieser hier ausschließlich als ›sich unterhalten lassen‹ qua Konzert-, Ball- oder Festbesuch verstanden wird, obwohl doch ›Unterhaltung‹ als wesentliches Element der Konstruktion Musik als kulturelles Handeln über diesen eher passiven Charakter des bloßen Zuhörens hinausgeht. Der zeitgenössisch gebräuchliche Begriff des ›Liebhabers‹ zielt nicht zuletzt genau auf diesen Aspekt der Unterhaltung ab, wobei Unterhaltung hier in einem doppelten, sich ergänzenden Sinne zu verstehen ist, nämlich einmal als Zeitvertreib und einmal als Vergnügen.[24]

Unterhaltung als simples Vergnügen ist wiederum dasjenige Element, das beispielsweise Friedrich Guthmann mittels der Verknüpfung der »immer mehr zunehmende[n] Liebhaberey des Guitarrenspiels« mit dem Prädikat »leere Klimperey« als Gegenstück zu »wirklicher Kunst« etabliert.[25] Diese zeitgenössisch gebräuchliche Unterscheidung zwischen ›Liebhabern‹ und ›Kennern‹ war ex negativo bereits im Kapitel *Die zeitgenössische Diskussion musikästhetischer Kategorien der Gitarrenmusik* dahingehend präsent, als dass die in den dort diskutierten Texten formulierten musikästhetischen Ansprüche an ›wirkliche Kunst‹ sich notwendigerweise an ›den Kenner‹ richteten, wohingegen die ›leere Klimperey‹ – jedenfalls nach Meinung der Kenner – Angelegenheit der Liebhaber war.[26] Insofern ist die Ausbildung des Begriffspaares ›Kenner – Liebhaber‹ nichts anderes als eine erste, vielleicht sogar die wesentliche Trennlinie zwischen ›Selbstdefinition und Fremddistinktion‹, wobei die Zuschreibung entsprechender (abwertender) Attribute in der Regel ›von oben nach unten‹, also von Kennern zu Liebhabern erfolgte.[27] Angesichts der vielfach beschworenen Beschränktheit des Instruments schien sich

---

23 Christoph-Hellmut Mahling, *Zum »Musikbetrieb« Berlins und seinen Institutionen in der ersten Hälfte des 19. Jahrhunderts*, in: *Studien zur Musikgeschichte Berlins im frühen 19. Jahrhundert*, hrsg. v. Carl Dahlhaus, Bosse: Regensburg (= Studien zur Musikgeschichte des 19. Jahrhunderts 56), S. 27–284, hier: S. 28.

24 Dass gerade der Aspekt des Vergnügens in der Musikwissenschaft bislang eher geringschätzig behandelt wurde und wird, hat Ian Biddle deutlich gemacht und gezeigt, dass ›enjoyment‹ unbedingt als wesentliche Konstituente des Musikerlebens verstanden werden muss; Ian Biddle: *On the Radical in Musicology*, in: Radical Musicology, 1 (2006), http://www.radical-musicology.org.uk; vgl. hierzu auch Scott Wilson, *The Order of Joy: Beyond the Cultural Politics of Enjoyment*, Albany; State University of New York Press 2008 (= SUNY Series in Psychoanalysis and Culture 352).

25 Guthmann, *Ueber Guitarrenspiel*, Sp. 362–366.

26 Vgl. dazu Beer, *Musik zwischen Komponist, Verlag und Publikum*, S. 99–103.

27 Vgl. ebenda, sowie S. 396–403.

um 1800 die Gitarre freilich geradezu ideal angeboten zu haben, als Liebhaberinstrument etikettiert zu werden, dessen ›Existenzberechtigung‹ wiederum nur an die Erfüllung bestimmter Bedingungen geknüpft war:

> »Für das Lied, die Romanze und selbst den Buffogesang ist sie das geeignetste Instrument, wenn die Begleitung nicht zu simpel, sondern sinnvoll und mit Kenntnis des Instruments gesetzt, der Anschlag nett, voll und rund ohne das widerwärtige Streichen und Kratzen ausgeführt wird«,[28]

urteilt Karl Friedrich Klöden, und in der Rezension zu *Liedern mit Begleitung der Guitarre* von Carl Blum wird im *Freimüthigen* die ›Kennerschaft‹ eindeutig als Qualitätskriterium gegenüber den »Hundekünsten« (der klimpernden Liebhaber, so möchte man ergänzen) festgelegt:

> »Im höchsten Grade musterhaft ist die Kenntniß, welche unser Componist über die Grenzen, wie über den Umfang seines Instruments verräth. Da ist keine Spur von müßiger Klimperei – und die Fingerhelden und Heldinnen suchen hier alle Hundekünste vergebens. Jede Note behauptet streng ihren Platz, und weiß, warum sie ihn hält. Ohne übrigens eine dieser Compositionen auf Kosten der andern erheben zu wollen, wird dennoch, so scheint es uns, der Erlenkönig ganz besonders die Aufmerksamkeit der Kenner auf sich ziehen«.[29]

Doch während Friedrich Guthmann und Simon Molitor – beide verstanden sich zweifellos als ›Kenner‹ – in ihren Texten vordergründig den Versuch unternahmen, zunächst nur über die Formulierung von kompositionstechnischen und musikästhetischen Mindestanforderungen Gitarrenmusik zu »wirklicher Kunst« zu erheben, waren Abgrenzungsstrategien gegenüber ›dem Anderen‹ auch abseits kompositionstechnischer oder musikästhetischer Aspekte wirksam:

> »Für das bürgerliche Musikleben des beginnenden 19. Jahrhunderts waren zwei Orte bedeutsam: der Konzertsaal und das Bürgerhaus. Die vergleichsweise kleinen Konzerte, die im Bürgerhaus stattfanden, waren nur für einen privaten oder zumindest halböffentlichen Kreis zugänglich«.[30]

Abgesehen von der bereits diskutierten Frage nach der (hier zunächst unbrauchbaren) Verwendung des Begriffs der Bürgerlichkeit ist die Unterscheidung in die beiden Ebenen Öffentlichkeit und Privatheit gerade im Bezug auf die Gitarrenmusik um 1800 wesentlich, und zwar in zweierlei Hinsicht.

---

28   Klöden, *Berlin*, S. 293.

29   *Der Freimüthige*, Nr. 190, 22. September 1810, S. 757f.

30   Peter Schmitz, *Gitarrenmusik für Dilettanten*, S. 41.

Zum einen bot sie für die Trennung zwischen Kennern und Liebhabern ein weiteres Argument, demzufolge die Liebhabermusik als nicht in den öffentlichen Raum gehörig deklariert wurde, wie der Bericht über ein Konzert F. Brands in Frankfurt am Main verdeutlicht, bei dem die Verknüpfung von Konzert und Kunst einerseits, sowie von Hausmusik »beym Camin« und »Langeweile« andererseits kaum zu übersehen ist:

> »Die Composition war unbedeutend u. wurde auch nicht vorzüglich gut gespielt. Dies Instrument ist überdies bekanntlich gar nicht für grosse Concert-versammlungen geeignet, und nur ein ganz ausgezeichneter Virtuos kann vielleicht einmal ein grosses gemischtes Auditorium damit allein unterhalten. (Ein solcher ist unser Hr. Scheidler, der aber auch eine reiche Phantasie besitzt, deren Eingebungen er durch Kunst zu ordnen versteht, und Schwierigkeiten überwinden, die unmöglich scheinen.) Wer ein gewöhnliches Stück von Noten blos richtig abspielt, muss Langeweile verursachen, ausser etwa beym Camin, beym Theetisch etc. dahin gehört dies Instrument, und da lasse man es auch«.[31]

Zum anderen, diesen Aspekt lässt Peter Schmitz leider vollkommen außer Acht, trifft die Unterscheidung in ›öffentlich‹ und ›privat‹ auch *innerhalb* des vordergründig rein privaten Raumes der ›häuslichen Musikpflege‹ zu.

Gitarrenmusik und Innerlichkeit

> »Neben den Freimaurerlogen und den patriotisch-gemeinnützigen Gesellschaften spielten die Lesezirkel eine wichtige Rolle bei der Entstehung überständischer Gruppen, die mit wachsendem Selbstbewußtsein die Führung im kulturellen Leben übernahmen. Der Verein wurde zum ›Faktor der Mobilisierung im Übergang von der ständischen zur bürgerlichen Gesellschaft‹«.[32]

Wenngleich es – wenigstens zu Beginn des 19. Jahrhunderts – keine ›Gitarrenvereine‹ gab, so ist dennoch das gemeinsame Musizieren auf dem Instrument, das in aller Regel im privaten Raum, ob »beym Camin«, »beym Theetisch«, im Garten oder während einer Landpartie, stattfand, als ein solcher ›Faktor der Mobilisierung‹ zu verstehen. Maria Belli-Gontard berichtet in ihren »Lebenserinnerungen«:

---

31   AMZ XV (1812/13), Nr. 6, 10. Februar 1813, Sp. 102.

32   Thomas Nipperdey, *Verein als soziale Struktur in Deutschland im späten 18. und frühen 19. Jahrhundert*, in: *Geschichtswissenschaft und Vereinswesen im 19. Jahrhundert*, hrsg. v. H. Boockmann u.a., Göttingen 1972, S. 1–44, sowie Elisabeth Fehrenbach, *Ancien Régime*, S. 60.

>»Während des Sommers [1796] [...] zogen wir in den Garten des Gastwirthes Schnorr, (Weidenhof auf der Zeil). Jener Garten liegt an der Ecke der Bockenheimer Anlage und Eschenheimer Landstraße, bestehet nunmehr aus vier Gärten [...]. Im alten Hause hinten wohnten wir. Vorn an der Ecke stand ein Pavillon mit italienischem flachen Dache. Er enthielt einen Salon, und hatte nach allen Seiten Fenster. Nur selten ward er Abends benutzt, des argen Staubes wegen, wir tauften ihn ›Staubpavillon‹. Einige glückliche Monate verlebten wir in diesem Garten. Meine Mutter nahm damals Unterricht auf der Gitarre. Der Vater ließ ihr ein sehr gutes und dabei schönes Instrument von Paris kommen. Ihr Lehrer war Herr Scheidler von Mainz«.[33]

Das Musizieren im Garten war um 1800 wesentlicher Bestandteil der häuslichen Musikpflege, wobei insbesondere die Gitarre häufig zum Einsatz kam, wie zahlreiche Bilder aus dem frühen 19. Jahrhundert belegen.[34]

Allerdings diente der Garten nicht allein zum Musizieren im privaten Rahmen. Jean Pauls berühmte Beschreibung des Gartens als »belaubtem Konzertsaal«[35] verweist auf eine zweite Spielart der Gartenmusik, bei der der Garten als Veranstaltungsort für Konzerte genutzt wurde, die, wenngleich mit graduellen Unterschieden, eindeutig als öffentliche Ereignisse wahrgenommen wurden.

Gleichzeitig bot der Garten als Ort des Musizierens die nahezu ideale Gelegenheit, um Musik mit direkter Naturerfahrung, eine der zentralen Konstituenten (früh)romantischer Lebensentwürfe, verknüpfen zu können. Als harmoniefähiges Instrument bot sich die Gitarre mit Blick auf die romantische Gefühlserhebung qua ästhetischer Erfahrung des Musizierens in der Natur dabei vor allem aus einem recht banalen Grund an: Man konnte sie schlicht überall hin mitnehmen. Ob im Garten, in der Kutsche, auf Landpartien oder bei einer Wanderung am Rhein: Die Transportabilität der Gitarre gerät in zeitgenössischen Texten gleichsam zu einem festen Topos.[36]

33   Belli-Gontard, *Erinnerungen*, S. 31.

34   Vgl. etwa die beiden Abbildungen 77 und 81 in Walter Salmen, *Haus- und Kammermusik: Privates Musizieren im gesellschaftlichen Wandel zwischen 1600 und 1900*, Leipzig: Deutscher Verlag für Musik 1969 (= Musikgeschichte in Bildern IV, 3); vgl. dazu ferner von dems., *Gartenmusik: Musik – Tanz – Konversation im Freien*, Hildesheim, Zürich, New York: Olms 2006, S. 326–336.

35   Jean Paul, *Hesperus*, 19. Hundposttag; das Ereignis, auf das Jean Paul sich hier bezieht, war immerhin ein Gartenkonzert mit Orchester unter der Leitung von Carl Stamitz, dem zahlreiche Gäste beiwohnten, so dass hier durchaus von ›Öffentlichkeit‹ gesprochen werden muss.

36   Dass ihre Transportabilität ein ungeheurer Vorteil der Gitarre ist, erwähnen unter anderen Friedrich Guthmann (*Ueber Guitarrenspiel*), Simon Molitor (»Allein das Bedürfnis eines mehrsaitigen Tonwerkzeuges, welches mit Bequemlichkeit überall mitgetragen, gehend oder

Dabei spielten einerseits ganz praktische Erwägungen wie ›musikalische Reisebegleitung‹ eine Rolle, wie beispielsweise Clemens von Brentano in einem Brief an Achim von Arnim verdeutlicht: »Deine Guitarre könntest du da sie doch ein unbeholfenes Reiseorchester ist, zurücklassen, du findest hier zwei, es sei denn, daß du dein Reuterlied unterwegs als eine Ermunterung der Pferde exerziren wolltest, dann nimm sie ja mit, und eile so schneller zu uns«,[37] andererseits diente die transportierte Gitarre jedoch vor allen Dingen als ideale Begleiterin für ein frühromantisch aufgeladenes Naturerleben:

> »Zu jener Zeit, als die Gitarre in voller Mode war, hörte man viele Lieder auf Spaziergängen, Landpartien, auf dem Wasser und als Ständchen in der Stadt singen, die jetzt alle verstummt sind, weil man das Fortepiano nicht mitnehmen kann. Das einfache, einstimmige Lied wird jetzt nur im Zimmer gehört; im Freien erklingen nur vierstimmige Gesänge, und doch hat das einstimmige Lied, gut gesungen und begleitet, einen eigentümlichen Zauber«,[38]

heißt es in Karl Friedrich Klödens Lebenserinnerungen, und es dürfte gerade dieser »eigentümliche Zauber« gewesen sein, der Clemens von Brentano und Achim von Arnim derart für die Gitarre begeistert hat. In einem Brief vom 3. Februar 1803 schreibt Brentano an Achim von Arnim: »Es setzen zwei Vertraute | Zum Rheine den Wanderstab, | Der braune trug die Laute, | das Lied der Blonde gab«,[39] und spielt hier deutlich auf die Verbindung von Gitarre und ›Rheinromantik‹ an. Dass es dabei selbstverständlich um romantisches Naturerleben durch Musik ging, verdeutlicht folgende Passage aus Achim von Arnims *Wintergarten*:

> »Ich sehe dich nicht dabei, mein Clemens, wie ich dich sonst gesehen, die blaue Blume auf deiner Gitarre, wie du in fröhligen [!] Liedern zum erstenmal die Gegend mir ausgedeutet, klingend und singend [...] spielend deine Worte am warmen stillen Abende vor den Türen in Weinlauben am rauschenden Ufer, wenn

stehend gespielt werden kann, musste bald wieder fühlbar werden«; Vorrede zur *Großen Sonate* op. 7, S. 9), sowie Johann Jakob Staehlin, *Anleitung.*

37 Clemens von Brentano an Achim von Armin in Berlin; Heidelberg, 2. April 1805; vgl. Clemens Brentano, *Sämtliche Werke und Briefe, Briefe Band 3 (1803–1807)*, hrsg. v. Lieselotte Kinskofer, Stuttgart: Kohlhammer 1991 (= Frankfurter Brentano-Ausgabe 31), Brief 418.

38 Klöden, *Berlin*, S. 292.

39 Clemens von Brentano an Achim von Armin in Paris; Marburg, um den 3. Februar 1803; vgl. Clemens Brentano, *Sämtliche Werke und Briefe, Briefe Band 3 (1803–1807)*, hrsg. v. Lieselotte Kinskofer, Stuttgart: Kohlhammer 1991 (= Frankfurter Brentano-Ausgabe 31), Brief 275.

du den schönen Töchtern des Städtleins neue Melodien lehrtest für ihre alten Lieder von dem goldnen Hause auf Bergen«.[40]

Die musikalische Ausdeutung der Natur geriet dabei am Beginn des 19. Jahrhunderts gleichsam zu einem Topos des romantischen Entwurfs *und* Erlebens einer ›Gegenwelt‹:

»Auf der einen Seite sieht und erlebt der Romantiker die Welt als Wirklichkeit. Und diese Wirklichkeitswelt ist in seinen Augen unheilbar negativ besetzt [...] Der Wirklichkeitswelt gegenüber errichtet und erblickt der Romantiker eine andere Welt, in der als Zuflucht vor der Wirklichkeit er sein Zuhause sucht. Es ist die Welt der Phantasie, der Kunst und inbegrifflich das Reich der Musik – eine Welt, in der es das Schöne gibt, das Unberührte und Reine, den Traum und die Sehnsucht, die Entgrenzung ins Unendliche«.[41]

Es ist bemerkenswert, dass Clemens von Brentano ausgerechnet der Gitarre die Rolle als Repräsentantin einer solch metaphysischen Gegenwelt verleiht und sein Instrument gar, glaubt man Achim von Arnim, mit einer blauen Blume, *der* Sehnsuchtsmetapher der Romantik,[42] versehen hatte: Sein 1800 im ersten Jahrgang der Zeitschrift *Memnon* veröffentlichtes Gedicht *Guittarre und Lied* ist oberflächlich als Dialog zwischen den beiden angelegt,[43] in dem die Gitarre dem Lied bei dem Versuch, die Sehnsucht nach der Liebe eines Mädchens zu stillen, zu Hilfe kommt:

»Soll ich Dich begleiten, | Durch die Dunkelheiten | Deine Schritte leiten? | Soll ich stiller Liebe | Deinen düstern Sinn | Freundlich deuten? | Willst Du Deine Triebe | Durch den Abend singen; | Oder höher, | Immer höher | Zu den Sternen klingen? | Laß Dich traulich umschlingen; | Sprich Deine Worte | In meine Akkorde«.

Doch allem Flehen der Gitarre zum Trotz (»Mädchen, höre seine Worte! | Mädchen, lieb Mädchen erscheine, | Sieh vom Fenster nieder; | Laß das Lied | Nicht so alleine«.)

40 Achim von Arnim, *Der Wintergarten*, in: *Werke in sechs Bänden*, Band 3: Erzählungen 1802–1817, hrsg. v. Renate Moering, Frankfurt am Main 1990, S. 415.

41 Hans Heinrich Eggebrecht, *Musik und Romantik*, in: *Gegenwelten*, hrsg. v. Roswitha Sperber, Hofheim: Wolke 1997, S. 19–31, hier: S. 25.

42 In Novalis' 1802 veröffentlichtem Romanfragment *Heinrich von Ofterdingen* repräsentiert die blaue Blume die Liebe. »Nicht die Schätze sind es, die ein so unaussprechliches Verlangen in mir geweckt haben, sagte er zu sich selbst; fern ab liegt mir alle Habsucht: aber die blaue Blume sehn' ich mich zu erblicken. Sie liegt mir unaufhörlich im Sinn und ich kann nicht anders dichten und denken«; Novalis, *Heinrich von Ofterdingen*, in ders.: *Werke in 2 Bänden*, Band 1, hrsg. v. Rolf Toman, Köln: Könemann 1996, S. 227–400, hier: S. 231.

43 Clemens von Brentano, *Guittarre und Lied*, in: *Memnon* 1 (1800), S. 135–142; vgl. Anhang, S. 234–237.

bleibt die Sehnsucht unerfüllt und die Gitarre zeigt stattdessen dem Lied den Weg in eine ›Gegenwelt‹ auf:

> »Ist die Liebe Dir versunken, | O, so wende, | Schnell behende, | Zum Himmel die Blicke, |Laß die untreue Erde zurücke. | Hinauf ins helle Getümmel, | In der Sterne froh Gewimmel! | Oben am Himmelszelt |Kein Echo Dich gefesselt hält. | Im hohen Wolkensaal, | Da sind Liebesblicke, | Und freudiges Hallen | Hörst Du zurücke, | In Tönen ohne Zahl, | Dir wieder schallen«.

Allerdings ist diese Gegenwelt zunächst nicht in einem transzendenten, der Wirklichkeit jenseitigen ›Irgendwo‹ verortet, sondern, wie nicht zuletzt Caroline Welsh gezeigt hat, als Produkt der Einbildungskraft im Innern des Menschen.[44] Erst wenn Musikerleben und Einbildungskraft sämtliche Grenzen zwischen Innen und Außen zu sprengen scheinen und, wie Wackenroders Berglinger, die »Seele große Flügel ausspannt«, wird die romantische Gegenwelt als transzendent erfahrbar:

> »Die Gegenwart versank vor ihm; sein Inneres war von allen irdischen Kleinigkeiten, welche der wahre Staub auf dem Glanze der Seele sind, gereinigt; die Musik durchdrang seine Nerven mit leisem Schaudern, und ließ, so sie wechselte, mannigfache Bilder vor ihm aufsteigen. [...] Ja bey manchen Stellen der Musik endlich schien ein besonderer Lichtstrahl in seine Seele zu fallen«.[45]

Aus dieser Perspektive erscheint nun auch Maria Belli-Gontards Beschreibung von Johann Christian Gottlieb Scheidler vor einem neuen Hintergrund: »Wenn er spielte, (immer ohne Noten), richtete er die Blicke gegen den Himmel und schien alles um sich zu vergessen«.[46] Inwieweit sich Belli-Gontards Erinnerung hier an historischer Wirklichkeit orientierte, wird kaum je zu entscheiden sein, wesentlicher ist jedoch, dass sie eine eindeutige Analogie zwischen Scheidlers Auftreten und jener romantischen Haltung einer selbstentgrenzenden Musikerfahrung konstruiert. Noch deutlicher wird dies in Belli-Gontards weiterer Darstellung Scheidlers:

> »Die Schlacht von ›Neerwinden‹ hatte er für sein Instrument eingerichtet. Bei Allem, was darin vorkam, sprach er erläuternde Worte: ›Jetzt marschirt unter Trommeln die Infanterie vor, nun kommt die Cavallerie angesprengt; Gewehr-

---

44   Caroline Welsh, *Wie aus Tönen Bildern werden – Zur Figuration der Musik und ihrer Kritik*, in: *Sinne und Verstand – Ästhetische Modellierungen der Wahrnehmung um 1800*, hrsg. v. ders., Christina Dongowski und Susanna Lulé, Würzburg: Königshausen & Neumann 2001 (= Stiftung für Romantikforschung 18), S. 169–187.

45   Wackenroder, *Berglinger*, S. 132.

46   Belli-Gontard, *Erinnerungen*, S. 32.

feuer, Kanonendonner; das Aechzen der Verwundeten und Sterbenden, endlich der Siegesmarsch«.[47]

Diese Kommentare ähneln in auffallender Weise den Anweisungen, die sich in zahlreichen Drucken zeitgenössischer Schlachtenmusiken finden; Scheidler, der ja »immer ohne Noten« spielte, dürfte insofern durchaus mehr als ›nur‹ den Notentext aus dem Kopf gespielt haben, um so gleich Berglinger »mannigfache Bilder [...] aufsteigen« zu lassen. Unabhängig davon, ob Scheidler in seinem Innersten tatsächlich ein solches ›Berglinger-Erlebnis‹ erfuhr, ist mit Blick auf die Frage der Rezeption von Gitarrenmusik in Deutschland um 1800 entscheidend, dass Scheidler – glaubt man Belli-Gontard – einen Habitus ›repräsentativer Innerlichkeit‹ verkörperte, der im (retrospektiven) Erleben von Maria Belli-Gontard erstens als solcher wahrgenommen wurde und zweitens offenbar bleibenden Eindruck hinterließ.

Der Aspekt der Innerlichkeit dient dabei wesentlich der Konstruktion einer bürgerlichen Haltung, wie Laurenz Lütteken gezeigt hat. Zwar ist die Differenz zwischen einer ›erlebten‹ und einer ›dargestellten‹ Innerlichkeit nur schwerlich zu überbrücken, doch für das Verständnis eines bürgerlichen Habitus scheint dieser Einwand ohnehin vernachlässigenswert. Entscheidender ist hingegen, diesen Unterschied als

> »produktives Potenzial zu begreifen. Denn so wie die bürgerliche Öffentlichkeit als Haltung – zum Beispiel in einem stadtbürgerlichen Konzert – das Modell der höfisch-repräsentativen Öffentlichkeit fortschreibt, [...] so läßt sich der simultane Rückzug nach innen eben auch als ›Antwort‹ darauf begreifen«.[48]

Begreift man ›bürgerliche Haltung‹ im Sinne Pierre Bourdieus als ›Habitus‹,[49] der das gesamte Auftreten einer Person, sei es Sprache, Kleidung, Geschmack oder Lebensstil ausmacht, folgt daraus freilich, dass, will man Lüttekens »These von Innerlichkeit als einer genuin ›bürgerlichen‹ Haltung« akzeptieren,[50] mehrere Personen als soziale Gruppe über ein gemeinsames Repertoire an Konzepten, Wirklichkeitskonstrukten und ihnen zugeordnetes Handlungswissen verfügen müssen.[51] Der ›Bürger‹ um 1800 musste dieses identitätsstiftende Repertoire demzufolge notwendigerweise sowohl als individuelles Einzelwesen als auch als soziokulturelles Gruppenwesen konstruieren,

---

47   Belli-Gontard, *Erinnerungen*, S. 32.

48   Lütteken, *Das monologische als Denkform*, S. 30.

49   Pierre Bourdieu, *Der Sozialraum und seine Transformationen*, in ders.: *Die feinen Unterschiede – Kritik der gesellschaftlichen Urteilskraft*, Frankfurt am Main: Suhrkamp 1982, S. 171–210.

50   Lütteken, *Das monologische als Denkform*, S. 31.

51   Vgl. dazu Peter M. Hejl, *Culture as a Network of Socially Constructed Realities.*

wobei eine Identitätskonstruktion stets durch Selbst- und Fremdzuschreibungen und die Kommunikation darüber erfolgt:[52]

> »Der Bürgerbegriff enthält im zeitgenössischen Selbstverständnis beide Komponenten, die individuelle und die gesellschaftliche. Er vermittelt einerseits soziale Rollenerwartungen und Handlungsanweisungen, und er garantiert andererseits ein Fundament für ein sozial akzeptiertes Ausmaß an Individualtität«.[53]

Damit sich bestimmte Handlungsweisen jedoch als festes und verlässliches Repertoire manifestieren können, müssen sie für die Handelnden nicht nur in irgendeiner Weise vorteilhaft, sondern vor allem wiederholbar und immer wieder ›abrufbar‹, also stilisiert und kanonisiert sein: »So notwendig es war, sich nach außen zu definieren, war es erforderlich, diese Definition auch nach innen, gleichsam als Vergewisserung zu wiederholen«.[54]

So verstanden gerät die an den Beispielen von Brentano und Scheidler gezeigte Verbindung von Gitarrenmusik mit Innerlichkeit schlicht zu einem modus operandi ›bürgerlicher Haltung‹ um 1800.[55] Es ist genau dieser auf Innerlichkeit ausgerichtete bestimmte Umgang mit der Gitarre, der das junge ›bürgerliche Frauenzimmer‹, das ganz in sich selbst versunken spielte, von der Herzogin Dorothea von Kurland unterscheidet, die sich zu ›bloßem Zeitvertreib und eigener Belustigung‹ des morgens im noch warmen Bett die Gitarre bringen ließ.[56]

Das vielleicht prominenteste Beispiel dafür, dass die Stilisierung dieses gitarristischen Habitus sich als gemeinsames Handlungswissen manifestierte und somit letztendlich kanonisiert wurde, ist folgende Szene aus Johann Wolfgang von Goethes *Dichtung und Wahrheit*:

> »Auf einem Teppich, gerade unter der Mitte der Kuppel, saßen drei Frauenzimmer im Dreieck, in drei verschiedene Farben gekleidet, die eine rot, die andre gelb, die dritte grün; die Sessel waren vergoldet und der Teppich ein vollkommenes Blumenbeet. In ihren Armen lagen die drei Instrumente, die ich draußen hatte unterscheiden können: denn durch meine Ankunft gestört, hatten sie mit Spielen inne gehalten. – ›Seid uns willkommen!‹, sagte die mittlere, die nämlich, wel-

---

52   Vgl. dazu etwa Welzer, *Gedächtnis*.

53   Manfred Hettling, *Politische Bürgerlichkeit – Der Bürger zwischen Individualität und Vergesellschaftung in Deutschland und der Schweiz von 1860 bis 1918*, Göttingen: Vandenhoeck & Ruprecht 1999 (= Bürgertum – Beiträge zur europäischen Gesellschaftsgeschichte 13), S. 5.

54   Lütteken, *Das monologische als Denkform*, S. 31.

55   Selbstverständlich ist diese Verbindung von Gitarrenmusik und Innerlichkeit nur ein möglicher Modus von vielen.

56   Auch dieser freundliche Hinweis stammt von Anke Sieber.

che mit dem Gesicht nach der Türe saß, im roten Kleide und mit der Harfe. ›Setzt Euch zu Alerten und hört zu, wenn Ihr Liebhaber der Musik seid.‹ Nun sah ich erst, daß unten quervor ein ziemlich langes Bänkchen stand, worauf eine Mandoline lag. Das artige Mädchen nahm sie auf, setzte sich und zog mich an ihre Seite. Jetzt betrachtete ich auch die zweite Dame zu meiner Rechten; sie hatte das gelbe Kleid an und eine Zither in der Hand; und wenn jene Harfenspielerin ansehnlich von Gestalt, groß von Gesichtszügen und in ihrem Betragen majestätisch war, so konnte man der Zitherspielerin ein leicht anmutiges heitres Wesen anmerken. Sie war eine schlanke Blondine, da jene dunkelbraunes Haar schmückte. Die Mannigfaltigkeit und Übereinstimmung ihrer Musik konnte mich nicht abhalten, nun auch die dritte Schönheit im grünen Gewande zu betrachten, deren Lautenspiel etwas Rührendes und zugleich auffallendes für mich hatte. Sie war diejenige, die am meisten auf mich acht zu geben und ihr Spiel an mich zu richten schien«.[57]

Zugegeben, eine Gitarre wird hier nicht explizit erwähnt, und doch kreiert Goethe »ein vollkommenes Bild von dem Ineinanderwirken von weiblicher Schönheit, frabenprächtigen Gewändern, reichgeschmückter Umgebung und anmutigem Musizieren, wie es der Bürger um 1800 liebte«,[58] und in dem sich jedes der erwähnten Zupfinstrumente ohne jede Schwierigkeiten auch durch eine Gitarre ersetzen ließe.

Dass die drei Frauen sich durch Goethes Ankunft gestört fühlten,[59] verweist freilich wiederum auf den Aspekt der Innerlichkeit, der offenbar nicht nur individuell für sich allein, sondern auch in einer kleineren Gruppe gelebt werden konnte. Mehr noch: Goethes Eintreten führte anscheinend nur zu einer kurzen Unterbrechung des innerlichen Erlebens. Nachdem »das artige Mädchen« Goethe an ihre Seite in gleichsam intime Nähe gezogen hatte, spielten die Frauen weiter. Die »dritte Schönheit im grünen Gewande« allerdings verließ die Ebene der Innerlichkeit und wandte ihre Aufmerksamkeit nach außen: »Sie war diejenige, die am meisten auf mich acht zu geben und ihr Spiel an mich zu richten schien«. Auch Goethe selbst gab sich nicht vollkommen der Musik hin, sein inneres Erleben konzentrierte sich zunächst auf die visuelle Ebene: »Die Mannigfaltigkeit und Übereinstimmung ihrer Musik konnte mich nicht abhal-

57   Johann Wolfgang von Goethe, *Dichtung und Wahrheit*, Erster Teil (1811), Gesamtausgabe Band 12, München: dtv 1962, S. 52f.

58   Freia Hoffmann, *Instrument und Körper – Die musizierende Frau in der bürgerlichen Kultur*, Frankfurt am Mainz, Leipzig: Insel Verlag 1991, S. 153.

59   Ob man »Dichtung und Wahrheit« tatsächlich autobiographisch lesen kann, so dass Goethe und der Erzähler gleichzusetzen sind, ist in der Goetheforschung allerdings umstritten; vgl. Karl Otto Conrady, *Goethe: Leben und Werk*, 2 Bände, Königstein: Athenäum 1984/85; insofern ist auch die – wenngleich reizvolle – Idee, eine der drei beschriebenen Frauen als Marianne von Willemer identifizieren zu wollen (vgl. oben S. 124), ausgesprochen heikel.

ten, nun auch die dritte Schönheit im grünen Gewande zu betrachten«; allerdings, dies gemahnt wohl nicht zufällig an Goethes angebliche synästhetische Begabung, empfand er gleichzeitig, dass »deren Lautenspiel etwas Rührendes und zugleich auffallendes für mich hatte«.

Die Gitarre als ›Fraueninstrument‹

Auf den ersten Blick scheinen die Verknüpfungen zwischen Gitarre und Weiblichkeit, die Brentano und Goethe vornehmen, durchaus positiv gemeint zu sein. Die Angebetete in Brentanos Gedicht *Guittarre und Lied* ist selbstverständlich eine *Sie* und auf seinem Instrument hatte er offenbar die blaue Blume der Sehnsucht (freilich nach einer Frau) angebracht; Goethe wiederum versieht seine Beschreibung der drei jungen musizierenden Damen mit vordergründig durchweg positiven Attributen wie Anmut, Artigkeit, Heiterkeit und Schönheit.[60] Damit stehen beide offenkundig jedoch in einem Widerspruch zu etlichen anderen zeitgenössischen Äußerungen, in denen die Charakterisierung der Gitarre als Fraueninstrument stets mit mehr oder weniger negativen Konnotationen einhergeht. Zwar verweist Karl Friedrich Klöden in seinen »Lebenserinnerungen« zunächst ebenfalls auf scheinbar positive Eigenschaften seiner Schülerin, die »eine liebenswürdige und schöne Frau« sei,[61] vergisst allerdings nicht, zuvor auf eine wesentliche Einschränkung hinzuweisen:

> »Im Juli [1807] machte eine Freundin meines Oheims mir den Antrag, ob ich es unternehmen wolle, eine Dame, die Frau eines wohlhabenden Kaufmanns, auf der Gitarre zu unterrichten. Die Dame habe große Lust dazu, wisse aber, daß sie schwer lerne, und fürchte, daß ein gewöhnlicher Musiklehrer nicht Geduld genug mit ihr haben werde«.[62]

Der Umstand, dass Frauen – trotz aller ›Hindernisse‹ – unbedingt das Gitarrenspielen erlernen wollten, hatte bereits Friedrich Guthmann verwundert, der in seinem Beitrag

---

60   Auf einer nachgeordneten Ebene verweisen diese Zuschreibungen in der Konsequenz letztendlich jedoch auf die (als naturgegeben aufgefasste) Ungleichheit von Mann und Frau; Nanny Drechsler, *Von Rosen, Lilien, Nelken – oder: Ob nur Frauen welken? Anmerkungen zur Imagination des ›Weiblichen‹ in der Romantik*, in: *Geschlechterpolaritäten in der Musikgeschichte des 18.–20. Jahrhunderts*, hrsg. v. Rebecca Grotjahn und Freia Hoffmann, Herbolzheim: Centaurus 2002 (= Beiträge zur Kultur- und Sozialgeschichte der Musik 3), S. 129–141.

61   Klöden, *Berlin*, S. 293.

62   Klöden, *Berlin*, S. 293.

Ueber Guitarrenspiel auf die Schwierigkeiten beim Erlernen des Instruments hinwies und seine Vorbehalte gegenüber musizierenden Frauen nachdrücklich bekräftigte:

> »Die Anfangsgründe der Musik, Notenkenntniss und was dazu gehört, Takt, Vortrag, etc. müssen schon erlernt seyn. – auch darf sich der Anfänger bey Müdigkeit der Hand und Schmerz an den Fingerspitzen der linken Hand, durch die Haltung des Instruments und durch festen Ansatz auf die Saiten – nicht irre und abwendig machen lassen. Der letztere Umstand, der Schmerz an den Fingerspitzen und dessen geduldige Ertragung, ist mir immer bey den zarten Fingern der Damen räthselhaft gewesen, und es schien mir, als ob auch hier die Göttin Mode Alles überwände. (Freylich klingt es auch bisweilen darnach!)«.[63]

Simon Molitor wiederum argumentiert zwar weit weniger offensiv als Guthmann, aber auch er führt in der Begründung, dass sein Modell einer ›höheren Spielart‹ keinesfalls allzu schwer zu erlernen sei, als Beispiel ein »Frauenzimmer« an:

> »Zum Beweis, dass diese Spielart für ein musikalisches Talent bei zweckmäßiger Anleitung und verhältnissmässigem Fleiss eben sowohl als jede andere erlernt werden kann, könnte ich mich auf das Beispiel eines jungen Frauenzimmers berufen, welches unter meiner Anleitung in dem kurzen Zeitraum von beiläufig anderthalb Jahren von den ersten Anfangsgründen der Musik an, es auf der Guitare nicht blos in der gewöhnlichen, sondern selbst auch in dieser kunstgemässeren Spielart zu einem bedeutenden Grad von Fertigkeit gebracht hat«.[64]

In allen drei Fällen ist der Verweis auf eine (freilich unterstellte) eingeschränkte Bildungsfähigkeit von Frauen bemerkenswert; dies gilt umso mehr, da ›Bildung‹ doch eigentlich eine der zentralen Größen bei der Konstruktion einer ›bürgerlichen Haltung‹ ist. Daraus zu folgern, dass Frauen demnach aus der ›Bürgerlichkeit‹ gänzlich auszuschließen seien, wäre allerdings verkehrt, denn eine ›gewisse‹, auch musikalische Bildung wurde ihnen von ihren männlichen Zeitgenossen durchaus zugestanden, wenngleich mit Einschränkungen: »Die musikalische Bildung muss bey Frauenzimmern einen gewissen Grad erreichen, wenn sie ihnen in ihrem künftigen Leben etwas nützen soll«.[65] Diese Einschränkung ist insofern bedeutsam, als dass Frauen zunächst nicht unbedingt eine verminderte intellektuelle Leistungsfähigkeit zugesprochen wurde; vordergründig ging es darum, dass sie

> »ihrer ursprünglichen Bestimmung als Weib treu bleiben, und Musik nur als Mittel zur Verschönerung des Lebens zu erhöhtem Lebensgenuss, als Theil der allge-

---

63   Guthmann, *Ueber Guitarrenspiel*, Sp. 364.

64   Molitor, Vorrede zur *Großen Sonate* op. 7, S. 14.

65   Friedrich Guthmann, *Grad der musikalischen Bildung bey Frauenzimmern*, in: AMZ IX (1806/07), Nr. 24, 11. März 1807, Sp. 380–382, hier: Sp. 380.

meinen Menschenkultur betrachten, erlernen und betreiben. – Für diese, sage ich, giebt es einen gewissen Grad der Ausbildung, unter und über welchen selten der beabsichtigte Zweck, ohne Hintansetzung höherer, erreicht wird. Das Weib soll nicht glänzen, wol aber rühren und erheitern«.[66]

Insofern steht die (musikalische) Bildung der Frauen in engem Zusammenhang mit ihrer Positionierung innerhalb des sozialen Systems, in dem die Frau dem Mann nach- bzw. untergeordnet wurde. Weibliche »Musikliebhaberey« diente, wie Guthmann ausführte, »als Beförderungsmittel des Frohsinns, der Häuslichkeit, der Verschönerung des Lebens, der geselligen Erheiterung«.[67]

Frauen und Männer wurden um 1800 indes nicht als unterschiedlich, sondern vielmehr als gegensätzlich aufgefasst, wobei ›der Eine‹ ohne ›die Andere‹ logischerweise nicht denkbar ist.[68] Entscheidend ist nun allerdings, dass sich um die Jahrhundertwende die Begründungen für die Geschlechterpolarität grundlegend wandelten, fort von einer gottgegebenen Ordnung (die sich ihrerseits im sozialen Status realisierte), hin zu einer neuen Legitimationsinstanz, der Natur:

> »Wenn im Zeitalter der Aufklärung Begründungen, die auf gottgewollte Ordnungen rekurrieren, ihre Grundlage eingebüßt haben, so wird prinzipiell auch die Ungleichheit der Geschlechter angreifbar. Vor diesem Hintergrund bedeutet die Ableitung aus der Natur eine neue Rechtfertigung der alten Geschlechterverhältnisse, denen sich zu entziehen nunmehr nur um den Preis des ›widernatürlichen‹ Verhaltens möglich ist«.[69]

Wenngleich also die »ursprüngliche Bestimmung als Weib« die Frauen zunächst ›nur‹ sozial in der Sphäre der Häuslichkeit positionierte, so bedeutet die grundlegende Annahme, dass die Polarität von Mann und Frau Naturgesetz ist, ein (männliches) Denken, das die Frau eben doch einzig in nachgeordneter Abhängigkeit vom Mann verstehen kann. »Man lässt das Mädchen etwas Musik lernen, weil es so Sitte ist, und weil diese Kunst bedeutenden Einfluss auf die Bildung des Menschen, auf die Veredlung seiner Gefühle, auf Vermehrung seiner Freuden hat«,[70] referiert Friedrich Guthmann

---

66 Guthmann, *Grad der musikalischen Bildung*, Sp. 380.

67 Friedrich Guthmann, *Winke über den musikalischen Unterricht der Frauenzimmer*, in: AMZ VIII (1805/06), Nr. 33, 14. Mai 1806, Sp. 513–516, hier: Sp. 513.

68 Karin Hausen, *Die Polarisierung der ›Geschlechtercharaktere‹ – Eine Spiegelung der Dissoziation von Erwerbs- und Familienleben*, in: *Sozialgeschichte der Familie in der Neuzeit Europas*, hrsg. v. Werner Conze, Stuttgart: Klett 1976 (= Industrielle Welt 21), S. 363–393.

69 [Rebecca Grotjahn und Freia Hoffmann], *Einleitung zu Geschlechterpolaritäten in der Musikgeschichte des 18.–20. Jahrhunderts*, hrsg. v. dens., Herbolzheim: Centaurus 2002 (= Beiträge zur Kultur- und Sozialgeschichte der Musik 3), S. 1–6, hier: S. 2.

70 Guthmann, *Winke*, Sp. 513.

in aller Kürze den ›bürgerlichen Bildungsauftrag‹, stuft dann aber die Frau in deutlicher Abhängigkeit vom Mann (der ex negativo freilich mitformuliert ist) herab:

> »Die meisten kleinen Dilettantinnen sind nicht im Stande, etwas für sich richtig und gut zu spielen und zu singen. Deswegen sind sie nur Papageyen, welche zu sprechen aufhören, wenn sie niemand mehr lehrt, und nur das Erlernte wiederholen, bald aber auch verlernen. [...] Alles singen und alles spielen zu können, was erscheint, kommt dem Weibe nicht zu und nützt auch nichts«.[71]

Wer sonst als ein Mann sollte diese ›Papageyen‹ lehren, und wem, wenn nicht einem Mann, käme es zu, »alles singen und alles spielen zu können«, so möchte man fragen. Die wenigen Frauen allerdings, die als Gitarristinnen nach 1800 öffentlich konzertierten,[72] verstießen Guthmann zufolge gegen die naturgegebene Ordnung der Geschlechter, denn »jenes Heraustreten aus dem beschränkten weiblichen Kreise« sei »in hundert Fällen gegen einen, mehr oder weniger missglückt«.[73]

Auch wenn »im Laufe der ersten vier Jahrzehnte des 19. Jahrhunderts die Gitarre nicht ausschließlich als typisches Instrument der Frauen angesehen wurde«,[74] so ist deren Klassifizierung als Fraueninstrument bereits zu Beginn des Jahrhunderts deutlich zu beobachten; stellvertretend für die zahlreichen entsprechenden Äußerungen sei Heinrich Christoph Kochs Beobachtung »bey uns hat sie [die Gitarre] sich seit einiger Zeit zum Lieblingsinstrumente der Damen zu erheben gewußt« genannt.[75]

Angesichts der eben diskutierten soziokulturellen Abstufung der Frau gegenüber dem Mann erscheint die vielfach gebrauchte Wendung von der Gitarre als ›beschränktem Instrument‹[76] so noch einmal vor einem ganz neuen Hintergrund. Insofern ist es durchaus bemerkenswert, dass das Leipziger *Bureau de Musique* seine dort verlegte *Guitarre-Schule* mit der Begründung bewarb, dass »dieses Instrument immer mehr Mode wird und auch wirklich jede Dame, welche singt, dabei sehr reizend erscheinen

---

71   Guthmann, *Grad der musikalischen Bildung*, Sp. 380–382.

72   Man denke etwa an Marianne von Willemer, die 1806 gemeinsam mit Scheidler auftrat, oder an das – bislang leider noch nicht identifizierte – »Fräulein von Best«, die im Januar 1808 in Breslau konzertierte: »9. Januar [1808]. Erstes Konzert der berühmten Violinistin und Componistin, Fräulein von Best auf der Guitarre und Violine pizzicato. [...] 23. Januar [1808]. Zweites Concert des Fräulein v. Best auf Guitarre, Violine und Laute«; *Breslau MS.*, fol. 58r.

73   Guthmann, *Winke*, Sp. 515.

74   Schmitz, *Gitarrenmusik für Dilettanten*, S. 98.

75   Koch, *Musikalisches Lexikon*, Sp. 708.

76   Vgl. dazu das Kapitel *Zur musikalischen Analyse der Gitarrenmusik in Deutschland um 1800 – eine Annäherung.*

kann«.[77] Simon Molitors und Johann Jakob Staehlins Versuche, für die ›beschränkte Gitarre‹ eine höhere Spielart zu etablieren, zielen hingegen eindeutig auf Instrumentalmusik ab – insbesondere Staehlins Zweiteilung seiner Anweisung ist in dieser Hinsicht beispielhaft. Die Trennlinien in der Unterscheidung zwischen »Selbstdefinition und Fremddistinktion«[78] der ›an Musik Beteiligten‹ verlaufen demzufolge keineswegs entlang der Frage der Zugehörigkeit zu einer bestimmten sozialen Schicht, sondern vollziehen sich vielmehr in der qualitativ unterschiedlichen Bewertung des jeweiligen sozialen und kulturellen Umgangs mit und durch Musik, eine Bewertung, die in letzter Konsequenz zu Guthmanns Unterscheidung zwischen ›leerer Klimperey‹ und ›wirklicher Kunst‹ zurückführt.

---

77   *Zeitung für die elegante Welt* 2 (1802), Nr. 44, 13. April 1802, Sp. 352; beworben wird hier die *Guitarre-Schule: Vollständige und fassliche Anleitung die Guitarre zu erlernen*, Leipzig: Bureau de Musique [1802], PN 105.

78   Budde, *Bürgerleben*, S. 12.

GITARRENMUSIK IN DEUTSCHLAND UM 1800: SCHLUSSBEMERKUNGEN

Nur wenige Jahre nach Drucklegung seiner *Großen Sonate* op. 7 setzte sich Molitor in seiner gemeinsam mit Wilhelm Klingenbrunner verfassten *Anleitung zum Guitare-Spielen* erneut mit der ›neuen Schreibart‹ auseinander und blickte – eine gewisse Zufriedenheit kaum verhehlend – auf die Erfolge seines ›Reformwerks‹:

> »Wie sehr auch das Vorurtheil und die Bequemlichkeit sich gegen diese Neuerung [die ›neue Schreibart‹] sträubte, so fand sie doch bald an den besten Professoren des Instruments in unserer Kaiserstadt ihre Vertheidiger, und wurde von ihnen in ihren Compositionen angenommen. Hierdurch war der wichtigste Schritt zu einer reellen Verbesserung gewonnen. Nun konnte der Compositeur nicht mehr einen musikalischen Galimathias in unlesbaren Hierogliphen verdecken; er wurde nicht mehr von bloßen ungebildeten oder verbildeten Guitareliebhabern beurtheilt; seine Werke konnten nun von jedem Kenner gewürdigt werden, und gehörten der Critik an. Hieraus mußte das Streben nach Correctheit nothwendigerweise entspringen, und es konnte nicht fehlen, daß damit auch eine neue bessere Art, das Instrument zu behandeln, verbreitet wurde«.[1]

Simon Molitors Entwurf einer ›neuen Schreibart‹ für die Gitarre war demnach weit mehr als nur eine Veränderung der Orthographie durch eine graphisch eindeutig gekennzeichnete Differenzierung der einzelnen Stimmen. Zum »wichtigsten Schritt einer reellen Verbesserung« geriet sie in allererster Linie, weil nun die »Hierogliphen« einer Tabulatur musikalisch ›dummes Geschwätz‹ (nichts anderes meint »Galimathias«) nicht länger verbergen konnten, sondern Kompositionen für die Gitarre nach der ›neuen Schreibart‹ fortan auch für Kenner und Kritiker, mithin all jene, die über »Wissen der Komposizion« verfügten, les-, denk- und damit einhergehend vor allem auch kompositionstheoretisch kontrollierbar waren.

Zwar hatte durch die sukzessive Aufgabe der Tabulatur die Verwendung konventioneller Notation schon lange vor Molitors Entwurf der ›neuen Schreibart‹ Einzug in die Gitarristik gehalten, hinsichtlich der von Molitor angemahnten Einhaltung kompositionstechnisch adäquater Regeln (das »Streben nach Correctheit«) jedoch wurde Gitarrenmusik in Deutschland um 1800 – dies hat die Untersuchung der Gitarrenschulen

---

1 Simon Molitor, R. Klinger [= Wilhelm Klingenbrunner], *Versuch einer vollständigen methodischen Anleitung zum Guitare-Spielen nebst einem Anhange, welcher das Nothwendigste von der Harmonielehre nach einem vereinfachten Systeme darstellt*, Bd. 1, Wien: Steiner 1812, Faksimileausgabe hrsg. v. Stefan Hackl, Wien: Doblinger 2008 (= Diletto Musicale 1421), S. 9.

von Bergmann, Bortolazzi, Bornhardt, Lehmann und Guthmann gezeigt – zweifelsohne eher nachlässig behandelt. Folgt man Friedrich Guthmann, lag dies in erster Linie an den »großen Schwierigkeiten im Spiel«,[2] die die Gitarre insbesondere »Anfängern« bereitete,[3] mithin orientierte man sich ganz offenbar mehr an der musikalischen Praxis der »ungebildeten oder verbildeten Guitareliebhaber« denn an der ›Reinheit des Satzes‹. Insofern ist Molitors Konzept einer ›neuen Schreibart‹ als zweifache Kritik der zeitgenössischen Gitarrenmusik zu verstehen, denn es ist ihm zufolge problemlos möglich, auf der Gitarre »eine sehr vollständige Harmonie mit grosser Leichtigkeit hervorzubringen«,[4] allein »es käme nur darauf an, dass diejenigen, die für die Guitare schreiben, […] endlich aufhörten, nur immer der Oberflächlichkeit der Menge zu fröhnen, und sich vielmehr bemühten, den Liebhabern Muster einer bessern Spielart zu liefern«.[5]

Wenngleich nach zeitgenössischer Wahrnehmung der Gitarre vorgehalten wurde,[6] »sie sey nicht dazu geeignet, ein concertirendes und Solo Instrument abgeben zu können, sondern nur zur Begleitung der Singstimme oder eines die Stimme führenden Instrumentes tauglich«,[7] so war die (musik-)historische Wirklichkeit der Gitarrenmusik in Deutschland um 1800 doch eine andere: Gut 40% der bis etwa 1815 nachweisbaren Drucke waren explizit für Sologitarre gedacht, wobei das entsprechende Repertoire das gesamte denkbare Spektrum von Werken der ›einfachen Spielart‹ wie Ländlern, Walzern, Variationen über ›beliebte Lieder‹ oder Einrichtungen von ›Favoritarien‹ populärer Opern der Zeit bis hin zu *Grandes Variations* oder *Grandes Sonates*, die zweifelsohne mehr als »seynsollende Sonaten«[8] darstellten, abdeckte. Deren Unterscheidung in entweder ›einfache‹ oder ›höhere Spielart‹ zeigt sich nicht allein an der mehr oder weniger regelgerechten Beachtung des ›reinen Satzes‹ oder an der Berücksichtigung bestimmter Gattungskonventionen, sondern vor allen Dingen mit Blick auf den Einsatz

---

2Guthmann, *Anweisung*, S. 7.

2   Guthmann, *Anweisung*, S. 7.

3   Lehmann, *Guitarre=Schule*, S. 9, Fußnote.

4   Molitor, Vorrede zur *Großen Sonate* op. 7, S. 12.

5   Molitor, Vorrede zur *Großen Sonate* op. 7, S. 12f.

6   Ganz gleich, ob dies eher positiv gewertet wurde, da die Gitarre »unter allen Instrumenten […] zur Begleitung des Gesanges von einer oder zwei Stimmen unstreitig eines der vorzüglichsten« ist (Lehmann, *Guitarre=Schule*, S. 5) oder in einem eher pejorativen Duktus wie etwa bei Molitor geschah, der sein Konzept einer ›höheren Spielart‹ von Vornherein gegen »jene Guitare-Liebhaber« gefeit wissen wollte, »die dieses Instrument nur zum *Vehikel des Gesanges* brauchen« (Molitor, Vorrede zur *Großen Sonate* op. 7, S. 14).

7   Staehlin, *Anleitung*, S. 31.

8   Molitor, Vorrede zur *Großen Sonate* op. 7, S. 13.

von ›Manieren‹, die keinesfalls reiner Selbstzweck (»musikalische Auswüchse«, wie es bei Guthmann heißt),[9] sondern notwendige Konsequenz des jeweiligen kompositorischen Entscheidungsprozesses sind.

Insofern ist Molitors Forderung, »die Harmonie in Grundton und Mittelstimmen im gehörigen Zusammenhang und Verhältniss so durchzuführen«,[10] dass die Regeln des reinen Satzes befolgt werden, gerade nicht vor dem Hintergrund jener Kompositionen zu verstehen, in denen sich »das Guitarrenspiel [...] im Wesentlichen auf die harmonische Begleitung [einschränkt]«;[11] vielmehr ist sein Konzept einer ›höheren Spielart‹ einzig mit Blick auf solche Werke angelegt, »bei welche[n] die Guitare als selbstständiges oder konzertierendes Instrument erscheint«,[12] Kompositionen für Gitarre solo also, wie sie etwa auch in den Gitarrenschulen von Carulli und Staehlin als Exempel einer ›höheren Spielart‹ behandelt werden.

Letztendlich hat nicht die bloße Umstellung von Tabulatur auf konventionelle Notation, sondern vor allem die ›neue Schreibart‹ in ihrem doppelten Sinne als »Orthographie«[13] *und* kompositorisches Konzept dazu geführt, dass Gitarrenmusik in Deutschland um 1800 »von jedem Kenner gewürdigt werden [konnte], und [...] der Critik an[gehörte]«.[14]

Damit einhergehend wurde Gitarrenmusik in Deutschland um 1800 jedoch auch ›diskursfähig‹, und zwar sowohl hinsichtlich ihrer kompositionstechnischen Kontrollierbarkeit als auch im Hinblick auf so oder so formulierte ästhetische Bewertungen, die in der Polarität zwischen »leerer Klimperey« und »wirklicher Kunst« angesiedelt sind. Der in den zeitgenössischen Texten zur Gitarrenmusik um 1800 zu beobachtende sehr uneinheitliche Umgang mit ästhetischen Parametern wie Geschmack, Fantasie, Gedanken, Empfindung, Wirkung usw. reflektiert und repräsentiert die Vielfalt des ästhetischen Diskurses der Zeit dabei gleichsam als pars pro toto: Indem Forkel – dessen *Allgemeine Geschichte der Musik* ganz augenscheinlich Simon Molitors Vorrede zur *Großen Sonate* op. 7 als Orientierung diente – Schrift als »sichtbare Zeichen von Gedanken«[15] versteht und hieraus eine notwendige Verknüpfung von Schriftlichkeit und Musik bzw. der wechselwirksamen Beziehung zwischen direkter Schreib- und Lesbarkeit

---

9   Guthmann, *Anweisung*, S. 7.

10   Molitor, Vorrede zur *Großen Sonate* op. 7, S. 13.

11   Guthmann, *Anweisung*, S. 7.

12   Molitor, Vorrede zur *Großen Sonate* op. 7, S. 14.

13   Molitor, Vorrede zur *Großen Sonate* op. 7, S. 14.

14   Molitor, Klinger, *Versuch einer vollständigen methodischen Anleitung*, S. 9.

15   Forkel, *Allgemeine Geschichte*, S. 31.

einerseits und musikalischer Komposition andererseits konstruiert, führt er mit dem Begriff des ›Gedankens‹ eine der zentralen musikästhetischen Kategorien der zeitgenössischen musikästhetischen Diskussion ein. Gemeinsam mit Sulzers (bzw. Kirnbergers) Begriff der ›Empfindung‹, der in Hillers *Beytrag zu einem musikalischen Wörterbuch* von T.S. formulierten ›Fantasie‹ und des insbesondere von Guthmann (auf Basis von Sulzer und Koch) genannten ›Geschmacks‹ greift die zeitgenössische Diskussion in der Gitarristik um 1800 nur vordergründig das Kantschen ›Kunstschöne als Mitte‹ auf und deutet nur scheinbar in Richtung eines Autonomiekonzepts. Jedoch verläuft die musikästhetische Auseinandersetzung innerhalb des gitarristischen Diskurses der Zeit deutlich auf der Ebene eines Sensualismus, der sich in erster Linie Fragen ästhetischer Aspekte der sinnlichen Wahrnehmung widmet. Insbesondere die Diskussion solcher Kategorien wie ›Klang‹ (thematisiert etwa bei Lehmann und Staehlin), ›Wirkung‹ und ›Empfindung‹ (wiederum am Vorbild Forkels und dessen Orientierung an Krügers Resonanzmodell primär von Molitor diskutiert) bedingt auf der in der zeitgenössischen Gitarristik vorherrschenden Ausdrucksebene deutlich die Entwicklung einer ästhetischen Binnenperspektive einschließlich der Ausbildung eines Verständnisses von (Gitarren-)Musik als selbstreferentiellem System. Damit gerät der »ungebildete oder verbildete Guitareliebhaber«[16] freilich zum modellhaften Gegenbeispiel eines bürgerlichen Selbstverständnisses um 1800, für dessen Konstruktion ›Bildung‹ ein ebenso zentrales Moment darstellte wie die ›Haltung‹ eines frühromantischen ›in-sich-Versunkenseins‹, wie es sich beispielhaft in Maria Belli-Gontards Beschreibung von Johann Christian Gottlieb Scheidler darstellt: »Wenn er spielte (immer ohne Noten), richtete er die Blicke gegen den Himmel und schien alles um sich zu vergessen«.[17]

So vielgestaltig sich die zeitgenössischen Lebensbedingungen während der sogenannten ›Sattelzeit‹ zwischen französischer Revolution und Wiener Kongress darstellten, so unterschiedlich gestalteten sich die Lebensentwürfe jener Akteure, die in Deutschland um 1800 in je eigener Weise mit Gitarrenmusik umgingen. Auf Seiten der Komponisten vollzog sich – von wenigen ›hauptberuflichen‹ Ausnahmen (Bortolazzi, Giuliani, L'Hoyer, Matiegka und Scheidler) abgesehen – die ›Produktion‹[18] von Gitarrenmusik in aller Regel auf Basis einer ›nichtgitarristischen‹ und ökonomisch vergleichsweise abgesicherten Existenz. Diese wurde entweder auf Grundlage ›bürgerlicher‹ Berufe – wie sie etwa Bornhardt und Willimann ausübten – geschaffen, oder aber die entsprechenden Akteure (z.B. Küffner, Marschner oder Sandrini) waren zwar durchaus

---

16   Molitor, Klinger, *Versuch einer vollständigen methodischen Anleitung*, S. 9.

17   Belli-Gontard, *Erinnerungen*, S. 32.

18   ›Produktion‹ sei hier im Sinne von ›Hervorbringung‹ verstanden.

hauptberufliche Musiker, doch konzentrierten sie sich nicht ausschließlich auf Gitarrenmusik. Im Gegensatz zu solchen Formen eines gitarristischen Neben*erwerbs* bedeutete Gitarrenmusik für Boecklin, Call oder Molitor viel eher eine Neben*beschäftigung*, die vor allem als notwendige Konstituente zur Konstruktion ihres jeweiligen sozialen und kulturellen Selbstverständnisses diente: sozial im Hinblick auf Aufnahme und Sicherung zwischenmenschlicher Kontakte (beispielsweise durch Widmungen), kulturell vor dem Hintergrund des Bildungsgedankens, der mit der ›Produktion‹ und Veröffentlichung eigener Kompositionen auch nach außen sichtbar gemacht wurde.

Insbesondere was die ›Sichtbarkeit nach außen‹ angeht kommt neben dem Geben von Konzerten oder dem Erteilen von Unterricht vor allem den sich ebenfalls um 1800 mehr und mehr etablierenden Musikverlagen eine zentrale Rolle als Vermittler zwischen Komponisten und Publikum zu, wobei diese Vermittlung keinesfalls auf eine reine Distributionsfunktion im Prozess des Kaufens bzw. Verkaufens von Musik reduziert werden kann, sondern vielmehr im Sinne von ›Kommunikation‹ zu denken ist: Die im Druck realisierte Veröffentlichung einer Komposition ermöglicht nicht allein eine geldwerte Fruchtbarmachung der ›Ware Gitarrenmusik‹, sondern zugleich auch eine weitreichende Kommunikation *über* Gitarrenmusik, z.B. mittels Werbeanzeigen, Subskriptionslisten oder Rezensionen.

Indes: Um überhaupt zu einer Ware bzw. zu einem Kommunikationsgegenstand werden zu können, muss Musik notwendigerweise qua Notation schriftlich fixiert und damit einhergehend les- und denkbar sein, um als »frozen music«[19] medialisiert und vor allem ›verdinglicht‹ und so zu einem ›Gut‹ werden zu können.[20] Mehr noch, neben den von Musikverlagen veröffentlichten Drucken mit Gitarrenmusik geriet in Deutschland um 1800 auch die Gitarre selbst zu einem solchen ›Gut‹, dessen Preis nicht nur allenthalben als vergleichsweise günstig hervorgehoben wurde, sondern dem darüber hinaus in vielerlei Hinsicht ein erheblicher ›Mehrwert‹ zugeschrieben wurde. Maria Belli-Gontard hob in ihren *Lebenserinnerungen* zwei derartige Aspekte hervor: »Meine Mutter nahm damals Unterricht auf der Guitarre. Der Vater ließ ihr ein sehr gutes und dabei schönes Instrument von Paris kommen«.[21]

---

19   Tim Carter, *The Sound of Silence: Models for an Urban Musicology*, in: *Urban History* 29 (2002), S. 8-18, hier: S. 14.

20   Vgl. hierzu *The Social Life of Things – Commodities in Cultural Perspective*, hrsg. v. Arjun Appadurai, Cambridge usw.: CUP 1986 und hierin insbesondere Igor Kopytoff: *The Cultural Biography of Things: Commoditization as Process*, S. 64–91.

21   Belli-Gontard, *Erinnerungen*, S. 31.

Doch auch die immer wieder als positiv gewerteten Eigenschaften der Gitarre als transportables und zugleich harmoniefähiges Instrument bedeuten zweifelsohne einen Mehrwert, insbesondere gegenüber anderen, in Deutschland um 1800 populären ›Modeinstrumenten‹ wie Csakan oder Glasharmonika, hier allerdings auf einer Ebene, auf der sowohl die Gitarre als Instrument als auch Gitarrenmusik in Deutschland um 1800 insgesamt weniger als ökonomisches ›Gut‹, sondern vielmehr als ›Kulturgut‹ gelten müssen. ›Transportabilität‹ und ›Harmoniefähigkeit‹ sind deswegen positive Eigenschaften der Gitarre, weil sie den zeitgenössischen Akteuren einen bestimmten Umgang mit und durch Gitarrenmusik ermöglichten.

Ob ›beim Camin‹, ›beim Theetisch‹, im Garten, im Wald oder während einer Land-partie: Die sich um 1800 massiv wandelnde Gesellschaft (bzw. deren Akteure) konnte wesentliche Aspekte ›neuer‹ Selbstentwürfe und Haltungen wie Bildung, Unterhal-tung, Innerlichkeit, Naturerleben sowie männliche und weibliche Geschlechterrollen gerade auch mit und durch Gitarrenmusik erproben, konzipieren und diskutieren, um hieraus gemeinsames Handlungswissen zu gewinnen und qua Selbstdefinition und Fremddistinktion Identität zu konstruieren. Dabei orientiert sich die Differenzierung zwischen ›selbst‹ und ›anderen‹ keineswegs an der Frage der Zugehörigkeit zu einer bestimmten sozialen Schicht, sondern vollzieht sich in der je anderen Bewertung des so oder so gestalteten Umgangs mit und durch Musik. In Bezug auf Gitarrenmusik *in* Deutschland um 1800 lassen sich so beispielsweise Kenner und Liebhaber ebenso von-einander unterscheiden wie Männlichkeit und Weiblichkeit oder »leere Klimperey« und »wirkliche Kunst«.

Zugleich zeichnen sich im Umgang mit und durch Gitarrenmusik auch Ansätze der Konstruktion einer kulturellen Identität Deutschlands ab, die sich sehr klar von Frank-reich absetzt und umso mehr an Italien orientiert, wie Johann Carl Heinrich Born-hardt beispielhaft verdeutlicht:

> »Die Italiener behandeln die Guitarre viel vernünftiger. Sie nehmen sie als eine Begleitung der Singstimme [...], dahingegen der Franzose alles darauf herausklimpern will, was dies kleine beschränkte Instrument entweder gar nicht oder doch sehr beschwerlich geben kann. Ich habe mich in allem dem was ich noch gesetzt habe, wie Sie auch sehen werden, immer nach den Italienern gerich-tet [...]. Überdem ist auch wirklich die französische Musik, ich möchte sagen zu unstät, um sich für die Guitarre zu qualifiziren. Keine Musik ist hier passender wie die Italienische«.[22]

---

22 Brief Johann Carl Heinrich Bornhardt an *Breitkopf & Härtel*, 6. Oktober 1801; D-Mbs [Ana 750, *Gitarristische Sammlung Fritz Walter und Gabriele Wiedemann*]; vgl. Anhang S. 256.

Dass »music is a particularly potent representational resource [...], a means by which communities are able to identify themselves and present this identity to others«,[23] ist vor diesem Hintergrund zweifelsohne eine wichtige Einsicht, jeglicher Versuch jedoch, Musik als bloßen Spiegel gesellschaftlicher Zustände begreifen zu wollen, muss notwendigerweise zu kurz greifen, denn »too often attempts to relate musical forms to social processes ignore the ways in which music is *itself* a social process«.[24] Insofern ist die ansatzweise Konstruktion einer kulturellen Identität Deutschlands in der Gitarrenmusik um 1800 einzig als eben solcher sozialer Prozess zu verstehen, der einen kulturellen Raum als ›space‹ beschreibt und mitnichten eine deutsche Kultur geschweige denn eine deutsche Nation begründet.

In Anlehnung an Kevin Dawes Konzept einer »guitarscape«[25] sei vorliegende Studie in erster Linie als zeitlich, soziokulturell und geographisch begrenzter Ausschnitt einer solchen »guitarscape« aus Deutschland um 1800 zu verstehen, in der hoffentlich der ein oder andere ›Wegweiser‹ durch die gitarristische Landschaft in Deutschland um 1800 angebracht ist. Dass dabei einige historische Akteure deutlicher im Vordergrund standen als andere, und wieder andere gänzlich außen vor blieben, hängt zunächst selbstverständlich mit dem dieser Studie zugrunde gelegten exemplarischen Charakter zusammen. Darüber hinaus jedoch ist der von Jürgen Libbert beklagte ›Geschichtsverlust‹ in der Gitarristik um 1800 auf materieller Ebene tatsächlich massiv und auf literarischer Ebene deutlich geprägt von »classical hierarchies – promoted more, to be honest, by performers like Segovia than by musicologists – that constructed an ›impenetrable‹ firewall around the Western art tradition«.[26]

Dem Libbertschen ›Geschichtsverlust‹ also mit der Erwartung zu begegnen, vergessene, wohlmöglich sogar ›zu Unrecht‹ vergessene Komponisten oder Kompositionen wiederfinden oder gar rehabilitieren zu wollen, wäre zweifelsohne vollkommen verfehlt und sagte zwar viel über die solchermaßen ›Erwartenden‹, aber nichts über Gitarrenmusik in Deutschland um 1800 aus: »The guitar's unique history is, in fact, the reconciliation between its past and present«.[27]

---

23   Kevin Dawe, Andy Bennett, *Guitars, Cultures, People and Places*, in: *Guitar Cultures*, hrsg. v. dens., Oxford, New York: Berg 2001, S. 1–10, hier: S. 4.

24   Frith, *Performing Rites*, S. 270; Kursiva im Original.

25   Vgl. Kevin Dawe, *The New Guitarscape in Critical Theory, Cultural Practice and Musical Performance*, Farnham, Burlington/VT: Ashgate 2010 (= Ashgate Popular and Folk Music Series).

26   Victor Anand Coelho, *Picking through Cultures: A Guitarist's Music History*, in: *The Cambridge Companion to the Guitar*, hrsg. v. dems., S. 3–12, hier: S. 8.

27   Coelho, *Picking through Cultures*, S. 5

Quellen und Literatur

Abbildung

Christian Xeller, *Bildnis des Lautenspielers Scheidler*, Historisches Museum Frankfurt am Main [B 363], Aufnahme: Horst Ziegenfusz.

Musikalien

Joseph Baumgärtner, *Sechs Lieder für die Guitarre*, Mainz: Schott [ca. 1808], PN 348.

Heinrich Christian Bergmann, *Kurze Anweisung zum Guitarrspielen*, Halle: Hendel [1802].

Johann Heinrich Carl Bornhardt, *Anweisung die Guitarre zu spielen und zu stimmen*, Braunschweig: Musikalienverlag in der Neuen Straße [1802].

Johann Heinrich Carl Bornhardt, *Anweisung die Guitarre zu spielen nebst einigen Uebungen und ganz neuen Handstücken*, vierte Auflage, Leipzig: Kühnel [1807], PN 536.

Bartolomeo Bortolazzi, *Neuer und gründlicher Unterricht die Guitarre nach einer leichten und faßlichen Methode spielen zu lernen / Nuova, ed esatta Scuola per la Chitarra – Ridotta ad un Metodo il piu semplice, ed il piu Chiaro*, Wien: Chemische Druckerey [1805], PN 128.

Bartolomeo Bortolazzi, *Guitarre Schule*, Ms [D-MZfederhofer].

Bartolomeo Bortolazzi, *Sonate für Gitarre und Klavier*, Leipzig: Bureau de Musique [1811], PN 927.

F. Brand, *12 Walzer für zwei Gitarren*, Mainz: Schott [1806], PN 506.

F. Brand, *Airs favorits du Sacrifice interrompu*, opus 18, Mainz: Schott [1812], PN 664.

Fernando Carulli, *Méthode complette [!] de Guitarre ou Lyre*, op. 27, Paris: Carli [1810], PN 142.

Giacopo Gotifredo Ferrari, *Sei Canzonette Italiane coll'accompagnamento di Cembalo o Pianoforte*, Leipzig: Breitkopf & Härtel [1802], PN 320.

Giacopo Gotifredo Ferrari, [Sei] *Canzonette Italiane coll'accompagnamento di Fortepiano o Chitarra*, zwei Teile mit je III Canzonette, einegrichet von Eduard Anton Willimann, Leipzig: Bureau de Musique [1802], PN 116 bzw. 117.

Friedrich Guthmann, *Anweisung die Guitarre in kurzer Zeit auch ohne Beihülfe eines Lehrers richtig spielen zu lernen; besonders für diejenigen, welche schon ein Instrument spielen*, Leipzig: C. F. Peters (Bureau de Musique) [1807].

Josef Kraus, *Sonate*, opus 2, Leipzig: Bureau de Musique [1812], PN 938.

Johann Traugott Lehmann, *Neue Guitarre=Schule oder die einfachsten Regeln die Guitarre auch ohne Lehrer spielen zu lernen*, Dresden: Arnold (in Commission) [1806].

Antoine Marcel Lemoine, *Air des Tiroliens (Wann i in der Früh aufsteh) varié*, Leipzig: Peters [1812], PN 1015.

Antoine L'Hoyer, *Grande Sonate*, opus 12, Hamburg: Boehme [1801/02].

[Heinrich Marschner], *Die Wiener in Berlin*, mit Klavier- oder Gitarrenbegleitung, Mainz: Schott [1825], PN 2310.

Alexius Miksch, *Thema mit 6 Variazionen*, Leipzig: Bureau de Musique [1813], PN 1054.

Simon Molitor und R. Klinger [= Wilhelm Klingenbrunner], *Versuch einer vollständigen methodischen Anleitung zum Guitarre-Spielen nebst einem Anhange, welcher das Nothwendigste von der Harmonielehre nach einem vereinfachten Systeme darstellt*, Wien: Chemische Druckerei [1812], PN 1880.

Simon Molitor, *Große Sonate*, opus 7, Wien: Artaria [1807], PN 1856.

Simon Molitor, *Vorrede zur* Großen Sonate op. 7, Wien: Artaria [1807], PN 1856.

Jospeh Ewald Reiner, *8 Grandes Variations*, Leipzig: Bureau de Musique [1809], PN 704.

Paolo Sandrini, *12 Ländler für Gitarre*, Prag: Haas [1803], PN 7.

Paolo Sandrini, *6 Variationen über das beliebte Tÿrolerlied ‚Wann i in der Früh aufsteh'*, Prag: Haas [1804], PN 64.

Johann Christian Gottlieb Scheidler, *Sonate Nr. 1*, Eltville: Zulehner [1811], PN 199.

J. F. Scheidler, *Nouvelle Methode en francais et en allemand pour apprendre la Guitarre ou la Lyre*, Bonn: Simrock [1803?], PN 385.

Johann Jakob Staehlin, *Anleitung zum Guitarrespiel sowohl für diejenigen welche dasselbe blos zur Begleitung anwenden wollen als auch für diejenigen welche die Guitarre als concertirendes und Solo Instrument behandeln zu lernen wünschen*, Offenbach: André [1810].

Gedruckte Quellen

Achim von Arnim, *Der Wintergarten*, in: Werke in sechs Bänden, Band 3: Erzählungen 1802–1817, hrsg. v. Renate Moering, Frankfurt am Main 1990.

Maria Belli-Gontard, *Lebens-Erinnerungen*, Frankfurt am Main: Diesterweg 1872.

Franz Friedrich Siegmund August Boecklin von Boecklinsau, *Vom Ursprung, Vorzügen und Hindernissen des Getreidebaues nebst Anmerkungen über mancherley Anstalten zu Gewinnung der Erdproducte*, Frankfurt am Main: Reiffenstein 1786.

Franz Friedrich Siegmund August Boecklin von Boecklinsau, *Beyträge zur Geschichte der Musik, besonders in Deutschland; nebst freymüthigen Anmerkungen über die Kunst*, Freiburg: Zehnder 1790.

Franz Friedrich Siegmund August Boecklin von Boecklinsau, *Inschriften für schöne Gartenplätze und Gartenanlagen; wie auch zu Monumenten an Gräbern*, Mannheim: Löffler 1808.

Franz Friedrich Siegmund August Boecklin von Boecklinsau, *Fragmente zur höhern Musik, und für ästhetische Tonliebhaber*, Freiburg, Konstanz: Herder, 1811.

Clemens von Brentano, *Guittarre und Lied*, in: Memnon 1 (1800), S. 135–142.

Clemens von Brentano, *Sämtliche Werke und Briefe, Briefe Band 3 (1803–1807)*, hrsg. v. Lieselotte Kinskofer, Stuttgart: Kohlhammer 1991 (= Frankfurter Brentano-Ausgabe 31)

Johann Nikolaus Forkel, *Allgemeine Geschichte der Musik*, Band 1, Leipzig: Schwickert 1788, Nachdruck hrsg. v. Othmar Wessely, Graz: ADVA 1967.

Johann Nikolaus Forkel, *Allgemeine Geschichte der Musik*, Band 2, Leipzig: Schwickert 1801, Nachdruck, Graz: ADVA 1967.

Der Freimüthige, Nr. 190, 22. September 1810, S. 757f.

Johann Wolfgang von Goethe, *Dichtung und Wahrheit*, Erster Teil, Gesamtausgabe Band 12, München: dtv 1962.

Friedrich Guthmann, *Anweisung die Guitarre in kurzer Zeit auch ohne Beihülfe eines Lehrers richtig spielen zu lernen; besonders für diejenigen, welche schon ein Instrument spielen*, Leipzig: C. F. Peters (Bureau de Musique) [1807].

Friedrich Guthmann, *Ueber Guitarrenspiel*, in: AMZ VIII (1805/06), Nr. 23, 5. März 1806, Sp. 362–366.

Friedrich Guthmann, *Winke über den musikalischen Unterricht der Frauenzimmer*, in: AMZ VIII (1805/06), Nr. 33, 14. Mai 1806, Sp. 513–516.

Friedrich Guthmann: *Grad der musikalischen Bildung bey Frauenzimmern*, in: AMZ IX (1806/07), Nr. 24, 11. März 1807, Sp. 380–382.

Immanuel Kant, *Kritik der Urteilskraft*, Werkausgabe hrsg. v. Wilhelm Weischedel, Band 10, Frankfurt am Main: Suhrkamp 1974.

Heinrich Christoph Koch, *Musikalisches Lexikon welches die theoretische und praktische Tonkunst, encyclopädisch bearbeitet, alle alten und neuen Kunstwörter erklärt, und die alten und neuen Instrumente beschrieben, enthält*, Frankfurt am Main: August Hermann 1802, Faksimilenachdruck hrsg. v. Nicole Schwindt, Kassel usw.: Bärenreiter 2001.

Johann Gottlob Krüger, *Naturlehre. Zweyter Theil, welcher die Physiologie oder die Lehre von dem Leben und der Gesundheit der Menschen in sich fasset*, Halle: Hemmerde 1748.

Johann Mattheson, *Das Neu=Eröffnete Orchestre*, Hamburg: Schiller 1713.

Simon Molitor, R. Klinger [= Wilhelm Klingenbrunner], *Versuch einer vollständigen methodischen Anleitung zum Guitare-Spielen nebst einem Anhange, welcher das Nothwendigste von der Harmonielehre nach einem vereinfachten Systeme darstellt*, Bd. 1, Wien: Steiner 1812, Faksimileausgabe hrsg. v. Stefan Hackl, Wien: Doblinger 2008 (= Diletto Musicale 1421).

Novalis, *Heinrich von Ofterdingen*, in ders.: *Werke in 2 Bänden*, Band 1, hrsg. v. Rolf Toman, Köln: Könemann 1996, S. 227–400,

Jacob August Otto, *Ueber den Bau der Bogeninstrumente, und über die Arbeiten der vorzüglichsten Instrumentenmacher, zur Belehrung für Musiker. Nebst Andeutungen zur Erhaltung der Violine in gutem Zustande*, Jena: Bran 1828.

Michael Praetorius, *Syntagma Musicum II*, Wolfenbüttel 1619, Faksimilenachdruck hrsg. v. Willibald Gurlitt, Kassel usw. 1958.

T. S., *Beytrag zu einem musikalischen Wörterbuch*, Fortsetzung in: Wöchentliche Nachrichten und Anmerkungen die Musik betreffend, hrsg. v. Johann Adam Hiller, Leipzig: Zeitungs=Expedition, 39. Stück, 27. März 1769, Nachdruck, Hildesheim, New York: Olms 1970, S. 301–304.

Johann Ferdinand von Schönfeld, *Jahrbuch der Tonkunst von Wien und Prag 1796*, Wien: Schönfeld 1796, Fakismilenachdruck, München, Salzburg: Katzbichler 1976.

Johann Georg Sulzer, *Allgemeine Theorie der schönen Künste*, Vier Teile, Leipzig: Weidmann 1792–94, Nachdruck, Hildesheim: Olms 1967.

Wilhelm Heinrich Wackenroder, *Das merkwürdige musikalische Leben des Tonkünstlers Joseph Berglinger. In zwey Hauptstücken*, in ders.: *Sämtliche Werke und Briefe – Historisch-kritische Ausgabe*, hrsg. v. Silvio Vietta und Richard Littlejohns, Band I: Werke, Heidelberg: Winter 1991, S. 130–145.

Wilhelm Heinrich Wackenroder, *Phantasien über die Kunst, für Freunde der Kunst – Anhang einiger musikalischer Aufsätze von Joseph Berglinger, IX. Die Töne*, in ders.: *Sämtliche Werke und Briefe – Historisch-kritische Ausgabe*, hrsg. v. Silvio Vietta und Richard Littlejohns, Band I: Werke, Heidelberg: Winter 1991, S. 233–239.

Handschriftliche Quellen

Bartolomeo Bortolazzi, *Guitarre Schule* [D-MZfederhofer].

Alexander Brand, Supplikationen an den Senat der Stadt Frankfurt (1833), Institut für Stadtgeschichte Frankfurt am Main [Senatssupplikationen 270/3].

Anton Brand, Supplikation an den Senat der Stadt Frankfurt (1825), Institut für Stadtgeschichte Frankfurt am Main [Senatssupplikationen 191/42].

Mina Brand, Supplikation an den Senat der Stadt Frankfurt (1818), Institut für Stadtgeschichte Frankfurt am Main [Senatssupplikationen 8/56].

Luiggia Caravoglia-Sandrini, Personalakten, Sächsisches Hauptstaatsarchiv Dresden: Geheimes Kabinett, Loc. 15/46 und Loc. 2424/3.

Nachrichten über Concerte in Breslau 1722–1836, Dawna Biblioteka Miejska [Mf. 7221].

W.[ilhelm] Klingenbrunner, *Biographie [Wenzelslaus Matiegka]*, 16. Mai 1826, in: A-Wgm.

Johann Christian Gottlieb Scheidler, Supplikationen an den Rat der Stadt Frankfurt am Main (1794–1796), Institut für Stadtgeschichte Frankfurt am Main [Ratssupplikationen 1794, III, fol. 234r–240v; Ratssupplikationen 1794, VI, fol. 164r–166v; Ratssupplikationen 1796, III, fol. 48r–50v Ratssupplikationen 1797, I, fol. 571r–571v Ratssupplikationen 1797, I, fol. 573r–574r].

Eduard Anton Willimann, Lebenslauf, Stadtarchiv Magdeburg, Akte [Rep. A II M 2b].

Briefkopierbücher des Leipziger *Bureau de Musique* [D-LEsta, Bestand Peters Nr. 5021, Nr. 2612, Nr. 2621, Nr. 2631, Nr. 2632].

Briefkopierbücher des Musikverlags André, Offenbach [D-OF].

Briefe

Boecklin an Kühnel, 4. Februar 1806 [Staatsarchiv Freiburg, Bestand U101/1, Nr. 189].

Boecklin an Kühnel, 6. März 1806 [Staatsarchiv Freiburg, Bestand U101/1, Nr. 31].

Bornhardt an Breitkopf & Härtel, 26. August 1801 [D-Mbs, Ana 750, *Gitarristische Sammlung Fritz Walter und Gabriele Wiedemann*].

Bornhardt an Breitkopf & Härtel, 6. Oktober 1801 [D-Mbs, Ana 750, *Gitarristische Sammlung Fritz Walter und Gabriele Wiedemann*].

Bornhardt an Kühnel, 22. Februar 1807, [D-LEsta, Bestand Peters Nr. 2612].

Bornhardt an Kühnel, 19. August 1809 [D-LEsta, Bestand Peters Nr. 2621].

Bornhardt an Kühnel, 7. September 1812 [D-LEsta, Bestand Peters Nr. 2632].

Brauer an Boecklin, 19. April 1806 [Staatsarchiv Freiburg, Bestand U101/1, Nr. 7722].

Bureau de Musique an Friedrike von Schleinitz, 3. September 1802 [D-LEsta, Bestand Peters, Nr. 5022].

Bureau de Musique an Friedrike von Schleinitz, 29. Oktober 1802 [D-LEsta, Bestand Peters, Nr. 5022].

Bureau de Musique an Friedrike von Schleinitz, 3. Januar 1803 [D-LEsta, Bestand Peters, Nr. 5022].

Fränzl an André, 27. Dezember 1803 [D-Bnu].

Kühnel an Pleyel, 19. Februar 1802 [D-LEsta, Bestand Peters 2631].

Kühnel an Willimann, 19. August 1802 [D-LEsta, Bestand Peters, Nr. 5021].

Kühnel an Willimann, 27. August 1802 [D-LEsta, Bestand Peters, Nr. 5021].

Kühnel an Willimann, 6. September 1802 [D-LEsta, Bestand Peters, Nr. 5021].

Kühnel an Willimann, 8. November 1802 [D-LEsta, Bestand Peters, Nr. 5021].

Kühnel an Michaelis, 26. November 1802 [D-LEsta, Bestand Peters, Nr. 5021].

Kühnel an Willimann, 26. November 1802 [D-LEsta, Bestand Peters, Nr. 5021].

Kühnel an den Musikverlag Haas, 22. Januar 1806 [D-LEsta, Bestand Peters 5021].

Kühnel an Boecklin, 22. Februar 1806 [D-LEsta, Archiv Peters Nr. 2612].

Kühnel an Schweizer, 31. Oktober 1807 [D-LEsta, Bestand Peters 2631].

Reinicke an das *Bureau de Musique*, 17. Februar 1802. [D-LEsta, Bestand Peters 2549].

Ausgewertete Verzeichnisse der in Deutschland vor 1817 angezeigten Musikalien für Gitarre[1]

Allgemeiner Bericht von neuen Büchern und Kunst=Sachen (6–14), Heidelberg: Mohr und Zimmer 1812–1820.

Allgemeines Verzeichnis der Bücher, welche in der Frankfurter und Leipziger Oster- / Michaelismesse des [...] Jahres entweder ganz neu gedruckt, oder sonst verbessert, wieder aufgelegt worden sind, auch zukünftige noch herauskommen sollen, Leipzig in der Weidmannischen Buchhandlung 1780–1819.

Axel Beer, *Kunst- und Industriecomptoir – Bureau des artes et d'industrie*, masch.-schr., ohne Ort und Jahr.

Axel Beer und Klaus Hortschansky, *Verlagskatalog Breitkopf & Härtel*, Ms. ohne Ort und Jahr.

Axel Beer, *»Empfehlenswerthe Musikalien« – Besprechungen musikalischer Neuerscheinungen außerhalb der Fachpresse (Deutschland, 1. Hälfte des 19. Jahrhunderts)*, 2 Bände, Göttingen, London: Hainholz 2000 (= Hainholz Musikwissenschaft 3).

Britta Constapel, *Der Musikverlag Johann André in Offenbach am Main – Studien zur Verlagstätigkeit von Johann Anton André und Verzeichnis der Musikalien von 1800 bis 1840* (= Würzburger musikhistorische Beiträge 21), Tutzing: Schneider 1998.

Johann Traeg – Die Musikalienverzeichnisse von 1799 und 1804 (Handschriften und Sortiment), hrsg. v. Alexander Weinmann (= Beiträge zur Geschichte des Alt-Wiener Musikverlages 2, 17), Band 1, Wien: Universal Edition 1973.

Carl Johansson, *J.J. & B. Hummel Music-Publishing and Thematic Catalogues*, Band II: *Music-Publishing Catalogues in Facsimile*, Stockholm 1972.

Carl Freiherr von Ledebur, *Tonkünstler-Lexicon Berlin's von den ältesten Zeiten bis auf die Gegenwart*, Berlin: Ludwig Rauh 1861.

Wolfgang Matthäus, *Johann André – Musikverlag zu Offenbach am Main – Verlagsgeschichte und Bibliographie 1772–1800*, Tutzing: Schneider 1973.

Repertoire International de Sources Musicales, Serie A/I: *Einzeldrucke vor 1800*, hrsg. v. der Internationalen Gesellschaft für Musikwissenschaft und der Internationalen Vereinigung der Musikbibliotheken, Kassel usw: Bärenreiter.

Hans Rheinfurth, *Musikverlag Gombart Basel – Augsburg (1789–1836)*, mit einem Beitrag von Monika Groening: *Geschichte der Familie Gombart*, Tutzing: Schneider 1999.

Hans Schneider, *Der Musikverleger Johann Michael Götz (1740–1810) und seine kurfürstlich privilegirte Notenfabrique*, Erster Band: *Verlagsgeschichte und Bibliographie*, Tutzing: Schneider 1989.

---

1   Das *Handbuch der musikalischen Litteratur* von Carl Friedrich Whistling (1817) dient damit als spätester ›terminus ante quem‹.

Hans Schneider, *Makarius Falter (1762–1843) und sein Münchner Musikverlag, Erster Band: Der Verlag im Besitz der Familie (1796–1827)*, Tutzing: Schneider 1933.

Erik Stenstadvold, *An Annotated Bibliography of Guitar Methods, 1760–1860*, Hillsdale, New York: Pendragon 2010 (= Organologia: Musical Instruments and Performance Practice 4).

Verzeichnis derjenigen Musikalien welche in der Speyer'schen Buch- und Musik-Handlung in Arolsen wirklich vorräthig und um die beigesetzten Preise zu haben sind, No. 1, Arolsen 1813.

Vollständiges Verlagsverzeichnis Artaria & Comp., hrsg. v. Alexander Weinmann (= Beiträge zur Geschichte des Alt-Wiener Musikverlages 2, 2), Wien: Krenn 1952.

Alexander Weinmann, *Die Wiener Verlagswerke von Franz Anton Hoffmeister* (= Beiträge zur Geschichte des Alt-Wiener Musikverlages 2, 8), Wien: Universal Edition 1964.

Alexander Weinmann, *Verlagsverzeichnis Pietro Mechetti quondam Carlo* (= Beiträge zur Geschichte des Alt-Wiener Musikverlages 2, 10), Wien: Universal Edition 1966.

Alexander Weinmann, *Verlagsverzeichnis Giovanni Cappi bis A. O. Witzendorf* (= Beiträge zur Geschichte des Alt-Wiener Musikverlages 2, 11), Wien: Universal Edition 1967.

Alexander Weinmann, *Verzeichnis der Musikalien des Verlages Joseph Eder – Jeremias Bermann* (=Beiträge zur Geschichte des Alt-Wiener Musikverlages 2, 12), Wien: Universal Edition 1968.

Alexander Weinmann, *Wiener Musikverlage »Am Rande«* (= Beiträge zur Geschichte des Alt-Wiener Musikverlages 2, 13), Wien: Universal Edition 1970.

Alexander Weinmann, *Verlagsverzeichnis Tranquillo Mollo* (= Beiträge zur Geschichte des Alt-Wiener Musikverlages 2, 9), Wien 1964 und *Ergänzungen* (=Beiträge zur Geschichte des Alt-Wiener Musikverlages 2, 9), Wien: Universal Edition 1972.

Alexander Weinmann, *Verlagsverzeichnis Ignaz Sauer, Sauer und Leidesdorf und Anton Berka & Comp.* (= Beiträge zur Geschichte des Alt-Wiener Musikverlages 2, 15), Wien: Universal Edition 1972.

Alexander Weinmann, *Verlagsverzeichnis Johann Traeg (und Sohn)* (= Beiträge zur Geschichte des Alt-Wiener Musikverlages 2, 16), Wien: Universal Edition ²1973.

Alexander Weinmann, *Vollständiges Verlagsverzeichnis Senefelder – Steiner – Haslinger*, Band 1: *A. Senefelder, Chemische Druckerey, S. A. Steiner, S. A. Steiner & Comp. (Wien 1803–1826)* (= Musikwissenschaftliche Schriften 14, zgl. Beiträge zur Geschichte des Alt-Wiener Musikverlages 2, 19), München, Salzburg: Katzbichler 1979.

Alexander Weinmann, *Verlagsverzeichnis Peter Cappi und Cappi & Diabelli (1816 bis 1824)* (=Beiträge zur Geschichte des Alt-Wiener Musikverlages 2, 23), Wien: Krenn 1983.

Alexander Weinmann, *Verzeichnis der Musikalien aus dem K. K. Hoftheater-Musik-Verlag* (= Beiträge zur Geschichte des Alt-Wiener Musikverlages 2, 6), Wien: Universal Edition o. J.

[Carl Friedrich Whistling], *Handbuch der musikalischen Litteratur*, Leipzig: Hofmeister 1817.

Lexika

Encyclopädie der gesammten musikalischen Wissenschaften oder Univeral-Lexicon der Tonkunst, Neue Ausgabe bearbeitet von Gottfried Wilhelm Fink und dem Redacteur Gustav Schilling, Stuttgart: Köhler 1840.

Carl Freiherr von Ledebur, *Tonkünstler-Lexicon Berlin's von den ältesten Zeiten bis auf die Gegenwart*, Berlin: Ludwig Rauh 1861.

François J. Fétis, *Biographie universelle des Musiciens et Bibliographie Générale de la Musique*, Paris [2]1877–1881.

Robert Eitner, *Biographisch-Bibliographisches Quellenlexikon der Musiker und Musikgelehrten der christlichen Zeitrechnung bis zur Mitte des neunzehnten Jahrhunderts*, 10 Bände, Leipzig 1900–1904.

Die Musik in Geschichte und Gegenwart: Allgemeine Enzyklopädie der Musik, hrsg. v. Friedrich Blume, Kassel: Bärenreiter 1949–1968.

Die Musik in Geschichte und Gegenwart: Allgemeine Enzyklopädie der Musik, begründet von Friedrich Blume, Zweite, neubearbeitete Ausgabe hrsg. v. Ludwig Finscher, Sachteil, Kassel und Suttgart: Bärenreiter und Metzler 1994–1998.

Die Musik in Geschichte und Gegenwart: Allgemeine Enzyklopädie der Musik, begründet von Friedrich Blume, Zweite, neubearbeitete Ausgabe hrsg. v. Ludwig Finscher, Personenteil, Kassel und Suttgart: Bärenreiter und Metzler 1999–2007.

The New Grove Dictionary of Music and Musicians, zweite Auflage hrsg. v. Stanley Sadie, London: Macmillan 2001.

Forschungsliteratur

Aesthetics and the Art of Musical Composition in the German Enlightment – Selected Writings of Johanne Georg Sulzer and Heinrich Christoph Koch, hrsg. v. Nancy Kovaleff Baker und Thomas Christensen, Cambridge: CUP 1995 (= Cambridge Studies in Music Theory and Analysis 7).

Jeffrey C. Alexander, *The Civil Sphere*, Oxford usw.: OxfordUP 2006.

Willi Apel, *Studien über die frühe Violinmusik I*, in: *Archiv für Musikwissenschaft* 30 (1973), S. 153–174.

Jan Assmann, *Kollektives Gedächtnis und kulturelle Identität*, in: *Kultur und Gedächtnis*, hrsg. v. dems. und Tonio Hölscher, Frankfurt am Main: Suhrkamp 1988, S. 9–19.

Leo Balet und E. Gerhard, *Die Verbürgerlichung der deutschen Kunst, Literatur und Musik im 18. Jahrhundert*, Dresden: Verlag der Kunst 1979.

Andreas Ballstaedt und Tobias Widmaier, *Salonmusik – Zur Geschichte und Funktion einer bürgerlichen Musikpraxis*, Stuttgart: Steiner 1989 (= Beihefte zum AfMw 28).

Howard S. Becker, *Art Worlds*, Berkley, Los Angeles, London: UCP 1982.

Axel Beer, *Musik zwischen Komponist, Verlag und Publikum – Die Rahmenbedingungen des Musikschaffens in Deutschland im ersten Drittel des 19. Jahrhunderts*, Tutzing: Schneider 2000.

Axel Beer, *Moderne Musik in modernem Ambiente*, in: *Im Dienst der Quellen zur Musik – Festschrift Gertraut Haberkamp zum 65. Geburtstag*, hrsg. von der Bischöflichen Zentralbibliothek Regensburg durch Paul Mai, Tutzing: Schneider 2002, S. 469–475.

Axel Beer, *August[in] Harder*, in: MGG2P, Band 8, Sp. 690f.

Axel Beer, *Das Leipziger ›Bureau de Musique‹ (Hoffmeister & Kühnel, A. Kühnel) – Geschichte und Verlagsproduktion*, Tutzing: Schneider [in Vorbereitung].

Ian Biddle, *On the Radical in Musicology*, in: Radical Musicology 1 (2006) [http://www.radical-musicology.org.uk/2006/Biddle.htm; letzter Zugriff: 13. Januar 2012].

Wolfgang Boetticher, *Gitarre*, in: MGG, Band 5, S. 174–202.

Pierre Bourdieu, *Der Sozialraum und seine Transformationen*, in ders.: *Die feinen Unterschiede – Kritik der gesellschaftlichen Urteilskraft*, Frankfurt am Main: Suhrkamp 1982, S. 171–209.

Gunilla-Friederike Budde, *Auf dem Weg ins Bürgerleben: Kindheit und Erziehung in deutschen und englischen Bürgerfamilien 1840–1914*, Göttingen: Vandenhoeck & Ruprecht 1994 (= Bürgertum 6).

Fritz Buek, *Die Gitarre und ihre Meister*, Berlin: Schlesinger, Wien: Haslinger [2]1926.

Monika Burzik, *Gitarre – B. Repertoire und Spieltechnik, II. 19. Jahrhundert*, in: MGG2S, Band 3, Sp. 1359–1362.

Tim Carter, *The Sound of Silence: Models for an Urban Musicology*, in: *Urban History* 29 (2002), S. 8–18.

Victor Anand Coelho, *Picking through Cultures: a Guitarist's Music History*, in: *The Cambridge Companion to the Guitar*, hrsg. v. dems., Cambridge: Cambridge UP 2003, S. 3–12.

Karl Otto Conrady, *Goethe: Leben und Werk*, 2 Bände, Königsstein: Athenäum 1984/85.

Paul Wathen Cox, *Classic Guitar Technique and its Evolution as Reflected in the Method Books ca. 1770–1850*, mschr. Diss., Department of Music, Indiana University 1978, AnnArbor/MI: UMI o.J.

Carl Dahlhaus, *Grundlagen der Musikgeschichte*, Köln: Gerig 1977 (= Musik–Taschenbücher: Theoretica 15).

Carl Dahlhaus, *Die Idee der absoluten Musik*, in ders., *Gesammelte Schriften 4: 19. Jahrhundert I*, hrsg. v. Hermann Danuser, Laaber: Laaber 2002, S. 11–126.

Hermann Danuser, *Gattung*, in: MGG2S, Band 3, Sp. 1042–1069.

Kevin Dawe, Andy Bennett, *Guitars, Cultures, People and Places*, in: *Guitar Cultures*, hrsg. v. dens., Oxford, New York: Berg 2001, S. 1–10.

Kevin Dawe, *The New Guitarscape in Critical Theory, Cultural Practice and Musical Performance*, Farnham, Burlington/VT: Ashgate 2010 (= Ashgate Popular and Folk Music Series).

Tia DeNora, *Music in Everyday Life*, Cambridge usw.: CUP 2000.

Nanny Drechsler, *Von Rosen, Lilien, Nelken – oder: Ob nur Frauen welken? Anmerkungen zur Imagination des ›Weiblichen‹ in der Romantik*, in: *Geschlechterpolaritäten in der Musikgeschichte des 18.–20. Jahrhunderts*, hrsg. v. Rebecca Grotjahn und Freia Hoffmann, Herbolzheim: Centaurus 2002 (= Beiträge zur Kultur- und Sozialgeschichte der Musik 3), S. 129–141.

Terry Eagleton, *The Idea of Culture*, Oxford: Blackwell 2000.

Hans Heinrich Eggebrecht, *Musik als Tonsprache*, in: *Archiv für Musikwissenschaft* 18 (1961), S. 73–100.

Hans Heinrich Eggebrecht, *Musik und Romantik*, in: *Gegenwelten*, hrsg. v. Roswitha Sperber, Hofheim: Wolke 1997, S. 19–31.

Tom und Mary Evans, *Guitars – Music, History, Construction and Players from the Renaissance to Rock*, New York, London: Paddington Press 1977.

Elisabeth Fehrenbach, *Vom Ancien Régime zum Wiener Kongress*, München [4]2001 (= Oldenbourg Grundriss der Geschichte 12).

Werner Flechsig, *Musikinstrumentenhandel im Braunschweigischen zwischen 1750 und 1820. Ein Beitrag zur heimischen Musik- und Wirtschaftsgeschichte*, in: Braunschweigische Heimat 64 (1978), Heft 3/4, S. 98–111.

Simon Frith, *Performing Rites – On the Value of Popular Music*, Cambridge/MA: HarvardUP 1996.

Enrico Fubini, *Geschichte der Musikästhetik – Von der Antike bis zur Gegenwart*, Stuttgart, Weimar: Metzler 1997.

Mary Fulbrook, *Historical Theory*, London, New York: Routledge 2002.

Peter Gay, *Bürger und Boheme – Kunstkriege des 19. Jahrhunderts*, München: Beck 1999.

Dagmar von Gersdorff, *Marianne von Willemer und Goethe – Geschichte einer Liebe*, Frankfurt am Main: Insel 2003.

Francesco Gorio, *Simon Molitor (1766–1848)*, in: *Il Fronimo* 46 (1984), S. 34–44.

Francesco Gorio, *Wenzeslaus Thomas Matiegka (1773–1830) – Ricerche biografiche*, in: *Il Fronimo* XIII/52 (1985), S. 24–41.

Francesco Gorio, *Wenzeslaus Thomas Matiegka – Le caratteristiche strumentali*, in: *Il Fronimo* XIII/53 (1985), S. 7–26.

Adam Gottron, *Mainzer Musikgeschichte von 1500 bis 1800*, Mainz: Stadtbibliothek 1959 (= Beiträge zur Geschichte der Stadt Mainz 18).

Rebecca Grotjahn und Freia Hoffmann, *Einleitung zu Geschlechterpolaritäten in der Musikgeschichte des 18.–20. Jahrhunderts*, hrsg. v. dens., Herbolzheim: Centaurus 2002 (= Beiträge zur Kultur- und Sozialgeschichte der Musik 3), S. 1–6.

Frederic V. Grunfeld, *The Art and Times of the Guitar – An Illustrated History of Guitars and Guitarists*, New York: Da Capo 1969.

Jens Häseler, *Französische Emigranten in Rheinsberg*, in: *Prinz Heinrich von Preußen – Ein Europäer in Rheinsberg*, hersg. v. der Generaldirektion der Stiftung Preußischer Schlösser und Gärten, Berlin, München: Deutscher Kunstverlag 2002, S. 509–511.

Karin Hausen, *Die Polarisierung der ›Geschlechtercharaktere‹ – Eine Spiegelung der Dissoziation von Erwerbs- und Familienleben*, in: *Sozialgeschichte der Familie in der Neuzeit Europas*, hrsg. v. Werner Conze, Stuttgart: Klett 1976 (= Industrielle Welt 21), S. 363–393.

Thomas F. Heck, *The Birth of the Classic Guitar and its Cultivation in Vienna, Reflected in the Career and Compositions of Mauro Giuliani (d. 1829)*, mschr. Dissertation, Yale University, New Haven/CT 1970.

Thomas F. Heck, *Mauro Giuliani – Virtuoso Guitarist and Composer*, Columbus/OH: Editions Orphée 1997.

Peter M. Hejl, *Culture as a Network of Socially Constructed Realities*, in: *Cultural Participation. Trends Since the Middle Ages*, hrsg. v. Ann Rigney und Douwe Fokkema, Amsterdam, Philadelphia: J. Benjamins (= Utrecht Publications in General and Comparative Literature 31), S. 227–250.

Matthias Henke, *Joseph Küffner – Leben und Werk des Würzburger Musikers im Spiegel der Geschichte*, 2 Bände, Tutzing: Schneider 1985.

Manfred Hettling, *Politische Bürgerlichkeit – Der Bürger zwischen Individualität und Vergesellschaftung in Deutschland und der Schweiz von 1860 bis 1918*, Göttingen, Vandenhoeck & Ruprecht 1999 (= Bürgertum – Beiträge zur europäischen Gesellschaftsgeschichte 13).

Thorsten Hindrichs, *Wenzelslaus Thomas Matiegka*, in; MGG2P, Band 11, Sp. 1317f.

Thorsten Hindrichs, *Simon Molitor*, in: MGG2P, Band 12, Sp. 312–314.

Thorsten Hindrichs, *Fernando Sor*, in: MGG2P, Band 15, Sp. 1072f.

Thorsten Hindrichs, *Orthographie, Schreibart und »Wissenschaft der Komposizion« – Simon Molitors Vorrede zur »Großen Sonate für die Guitare allein, als Probe einer besseren Behandlung dieses Instruments«, opus 7 (1807)*, in: *Musiktheorie* 23 (2008), S. 347–360

Stephen Hinton, *Musikwissenschaft und Musiktheorie oder: Die Frage nach der phänomenologischen Jungfräulichkeit*, in: *Musiktheorie* 3 (1988), S. 195–204.

Wolf Hobohm, *Beiträge zur Musikgeschichte Magdeburgs im 19. Jahrhundert*, 2 Bände, mschr. Dissertation, Halle/Saale 1982.

Eric Hobsbawm, *On history from below*, in ders.: *On history*, New York: The New Press 1997, S. 201–216.

Freia Hoffmann, *Instrument und Körper – Die musizierende Frau in der bürgerlichen Kultur*, Frankfurt am Main, Leipzig: Insel Verlag 1991.

Lothar Hoffmann-Erbrecht, *Joseph Ewald Reiner*, in: *Schlesisches Musiklexikon*, hrsg. v. dems., Augsburg: Wißner 2001, S. 345f.

Tanja van Hoorn, *Entwurf einer Psychophysiologie des Menschen – Johann Gottlob Krügers ›Grundriß eines neuen Lehrgebäudes der Artzneygelahrtheit‹ (1745)*, Hannover: Wehrhahn 2006.

Klaus Hortschansky, *Pränumerations- und Subskriptionslisten in Notendrucken deutscher Musiker des 18. Jahrhunderts*, in: *Acta Musicologica* 40 (1968), S. 154–174.

Klaus Hortschansky, *Der Musiker als Musikalienhändler in der zweiten Hälfte des 18. Jahrhunderts*, in: *Der Sozialstatus des Berufsmusikers vom 17. bis 19. Jahrhundert*, hrsg. v. Walter Salmen, Kassel usw.: Bärenreiter 1971, S. 83–102.

Oliver Huck, *Bagatellen?! – Heinrich Marschners Jugendwerke*, in: *Gitarre & Laute* 18 (1996), Heft 6, S. 45–52.

Hans Robert Jauß, *Ästhetische Erfahrung und literarische Hermeneutik*, Frankfurt am Main: Suhrkamp 1982.

Christian Kaden, *Musiksoziolgie*, Wilhelmshaven: Heinrichshofen 1985.

Dietrich Kämper, *Die Klaviersonate nach Beethoven – Von Schubert bis Skrjabin*, Darmstadt: WBG 1987 (= Grundzüge 69).

Alfred Graf von Kageneck, *Die Lebensgeschichte des ›Musikbarons‹ Franz Friedrich Sigismund Freiherrn Böcklin von Böcklinsau (1745–1813)*, in: *Schau ins Land* 113 (1994), S. 107–148.

Carmen Kahn-Wallerstein, *Marianne von Willemer – Goethes Suleika und ihre Welt*, Bern, München: Francke 1961

Volker Kalisch, *Studien zur ›bürgerlichen Musikkultur‹*, Tübingen: Brenner 1990.

Johannes Klier und Ingrid Hacker-Klier, *Die Gitarre – Ein Instrument und seine Geschichte*, hrsg. v. Santiago Navascués, Bad Schussenried: Bruckbauer 1980 (= Biblioteca de la Guitarra).

Karl Friedrich Klöden, *Von Berlin nach Berlin – Erinnerungen 1786–1824*, hrsg. v. Rolf Weber, Berlin: Verlag der Nation [2]1978.

Jürgen Kocka, *Bürgertum und Bürgerlichkeit als Probleme der deutschen Geschichte*, in: *Bürger und Bürgerlickeit im 19. Jahrhundert*, hrsg. v. dems., Göttingen: Vandenhoeck & Ruprecht 1987, S. 21–63.

Igor Kopytoff: *The Cultural Biography of Things: Commoditization as Process*, in: *The Social Life of Things – Commodities in Cultural Perspective*, hrsg. v. Arjun Appadurai, Cambridge usw.: CUP 1986, S. 64–91.

Volker Kriegel, *Manchmal ist es besser, man sagt gar nix*, Zürich: Haffmann 1988.

Jacques Le Goff, *Ludwig der Heilige*, Stuttgart: Klett-Cotta 2000.

Ulrich Leisinger, *Was sind musikalische Gedanken?*, in: *Archiv für Musikwissenschaft* 42 (1990), S. 103–119.

Jürgen Libbert, *400 Jahre Gitarre und Gitarristen – Versuch eines historischen Überblicks*, in: *Musica* 33 (1979), S. 17–22.

Jürgen Libbert, *Hermeneutik der barocken Lautentabulaturen – Geschichtsverlust und neue Ästhetik*, in: *Die Gitarre im Aufbruch – Festschrift Heinz Teuchert zum 80. Geburtstag*, hrsg. v. Jürgen Libbert in Zusammenarbeit mit der European Guitar Teacher Association, Sektion Deutschland, München: Ricordi 1994, S. 215–250.

Edward Lippman, *A History of Western Musical Aesthetics*, Lincoln, London: University of Nebraska Press 1992.

Christine Lubkoll, *Mythos Musik – Poetische Entwürfe des Musikalischen in der Literatur um 1800*, Freiburg: Rombach 1995 (= Rombach Litterae 32).

Laurenz Lütteken, *Das Monologische als Denkform in der Musik zwischen 1760 und 1785*, Tübingen: Niemeyer 1998 (= Wolfenbütteler Studien zur Aufklärung 24).

Christoph-Hellmut Mahling, *Zum »Musikbetrieb« Berlins und seinen Institutionen in der ersten Hälfte des 19. Jahrhunderts*, in: *Studien zur Musikgeschichte Berlins im frühen 19. Jahrhundert*, hrsg. v. Carl Dahlhaus, Bosse: Regensburg (= Studien zur Musikgeschichte des 19. Jahrhunderts 56), S. 27–284.

Wolfgang Marx, *Kriterien der Gattungsbestimmung*, in: *Theorie der Gattungen*, hrsg. v. Siegfried Mauser, Laaber: Laaber 2005 (= Handbuch der musikalischen Gattungen 15), S. 269–293.

Alois Mauerhofer, *Leonhard von Call. Musik des Mittelstands zur Zeit der Wiener Klassik*, mschr. Dissertation, Graz 1974.

Richard Middleton, *Music Studies and the Idea of Culture*, in: *The Cultural Study of Music – A Critical Intriduction*, hrsg. v. Martin Clayton, Trevor Herbert und dems., New York, London: Routledge 2003, S. 1–15.

Mary Sue Morrow, *Concert Life in Haydn's Vienna: Aspects of a Developing Musical and Social Institution*, Stuyvesant/NY: Pendragon 1989 (= Sociology of Music 7).

Joseph Müller-Blattau, *Ein alemannischer Musikfreund zu Goethes Zeit*, in: *Volkstum und Reich. Ein Buch vom Oberrhein*, hrsg. v. Franz Kerber, Stuttgart: Engelhorn 1938 (= Jahrbuch der Stadt Freiburg im Breisgau 2), S. 156–172.

Francis Mulhern, *Culture/Metaculture*, New York: Routledge 2000.

Barbara Naumann, *»Musikalisches Ideen-Instrument« – Das Musikalische in Poetik und Sprachtheorie der Frühromantik*, Stuttgart: Metzler 1990.

Thomas Nipperdey, *Verein als soziale Struktur in Deutschland im späten 18. und frühen 19. Jahrhundert*, in: *Geschichtswissenschaft und Vereinswesen im 19. Jahrhundert*, hrsg. v. H. Boockmann u.a., Göttingen 1972, S. 1–44.

Thomas Nipperdey, *Deutsche Geschichte 1800–1866 – Bürgerwelt und starker Staat*, München: Beck 1983.

Matanya Ophee, *Die Entstehung der ›modernen‹ Gitarrennotation in neuem Licht*, in: *Gitarre und Laute* 5 (1983), S. 247–253

Peter Päffgen, *Die Gitarre – Geschichte, Spieltechnik, Repertoire*, Mainz usw.: Schott [2]2002 (= Unsere Instrumente 11).

Konrad Ragossnig, *Handbuch der Gitarre und Laute (mit 70 Abbildungen)*, Mainz usw.: Schott 1978.

Ralf Roth, *Stadt und Bürgertum in Frankfurt am Main – Ein besonderer Weg von der ständischen zur modernen Bürgergesellschaft 1760–1914*, München: Oldenbourg 1996 (= Stadt und Bürgertum 7).

Walter Salmen, *Haus- und Kammermusik: Privates Musizieren im gesellschaftlichen Wandel zwischen 1600 und 1900*, Leipzig: Deutscher Verlag für Musik 1969 (= Musikgeschichte in Bildern IV, 3).

Walter Salmen, *Gartenmusik: Musik – Tanz – Konversation im Freien*, Hildesheim, Zürich, New York: Olms 2006.

Thomas Schipperges, *Leonhard von Call*, in: MGG2P, Band 3, Sp. 1698f.

Peter Schleuning, *Das 18. Jahrhundert: der Bürger erhebt sich*, Hamburg: Rowohlt 1984 (= rororo-Sachbuch 7792).

Thomas Schmidt-Beste, *Die Sonate: Geschichte – Formen – Ästhetik*, Kassel usw.: Bärenreiter 2006 (= Bärenreiter Studienbücher Musik 5).

Alexander Schmitz, *Das Gitarrenbuch – Geschichte, Instrumente, Interpreten*, Frankfurt/Main: Krüger [3]1982.

Peter Schmitz, *Ergänzende Bemerkungen zur Einführung der modernen Gitarrennotation in Wien*, in: *Gitarre und Laute* 16 (1994), Heft 2, S. 17–21.

Peter Schmitz, *Gitarrenmusik für Dilettanten – Entwicklung und Stellenwert des Gitarrenspiels in der bürgerlichen Musikpraxis der ersten Hälfte des 19. Jahrhunderts im deutschsprachigen Raum* (= Europäische Hochschulschriften XXXVI, 181), Frankfurt am Main usw.: Peter Lang 1998.

Dagmar Schnell, *Johann Heinrich Carl Bornhardt*, mschr. Magisterarbeit (Mainz 1996).

Dagmar Schnell, *Johann Heinrich Carl Bornhardt*, in: MGG2P, Band 3, Sp. 423–425.

Nicole Schwindt, *Drama und Diskurs – Zur Beziehung zwischen Satztechnik und motivischem Prozeß am Beispiel der durchbrochenen Arbeit in den Streichquartetten Mozarts und Haydns*, Laaber: Laaber 1989 (= Neue Heidelberger Schriften zur Musikwissenschaft 15).

Wilhelm Seidel, *Franz Friedrich Siegmund August Boecklin von Boecklinsau*, in: MGG2P, Band 3, Sp. 176–179.

Ingolf Sellack, *»Rheinsberg, das er den Musen und Grazien geweiht hatte…« – Musik-, Theater- und Festkultur am Hof des Prinzen Heinrich von Preußen*, in: *Prinz Heinrich von Preußen – Ein Europäer in Rheinsberg*, hrsg. v. der Generaldirektion der Stiftung Preußischer Schlösser und Gärten, Berlin, München: Deutscher Kunstverlag 2002, S. 359–368.

Reinhard Sieder, *Sozialgeschichte auf dem Weg zu einer historischen Kulturwissenschaft?*, in: *Geschichte und Gesellschaft* 20 (1994), S. 445–468.

Douglas A. Smith, *Baron and Weiss contra Mattheson: in Defense of the Lute*, in: *Journal of the Lute Society of America* 6 (1973), S. 48–62.

The Social Life of Things – Commodities in Cultural Perspective, hrsg. v. Arjun Appadurai, Cambridge usw.: CUP 1986.

Bernd Sponheuer, *Musik als Kunst und Nicht-Kunst – Untersuchungen zur Dichotomie von ›hoher‹ und ›niederer‹ Musik im musikästhetischen Denken zwischen Kant und Hanslick*, Kassel usw.: Bärenreiter 1987 (= Kieler Schriften zur Musikwissenschaft 30).

Erik Stenstadvold, *Antoine de l'Hoyer (1768–1852): Riscoperta di un chitarrista-compositore trascurato*, in: *Il Fronimo* 100 (1997), S. 15–41.

Erik Stenstadvold, *Antoine de L'Hoyer*, in: NGroveD (2001), Band 14, S. 629f.

Richard Taruskin, *Introduction: The History of What?* in ders., *The Oxford History of Western Music*, Band 1, Oxford usw.: OxfordUP 2005, S. XXI–XXXIII.

Gary Tomlinson, *Musicology, Anthropology, History*, in: *The Cultural Study of Music – A Critical Introduction*, hrsg. v. Martin Clayton, Trevor Herbert und Richard Middleton, New York, London: Routledge 2003, S. 31–44.

Harvey Turnbull, *The Guitar from the Renaissance to the Present Day*, London: Batsford 1974.

Harvey Turnbull und Paul Sparks, *Guitar – § 5: The Early Six-String Guitar*, in: NGroveD (2001), Band 10, S. 563–566.

James Tyler und Paul Sparks, *The Guitar and its Music from the Renaissance to the Classical Era*, Oxford: OxfordUP 2002 (= Oxford Early Music Series).

Steve Waksman, *Instruments of Desire – The Electric Guitar and the Shaping of Musical Experience*, Cambridge/MA, London: HarvardUP 1999.

Markus Waldura, *Von Rameau und Riepel zu Koch – Zum Zusammenhang zwischen theoretischem Ansatz, Kadenzlehre und Periodenbegriff in der Musiktheorie des 18. Jahrhunderts*, Hildesheim Zürich New York: Olms 2002 (= Musikwissenschaftliche Publikationen 21).

Caroline Welsh, *Wie aus Tönen Bildern werden – Zur Figuration der Musik und ihrer Kritik*, in: *Sinne und Verstand – Ästhetische Modellierungen der Wahrnehmung um 1800*, hrsg. v. ders., Christina Dongowski und Susanna Lulé, Würzburg: Königshausen & Neumann 2001 (= Stiftung für Romantikforschung 18), S. 169–187.

Caroline Welsh, *Hirnhöhlenpoetiken – Theorien zur Wahrnehmung in Wissenschaft, Ästhetik und Literatur um 1800*, Freiburg: Rombach 2003 (=Rombach Litterae 114).

Harald Welzer, *Das kommunikative Gedächtnis – Eine Theorie der Erinnerung*, München: Beck 2002.

Tobias Widmaier, *Der deutsche Musikalienleihhandel – Funktion, Bedeutung und Topographie einer Form gewerblicher Musikaliendistribution vom späten 18. bis zum frühen 20. Jahrhundert*, Saarbrücken: Pfau 1998.

Scott Wilson, *The Order of Joy: Beyond the Cultural Politics of Enjoyment*, Albany; State University of New York Press 2008 (= SUNY Series in Psychoanalysis and Culture 352).

Beate Martina Wollner, *Carl Zulehner (1770–1841): Ein Musiker in Mainz*, Tutzing: Schneider 2009 (= Quellen und Abhandlungen zur Geschichte des Musikverlagswesens 4).

Christian Würtz, *Johann Niklas Friedrich Brauer (1754–1813) – Badischer Reformer in napoleonischer Zeit*, Stuttgart: Kohlhammer 2005 (= Veröffentlichungen der Kommission für geschichtliche Landeskunde in Baden-Württemberg B159).

Theodore Ziolkowski, *Berlin – Aufstieg einer Kulturmetropole um 1810*, Stuttgart: Klett-Cotta 2002.

Josef Zuth, *Simon Molitor und die Wiener Gitarristik (um 1800)*, Wien: Goll 1920.

Josef Zuth, *Handbuch der Gitarre und Laute*, Wien: Goll 1926–1928.

ANHANG: DOKUMENTE

Friedrich Guthmann, *Ueber Guitarrenspiel*, in: AMZ VIII (1805/06), Nr. 23, 5. März 1806, Sp. 362–366.

Die immer mehr zunehmende Liebhaberey des Guitarrenspiels, welche sich selbst auf die Provinzialstädte erstreckt, möchte die wenigen Worte, welche ich hier öffentlich für das grosse und vermischte Publikum darüber äussern will, nicht ganz unnöthig machen, wenn es gleich blos Aphorismen sind. Die Guitarre ist ein Instrument, welches, gut gespielt, ausserordentlich viel Bezauberndes hat, und weit mehr in sich enthält, als man dem ersten Anscheine nach glauben möchte. Man denkt sich dieses Instrument blos als Begleitung des Gesangs, und es ist wahr, dass es sich dazu vorzüglich eignet, und dabey gute Wirkung thut, selbst wenn es ziemlich mittelmässig gespielt wird. Dies – und seine geschmackvolle, gefällige Form, seine leichte Transportabilität, seine Neuheit, welche durch die Mode unterstützt wird, die Leichtigkeit, etwas Weniges darauf zu erlernen, die Wohlfeilheit des Instruments – dies alles mag ihm den guten Eingang und die Aufnahme verschafft haben, welche es fand. – Soll es aber seine ganze Fülle, seinen ganzen Reichthum zeigen, so ist dazu nicht unumgänglich Gesang notwendig; es ist zur Phantasie für einen fühlenden Menschen, der aber nothwendig eine hinlängliche Kenntniss der Harmonie überhaupt haben muss, ausserordentlich geschickt, und zeigt gerade hier, ganz eigene Schönheiten. Was für ein liebliches Gewebe von con- und dissonierenden Akkorden, Brechungen, stark und schwach, lässt sich da nicht geben! – Freylich gehört dazu, ausser (wie schon erwähnt) nothwendiger Kenntniss der Harmonie, auch eine längere Uebung, Geschmack und Phantasie; dann ist das Guitarrenspiel keine leere Klimperey; sondern wirkliche Kunst. – Wer hingegen glaubt, die Erlernung des wahren Guitarrenspiels sey so kinderleicht, dass es sich kaum der Mühe verlohne, und eine Sache von zwey bis höchstens drey Monaten sey, der irrt sich gar sehr. Denn ein Guitarrenklimperer kann Einer in solcher Zeit wol werden, nur kein Gitarrenspieler. In seinen Händen verliert das Instrument seinen schönsten Reiz; es lässt blos ein süssliches, tonloses Zirpen und Girren, ohne Saft und Kraft, hören. Wenn es auch gleich wahr ist, dass man die Töne leicht aufsuchen kann, so ist es doch sehr schwer, sie geschwind und fest zu Akkorden, mit einem sich gleichbleibenden hellen Tone zu verbinden, vorzüglich für kurze, schwache Finger. – Je besser das Instrument gebaut, und je schöner der Ton ist, desto geschickter ist es um Erlernen. Auf einem ganz schlechten Instrumente bringt auch der gute Spieler wenig Ton hervor, geschweige denn der Anfänger; dieser bekommt noch darzu ganz falsche Begriffe. – Am vorteilhaftesten ist es, wenn man es vor der Erlernung der Guitarre auf dem Klavier zu einer gewissen Fertigkeit gebracht hat; nur unter dieser Bedingung ist bey guter schriftlicher Anweisung, ohne mündlichen Unterricht Erlernung der Guitarre ohne sehr viele Schwierigkeiten, mit Erfolg möglich. Die Anfangsgründe der Musik, Notenkenntniss und was dazu gehört, Takt, Vortrag, etc. müssen schon erlernt seyn. – auch darf sich der Anfänger bey Müdigkeit der Hand und Schmerz an den Fingerspitzen der linken Hand, durch die Haltung des Instruments und durch festen Ansatz auf die Saiten – nicht irre und abwendig machen lassen. Der letztere Umstand, der Schmerz an den Fingerspitzen und dessen geduldige Ertragung, ist mir immer bey den zarten Fingern der Damen räthselhaft gewesen, und es schien mir, als ob auch hier die Göttin Mode Alles überwände. (Freylich klingt es auch bisweilen darnach!) Um aller dieser Ursachen willen dürfen Kinder, und sehr junge Frauenzimmer die Guitarre nicht als das erstes und einzige Instrument zur Erlernung in die Hände bekommen. Auch ist es wahrhaft verderblich, und gemeiniglich auf immer – wenn man den Anfang in der Singkunst mit begleitender Guitarre macht, oder doch Anfängern und Anfängerinnen im Singen diese Begleitung oft zulässt. Ein jedes Instrument hat seine Grenzen; so auch die Guitarre. Man muss wohl prüfen, was sie leisten kann, oder nicht. Unter diejenigen Dinge, welche wenigstens sich nicht sonderlich auf ihr ausnehmen, die Schwierigkeit der Ausführung ungerechne, gehört, meines Erachtens, der Triller. Ich nehme meine Meynung zurück, sobald meine Ohren sich eines bessern überzeugt haben – bis jetzt aber kam er mir nur als eine wahre Spielerey vor. Nicht darin besteht das kunstvolle Spiel eines Instruments, dass man alles darauf machen will, was auf andern möglich ist, sondern darin, dass man in den Schranken desselben, alles so schön, so geniessbar macht, als es möglich ist. Der Mensch überschreitet aber so leicht in jeder Sache die Schranken! – Noch einige Worte über die Erlernung der Guitarre. – Haltung oder Lage derselben, bequemes, festes Greifen der Töne und Saiten, mit beyden Händen, hängt genau zusammen, und ist Hauptsache der Grundlage. Man drücke daher jede Saite fest an den Hals und reisse sie mit der rechten Hand kurz und mässig stark, jedoch durchgängig gleichförmig, d.h. bey den Skalen und Akkorden z.B. einen Ton wie den andern gleich stark oder gleich schwach. Bey den natürlichen und künstlichen Accenten ist es anders; ich spreche hier nur von dem ersten Anfange. Man gewöhne sich nicht auf das Griffbret oder den Hals der Guitarre zu oft zu sehen, sondern stelle die Lage der Töne mehr in der Seel durch Hülfe des Rechnens, Zählens und der Phantasie vor. Den rechten Arm lasse man wenig, oder am besten gar nicht auf der Guitarre ruhen: er hemmt die Vibration des Tons. Noch spiele man nicht die erste beste Begleitung, wenn sie auch noch so leicht ist, sondern mache sich erst mit den Skalen und Plätzen bekannt. Doch genug und schon überflüssig von der Erlernung, da man ohnehin eine schriftliche Anweisung nöthig hat, welche dies alles lehren soll. Den 14 Febr. 1806 Fr. Guthmann.

214

Simon Molitor, *Vorrede zur Großen Sonate für die Guitarre allein, als Probe einer besseren Behandlung dieses Instruments*, op. 7, Wien: Artaria [1807], PN 1856.

Die Erfindung eines Instrumentes, auf welchem der Ton durch das Schnellen einer gespannten Saite hervorgebracht wird, ist so natürlich und einfach, dass sie bei mehreren Völkerschaften gemacht worden seyn kann, und nicht eben nothwendig nur durch Uiberlieferung von einer auf die andern gekommen seyn muss.

Richtig ist es, dass wir bei allen Völkern des Alterthums, so weit Fabel und Geschichte reichen, *Guitare = (Cyther) =* ähnliche Instrumente antreffen. Bei allen diesen Völkern fällt der Ursprung dieser Instrumente, zugleich mit jenem der Musik selbst, in die Zeiten der fabelhaften Vorwelt.*

* So wenig irgend jemand die Sprache, die Baukunst, oder eine andere menschliche Kunst und Wissenschaft erfunden haben kann, eben so wenig kann auch jemand (in dem Verstand, nemlich, wie es gemeiniglich genommen zu werden pflegt,) die Musik erfunden haben. Beinah jedes Volk giebt seine eigenen Erfinder der Künste an; welches im Grunde nichts anderes heißt, als dass sie alle zu ihrer Zeit Personen unter sich gehabt haben, die in ihren Gegenden, ohne etwas von einander zu wissen, an der Verbesserung oder Vervollkommnung irgend eines Theils der Musik unter den ihrigen gearbeitet haben. Solche Personen waren vorzüglich *Osiris, Jubal, Hermes* oder *Merkur, Cadmus, Chiron; Amphion, Apollo, Orpheus, Bardus, Thuisko,* u.s.w. *Forkel's allgemeine Geschichte der Musik,* 1. Band S. 70.

Bei allen sollten sie zuerst von Göttern und Heroen eingeführt worden seyn, welche zugleich erste Stifter der Staaten waren,*

* Nur die *Hebräer* machen hierinn eine Ausnahme, indem sie *Jubal* den Erfinder der Musik nennen; der schon in das Zeitalter *Jareds* gehörte. *Ebendas.* S. 101.

und hauptsächlich durch die göttliche Kunst der Töne die Menschen dem Stande der rohen Wildheit entrissen, und sie die Kunst gelehrt haben sollten, in Gesellschaft verbunden ein glücklicheres Leben zu führen.

So sehr aber auch die älteste Geschichte der Musik mit der Fabel verwebt ist; so können wir doch so viel bestimmt annehmen; dass unsre Kenntniss derselben, so wie unsre Kenntniss der meisten Künste und Wissenschaften, ursprünglich von den alten *Egyptiern* herrührt.*

* Der jüdische Geschichtsschreiber *Philo* berichtet, *Moses* habe von den Egyptiern die *Arithmetik, Geometrie* und die ganze *Musik* erlernt. *Clemens von Alexandrien* bezeugt das nemliche. Auch *Phitagoras* verdankt den Priestern dieses Landes den grössten Theil seiner Wissenschaften, vorzüglich seine Kenntniss der Musik; *Ebendas.* 1. B. S. 73.

Von ihnen kam die Musik an die *Griechen,* bei welchen sie bekanntlich in so hohem Ansehen stand, dass sie sogar gesetzlich getrieben wurde, und schon einen höheren

Grad von Vollkommenheit erreichte. Von da ward sie früh nach *Italien* verpflanzt, in der Folge von den *Römern*, wenn gleich nicht gesetzlich wie in Griechenland, doch mit nicht minderem Fortgang kultivirt, und verbreitete sich endlich von da über das übrige Europa.

Die *Lyra* und die *Cyther* sind, unter den Saiteninstrumenten wenigstens, unstreitig die ältesten.*

* Wenn man die Theile betrachtet, woraus die *Lyra* besteht, so kann man ihr das höchste Alter nicht absprechen. Der Mensch war in seinem ersten Zustande ein Jäger, oder ein Fischer, und dasjenige Instrument ist gewiss das älteste, aus dessen Beschaffenheit man diesen Umstand am meisten erkennen kann. Die *Lyra*, die hauptsächlich aus zwey Stücken zusammengesetzt ist, bedurfte zu dem einen nur der Hörner eines Thieres, und zu dem andern der Schaale eines Fisches. (Sieh das Schreiben des Herrn *James Bruce* an Herrn *Dr. Burney* über den Zustand der Musik in *Abyssimien*, in *Burney's* Geschichte der Musik).

Die Erfindung der *Lyra* ward von Egyptiern sowohl als Griechen einem Merkur (Hermes) zugeschrieben.*

* Auf welche Art *Merkur* zu dieser Erfindung gekommen ist, wird unter mehreren älteren Schriftstellern, die ihrer gedenken, am verständlichsten und wahrscheinlichsten von Apollodor (Lib. II) beschrieben. Der *Nil*, sagt er, nachdem er ganz *Egypten* überschwemmt hatte, und wieder in seine Grenzen zurückgetretten war, liess auf seinen Ufern eine grosse Menge von Thieren allerlei Art, und unter andern eine Schildkröte zurück, deren Fleisch von der Sonne so vertrocknet war, dass unter der Schale nichts als durch die Austrocknung angespannte und dadurch klingend gewordene Sehnen und Knorpel übrig gewesen. *Merkur*, der an den Ufern des *Nils* spazieren gieng, sties zufälliger Weise mit seinem Fuss an die Schale dieser Schildkröte, und wurde durch den Klang, den dieser Stoss hervorbrachte, so ergötzt, dass er dadurch zuerst auf die Idee von einer *Lyra* kam, welche er nachher in der Form einer Schildkröte verfertigte, und mit getrockneten Sehnen von todten Thieren bezog. Forkel's allgem. Geschichte der Musik 1. Band. Seite 82.

Die *Cyther* hingegen war den *Griechen* eigenthümlich, und bei diesen dem *Apollo* geheiligt.*

* Ebendas. Seite 199.

Ob und welcher Unterschied zwischen der *Lyra* und der *Cyther* bestanden habe, lässt sich bei so vielen widersprechenden Nachrichten schwer bestimmen. Am wahrscheinlichsten ist es, dass beide Instrumente im Wesentlichen einander ähnlich, und nur in der äusseren From und vielleicht in einigen Nebendingen in etwas verschieden gewesen seyen;*

* Ebendas. Seite 199.

wie dann auch beide Benennungen oft miteinander verwechselt wurden. Dies nemliche ist auch von einigen andern Namen zu verstehen, welche nicht sowohl verschiedene Instrumente, als vielmehr nur verschiedene Arten und Formen der *Lyra* oder *Cyther* bezeichneten: dahin gehören *Phormynx* und *Chelys*, welches letztere mit *Testu-*

do, *Schildkröte* oder *Laute* übersetzt wird, jedoch mit der Laute der neuern Musik keineswegs verglichen werden darf.*

* Ebendas. Seite 418.

Alle diese Instrumente bestanden aus einem ausgehölten Resonanzboden, von welchem zwey Hörner oder Arme ausgiengen, die wieder oben mit einem Quersteg verbunden waren, der zugleich zur Befestigung der Saiten diente. Die Zahl der Saiten war verschieden: Die *Lyra* der *Egyptier* hatte ursprünglich nur drey Saiten; bei den Griechen hatte die *Lyra* und *Cyther* am gewöhnlichsten sieben; bis endlich *Timotheus von Milet*, ein Zeitgenosse des mazedonischen *Philipps*, die Zahl derselben auf einer Cyther auf neun, nach andern sogar auf eilf, vermehrte.*

* Es wird vielleicht keinem meiner Leser bekannt seyn, dass die Lazedämonier diese Saitenvermehrung des *Timotheus* nicht gestatten wollten. Als er in den *Carnischein* Spielen mit um den Preis streiten wollte, näherte sich ihm einer der *Ephoren* mit einem Messer und befahl ihm, diejenigen Saiten damit von seiner *Cyther* abzuschneiden, welche über sieben waren. Dies war nicht genug; er wurde durch eine feyerliche Rathsverordnung sogar aus der Stadt verwiesen. – Diese Verordnung ist so merkwürdig, dass ich nicht umhin kann, sie zum Vergnügen meiner Leser hier vollständig einzurücken: »Demnach *Timotheus*, der *Milesier*, bei seiner Ankunft in unsrer Stadt unsre alte Musik entehrt, und die *Lyra* mit sieben Saiten verachtet; auch durch seine Einführung einer grösseren Menge von Tönen die Ohren unsrer Jugend verdorben, und durch die Anzahl seiner Saiten und die Neuheit seiner *Melodie* in unsre Musik einen weibischen und gekünstelten Karakter gebracht hat, anstatt des planen und ordnungsvollen, worinn sie bisher erschien; nicht weniger auch weil er durch seine *chromatischen Komposizionen*, anstatt der *enharmonischen* unsre Melodie schändlich gemacht hat; so haben die *Könige* und *Ephoren* beschlossen, ihn dieser Umstände wegen zu verurtheilen, und zu verfügen: dass er die überflüssigen Saiten abreissen, und bloss sieben Töne lassen soll, auch dass er aus unsrer Stadt verbannt und dadurch männiglich gewarnt seyn soll, in Zukunft irgend eine unnütze Gewohnheit in *Sparta* einzuführen.« Indessen waren es nicht die *Lazedämonier* allein, welche sich gegen die Neuerungen des *Timotheus* empörten; ganz Griechenland that beinah das nemliche. *Forkel's allgem. Geschichte der Musik.* 1. Band Seite 300.

Diese Instrumente wurden entweder mit den blossen Fingern oder mit einem kleinen Stäbchen, *Plektrum* genannt, gespielt; im ersten Falle wurden die Saiten mit beiden Händen, wie auf unsrer Harfe, gegriffen.

Ausser der *Lyra* und *Cyther* und deren verschiedenen Arten waren bei den *Griechen* noch verschiedene Saiteninstrumente im Gebrauch, welche ganz eigentlich als Abstämmlinge von jenen anzusehen sind.*

* Ebendas., Seite 115 u.f.

Sie lassen sich füglich in zwei Klassen theilen. Zur ersten rechne ich jene, auf welchen die Saiten dergestalt frei lagen, dass sie, wie auf unsren Harfen, mit den Fingern von beiden Seiten gespielt wurden; nemlich das *Psalterion*, *Magadis*, *Simikon* und

Epigonion. Das *Psalterion* würde ich nach der Beschreibung und den Abbildungen, welche man davon hat, eine viereckigte Harfe mit zehn Saiten nennen.*

* Dieses *Psalterion* ist also von dem Instrument, welches heut zu Tag unter diesem Namen in Gebrauch ist, ganz verschieden, indem dieses unser *Psalterium* in die Klasse der *Cymbalen* gehört. *Anmerk. des Verfass.*

Von den übrigen ebenbenannten Instrumenten ist die Meinung, dass sie nur in der Zahl der Saiten und in der hiernach proportionirten Grösse verschieden gewesen seyen: so hatte *Magadas* zwanzig Saiten, deren jedoch immer zwei in der Oktav gestimmt waren (mithin, wie wir es heut zu Tag nennen, 10 Chöre). *Simikon* 35, *Epigonion* 40. – Ausser diesen gab es bei den Griechen auch ein Instrument, *Trigonon* genannt, welches, (wie es seine Benennung zeigt) dreieckigt war, von einigen für unsre Harfe gehalten, von anderen aber in die Klasse von Instrumenten gesetzt wird, von welchen ich nun gleich sprechen werde.

In der zweyten Klasse begreife ich jene Instrumente, auf welchen die Saiten, wie auf unsern Cymbalen, auf einem Resonanzboden aufliegen, und also nur von einer Seite angeschlagen werden. Dahin rechnen einige das ebengenannte *Trigonon*. Ferner glaube ich dahin zählen zu sollen die *Nabla* (wenn sie, wie Herr Forkel sagt, mit dem *Nebel* der *Hebräer* dasselbe Instrument war). Ihr Resonanzkasten bildete ein Viereck, dessen eine Seite ungefähr zweimal so lang war, als die entgegengesetzte. Dann werden als dahin gehörig genannt, der *Barbiton* und *Sambuka*, eine Art von Hakbret.

Es liegt nicht in dem Plane gegenwärtiger Darstellung, mich über die Behandlung dieser Instrumente, über die Effekte, welche sie damit hervorbrachten, und über die Beschaffenheit ihrer Musik überhaupt auszulassen. Ich beschränke mich darauf, hier anzuführen; dass diese verschiedenen Instrumente theils zur Ausführung ganzer Musikstücke, theils zur Begleitung des Gesanges gebraucht wurden. Besonders war die *Cyther* dieser letzteren Bestimmung gewidmet. Da aber als ausgemacht anzunehmen ist, dass die Alten die *Harmonie der Töne* nicht kannten, sondern sich bloss auf *Melodie* verlegten;*

* Forkels allgem. Geschichte der Musik I. Band Seite 354 u.f. 401 u.f.

so kann man leicht denken, dass die Begleitung eines griechischen Gesanges mit der Cyther von einem heutigen Accompagnement himmelweit verschieden war, und dass das begleitende Instrument entweder in dem Unison mitsang, oder hie und da gleichsam zur Leitung der Stimme einzelne Töne anschlug.*

* Ebend. S. 413

Uebrigens umfassten alle hier benannte Instrumente nur eben so viel oder so wenig Töne, als sich Saiten (oder Chöre) auf demselben befanden; indem die Alten noch nicht dahin gekommen waren, durch Verkürzung der Saiten, das heisst durch das Uebergreifen derselben, die Zahl der Töne zu vervielfältigen.*

* Zwar findet sich im *Plutarch* eine Stelle, aus welcher man beinah vermuthen könnte, die Kunst auf wenigen Saiten mehrere Töne durch Uebergreifen hervorzubringen, sey den Griechen nicht unbekannt gewesen. Nach *Plutarchs* Erzählung legte nemlich der Schauspieldichter *Pherekrates*, indem er die Musik in Gestalt eines geprügelten und zerschlagenen Frauenzimmers auf das Theater brachte, derselben heftige Klagen über die Neuerungen der Künstler in den Mund; besonders beklagte sie sich über *Phrinis* und *Timotheus*, deren ersterer *»sie mit seinen Coloraturen und Läufen gemissbraucht, indem er aus seinen fünf Saiten zwölf verschiedene Töne hervorgebracht habe,«* der letztere aber, *»so oft er sie begegne, sie sogleich in Unordnung bringe, und in zwölf Theile zerlege!«* – Herr *Forkel* (in der allgem. Geschichte der Musik I. B. S. 301) indem er diese Stelle anführt, fügt unten die Anmerkung bei, *»dass sich hieraus offenbar auf ein Instrument mit einem Halse schliessen lasse, welches als Grifbret zur Vervielfältigung der Töne diente.«* Allein Herr *Forkel* äussert selbst an einem andern Orte (S. 291) kurz vorher, wo *von der Saitenvermehrung des Terpanders* die Rede ist, die Meinung, *»dass man unter dieser Saitenvermehrung weder blosse Töne noch Saiten, sondern vielleicht mit weit besserm Grunde ganz neue Lieder verstehen müsse.«* – Sollte man diese natürliche Erklärung nicht auch auf jene Stelle im *Plutarch* anwenden, und unter den *zwölf neuen Tönen* eben so viel *neue Lieder* verstehen können, zumal wir bei den Griechen von einem Instrumente mit einem Grifbrette weder in Schriften noch in Denkmälern sonst eine Spur finden? Oder sollte man jene Stelle nicht lieber dergestalt erklären, dass die zwölf Töne aus fünf Saiten *durch Verstimmung* hervorgebracht wurden; oder dass auf dem mehrsaitigen Instrumente des *Timotheus* die *Skalen mehrerer Tonarten* zugleich hineingestimmt waren, und nach Belieben auch die übrigen (vielleicht eben bis zur Zahl von 12) hineingestimmt werden konnten? Man vergleiche damit was Herr Forkel 1. B. S. 344 sagt: *»Um mit mehr Bequemlichkeit in mehreren Tonarten nacheinander spielen zu können, hatten die alten Tonkünstler entweder mehrere Lyren oder Flöten zugleich bei der Hand, und gebrauchten sie abwechselnd, oder, welches am häufigsten geschah, sie bezogen eine Lyra mit soviel Saiten, als zur Ausübung verschiedener Klanggeschlechte und Tonarten erforderlich waren.«* Der Gebrauch eines Grifbrets zur Vervielfältigung der Töne hätte sie dieser Unbequemlichkeit überhoben, und wäre gewiss sehr bald allgemein geworden. *Anmerk. des Verfassers.*

So waren viele Saiten-Instrumente der *Griechen* in der glücklichsten Periode ihrer Künste beschaffen, und man kann schon hieraus auf ihre Musik selbst zurückschließen. Die nachgefolgten Schicksale der griechischen Freystaaten, welche seit der Zeit *Alexanders* des Grossen nicht wieder zum Genuss der Freyheit gelangen konnten, und endlich ganz unter römische Bothmässigkeit geriethen, verhinderten das weitere Fortschreiten der Tonkunst. In diesem Zustande kam sie nun zu den *Römern*. Der kriegerische Geist dieses Volkes war für eine höhere Ausbildung derselben nicht günstig. Und obgleich der gestiegene Luxus unter den Römern die Liebhaberei der Musik sehr beförderte, indem er sie zum Gegenstande eines bis zum Unsinnigen getriebenen Aufwandes der Reichen machte, so lag doch eben hierinn schon ein vorbereitender Grund ihrer Abnahme, indem nemlich der Missbrauch, der vorzüglich zu den Zeiten der Kaiser mit der Musik getrieben wurde, ihr bald Verachtung zuzog, und das unaufhaltsam einreissende Sittenverderbniss den allmählichen Verfall derselben unmittelbar herbeiführte.

Unter den grossen Revoluzionen des fünften und der darauf folgenden Jahrhunderte, welche die Gestalt von ganz Europa änderten, und den völligen Verfall aller Künste und Wissenschaften bewirkten, hatte die Tonkunst mit den übrigen ein gleiches Schicksal: sie fand nur noch in der christlichen Kirche ihre Zuflucht, und wurde fast ganz nur das Eigenthum der Geistlichen. Wenn sie in den Händen der letzteren als eines der kräftigsten Mittel zur Ausbreitung des Glaubens diente; so hatte sie hinwiederum der christlichen Religion alles zu danken, was sie in späteren Jahrhunderten unter den europäischen Nazionen geworden ist.

Wiewohl in der *gottesdienstlichen Musik* der Christen der Gesang immer die Hauptsache war, und die ganze Lehre der Tonkunst in jenen Zeiten sich fast nur mit dem Gesang beschäftige, so waren doch auch besonders vor Einführung der Orgeln, einige Saiteninstrumente, und unter diesen vorzüglich die *Lyra*, die *Cyther* und das *Psalterium* in der geistlichen Musik im Gebrauch.*

* Auch kommt im 9ten Jahrhundert schon die Benennung *Cymbalum* vor, worunter vermuthlich nur die älteren Hakbretartigen Instrumente verstanden wurden.

Dabei fand indessen auch die *weltliche Musik* ihre Beschützer und Beförderer. Von *Pipins* Zeiten an war am Hof der fränkischen Könige stäts eine Kapelle. *Karl der Grosse* und mehrere unter seinen Nachfolgern waren selbst grosse Kenner und Beschützer der Musik. Sie liessen durch ihre Kapelle auf öffentlichen Plätzen zum Vergnügen des Volkes eine Art von Romanzen singen, welche mit Instrumenten begleitet wurden.

Die Leute, welche sich mit der *weltlichen Musik*, und (was *damals* von ihr unzertrennlich war) mit der *Poesie* beschäftigten, hatten in *Frankreich* den allgemeinen Namen *Menetriers*; in der Folge nannte man sie auch *Trouverres, Troubadours, Romanciers, Conteurs, Chanterres, Menestrels, Jongleurs* u.s.w. In *Teutschland* waren es die *Minnesänger*, später die *Meistersänger, Spielleute*, auch *varende Lüte* genannt.*

* Eigentlich sind diese verschiedene Benennungen nicht durchaus als gleichbedeutend anzunehmen: *Menetriers, Menestrels, Minstrels* war die allgemeine Benennung aller derjenigen, die sich mit der weltlichen Musik, das ist mit dem Dichten und Singen von Liedern verschiedenen Inhalts abgaben, und ihren Gesang mit Instrumenten begleiteten. Diese Dichter und Sänger hatten hauptsächlich in der *Provence* ihren Ursprung, von wo aus sie alle Länder von Europa bereisten, und sich vorzüglich an Höfen und bei vornehmen Herren aufhielten. – Mancherlei politische Ereignisse, durch welche vorzüglich ein hoher Enthusiasmus für das Ritterwesen und eine edle Schwärmerei der Empfindungen hervorgebracht wurde (worunter hauptsächlich die Kreuzzüge zu rechnen sind) brachten die Kunst zu dichten und zu singen bald auch in die Hände solcher Menschen, die sie nicht zum Erwerb ihres Unterhalts, sondern zur Darstellung ihrer Gefühle brauchten. Diese Klasse von Dichtern und Sängern wurden nun insbesondere *Troubadours* oder *Romanische Sänger* genannt.

Es waren Könige, Fürsten und Ritter, so wie auch Geistliche aller Art unter ihnen. Ihr Flor dauerte ungefähr 250 Jahre, nemlich von 1120 oder 1130 bis 1382, in welcher Zeit bessere Dichter, z.B. *Dante, Petrarca, Boccaz* u.a.m. aufkamen, die sich zwar nach den *Troubadours* gebildet hatten, sie aber weit übertrafen, und folglich allmählich verdrängen mussten. – Die übrigen Benennungen als: *Romanciers, Conteurs, Chanterres, Jongleurs (Joueurs)* sind nur von den verschiedenen Kenntnissen und Verrichtungen dieser *Menetriers* oder *Troubadours* entlehnt.

Die *Minnesänger* der Deutschen, auch *schwäbische Dichter* genannt, waren ungefähr, was die *Provenzalen* oder *Troubadours* der Franzosen, und aus gleichen Veranlassungen entstanden. Man nannte sie bisweilen auch schon *Meistersänger* oder *Meister des Gesanges*: Die eigentlich sogenannten *Meistersänger* entstanden aber spa[e]ter, als die *Minnesänger* bei den Höfen in Abgang kamen, und die Kunst des Gesanges in die Hände gemeiner Handwerker fiel, und von diesen zunftmässig getrieben wurde; diese Klasse von Dichtern und Sängern nannte sich nun *Meistersänger*, hatte ihre eigenen Statuten u.s.w. – *Varende Lüte* waren herumziehende Musikanten, und hatten daher ihre Benennung: Sie waren meistens entweder selbst Possenreisser, oder verbanden sich mit solchen. Sie standen daher in grosser Verachtung; die Kirche belegte sie mit dem Bann, die Gesetze erkärten sie für ehr- und rechtlos. – Als sie später sesshaft wurden, entstanden aus ihnen *Musikanten, Pfeifer, Thürmer, Spielleute, Meistersänger*, u. d. gl. – Sieh *Forkel's allgem. Geschichte der Musik* 2. Band, wo dieser Gegenstand sehr ausführlich abgehandelt ist.

Ihre Kunst bestand darinn, Begebenheiten zu erzählen und zu besingen, eine grosse Zahl Lieder oder sogenannte *Lais* auswendig zu wissen und zu singen, und mehrere der damals üblichen Instrumente zu spielen. Ihrer Instrumente waren sehr viele, von denen wir zum Theil nicht mehr als die Namen wissen. Die besseren und vorzüglicheren unter ihren Saiteninstrumenten waren aber:

Die *Harfe*: sie war dreieckigt, und also im Bau schon unserer heutigen Harfe ähnlich.

Die *Leyer* (*la Viele, Vidala, Vitula*), die nemliche, welche wir noch heut zu Tage unter der Bezeichnung *Bettlerleyer* kennen; auf welcher der Saiten theils durch ein mit Harz bestrichenes Rad, welches mit einer Hand gedreht wird, theils mit einigen Tasten für die andere Hand, klangbar gemacht werden. Sie ist daher mit der *Lyra* nicht zu verwechseln.

Die *Rote, Rotta*, auch *Crotta* genannt, war aller Wahrscheinlichkeit nach schon eine Art von Guitarre.*

* Ebendas. 2. B. Seite 744.

Noch im vorigen Jahrhundert soll dies Instrument in *Wallis*, (wo es ehemals unter den *Minstrels* des Landes ebenfalls im Gebrauch war) unter seinem alten Namen *Crwth (Crott)*, jedoch nur als ein äusserst seltenes Ueberbleibsel, vorhanden gewesen seyn. Der Beschreibung nach ist es unsrer Violine ähnlich, mit 6 Saiten, davon zwey ausser dem Griffbrett liegen; und mit dem Daumen berührt werden. Der Steg ist platt, so dass alle Saiten mit einem einzigen Strich berührt werden. – Wenn dieses Instrument nicht etwa schon in jenen Zeiten mit dem Bogen gestrichen wurde, wovon zwar aus den vorhandenen Schriftstellern nichts erhellt; so ist es das erste in Form und Behandlung unsren *Guitaren* ähnliche Instrument, aus welchem in der Folge unsre Lauten, Guitaren, und alle ähnliche Instrumente, selbst die Violinen, ausgebildet worden sind:

es ist das erste Instrument mit einem Hals, der als Grifbrett zur Vervielfältigung der Töne dienen konnte.

Die *Citela* scheint der *Rotta* ganz ähnlich gewesen zu seyn.

Man würde jedoch irren, wenn man sich unter diesen Instrumenten etwas in seiner Art Vollständiges vorstellen wollte: die Instrumente gehen immer mit der Ausbildung der Musik gleichen Schrittes. Bessere Instrumente entstanden erst, nachdem durch die Erfindungen des *Guido von Arezzo* im eilften Jahrhnudert unser heutiges Tonsistem allmählig entwickelt, und durch die fortgesetzen Forschungen mehrerer gelehrter Männer endlich im 14ten Jahrhundert das Sistem der Harmonie (nach dem Begriff, den wir heut zu Tag mit dem Wort verbinden) entdeckt war. Das *Klavikord*, dessen Ausbildung aus dem *Monochord*, eben in jene Zeit fällt, mag auch zur Ausbildung der übrigen Saiteninstrumente vorzüglich den Fingerzeig gegeben haben.

Zu Ende des vierzehnten Jahrhunderts war es, als die *Leyer* durch eine damals in Frankreich neu erfundene Art *dreisaitiger Diskant- und Bass-Violinen (Rebec)* verdrängt wurde. Auf diese edleren Instrumente verlegten sich nun die Musikanten, und nannten sich *Menestrels, joueurs d'instruments tant haut que bas.**

* Ihre Verbindung, deren Vorsteher sich *Roi de Menestrels* nannte, wurde durch ein Patent Karls VI. im Jahr 1401 bestätigt, und dauerte bis 1772, in welchem Jahr sie, in Folge eines weitläufigen durch die Anmassungen ihres Vorstehers, der sich itzt *Roi des Violons* nannte, veranlassten Rechtshandels, durch ein königliches Dekret aufgehoben wurde. S. *Forkel's allgem. Geschichte der Musik*, 2. Band, S. 750.

Die Entstehung der *Laute* und *Guitare*, und der verschiedenen Arten derselben scheint unmittelbar darauf erfolgt zu seyn. Nach *Paul's von Stetten* Bericht (in seiner Kunst-Gewerb- und Handwerksgeschichte der Reichsstadt Augsburg) lebte schon im Jahr 1447 daselbst ein Lautenist, namens Hans Weissinger, genannt Ritter.

In dem nemlichen Maasse, als diese Instrumente in verschiedenen Ländern ausgebildet und verbessert wurden, verschwanden die äusserst unvollkommenen Instrumente des Mittelalters so ganz, dass von vielen kaum der Name auf uns gekommen ist.

Von Instrumenten, welche unsrer heutigen Guitare ähnlich, und wie sie vorzüglich der Begleitung des Gesanges gewidmet sind, war die *Laute* diejenige, die in Teutschland, Frankreich und Italien seit dem 15ten Jahrhundert am meisten gebräuchlich und geschätzt war. Die *Laute* und eine andere Art derselben, die *Theorbe**

* Die Gestalt der *Laute*, welche sich von unsrer Guitare durch ihren gewölbten Körper, durch ihren breitern Hals und durch ihre größere Zahl von Saiten unterscheidet, wird kaum einem meiner Leser fremd seyn. Ihre Eigenthümlichkeit bestehet in der Zahl und Stimmung der Saiten, und in der für sie angenommenen Art ihre Töne zu bezeichnen. Sie hat unten acht ziemlich tiefe Basssaiten, neben deren jeder zur Verstärkung eine Oktave angebracht ist; dann hinauf immer feinere, welche für den Gesang bestimmt sind. In allem sind es 24 Saiten, welche zusammen 13 sogenannte Chöre ausmachen.

Ihre Stimmung ist von unten herauf A B C D E F G a d f a d f. Die Basssaiten werden, je nach der Tonart worinn man spielt, in die darinn vorkommenden Kreuz- oder Be-Töne gestimmt.

Für dieses Instrument war bisher nicht unser gewöhnliches Notensistem angenommen, sondern man bediente sich der Buchstaben des Alphabets, um den Bund zu bezeichnen, welchen der Finger greifen sollte; und zwar a hiess die leere Saite, b der erste Bund, c der zweyte, u.s.w. bis k. Die sechs rastrirten Linien, auf welche sie gesetzt wurden, bedeuteten die sechs oberen Saiten, welche eigentlich nur übergriffen wurden. Nur die Eintheilung des Taktes wurde durch Noten ausgedrückt, welche über den Linien standen. – die 3 tiefsten Basssaiten wurden übrigens durch die Zahlen 6, 5, 4, die folgenden mit a und beygesetzten drey, zwey, oder ein senkrechten Strichen unter der Linie bezeichnet: Ein Schlüssel war nicht vorgezeichnet, nur der Takt. –

Die *Theorbe* ist nur durch einen längeren Hals und noch einige Kleinigkeiten von der Laute verschieden. Von ihr sagt *Herr Albrechtsberger* in seiner Anweisung zur Composition (Leipzig 1790. S. 417 und 418) sie sey ein sogar zum Generalbassspielen taugliches Instrument.

Die Laute, sagt *Ebenderselbe*, ist »das tonreichste Instrument, weil jeder Ton wenigstens auf drey Saiten gefunden und gegriffen werden kann, nachdem es die leichteste Applikatur verlangt.« Ich will hier nicht untersuchen, mit welchem Recht die Laute dieses Prädikat verdienen mag, welches in dem Sinne, wie Herr Albrechtsberger es nimmt, vielmehr dem Klavier und der Harfe zukommt. Allein ich kann die Bemerkung nicht übergehen, dass die Guitare hierinn der Laute nicht nachsteht, und, wenn ich mich nicht irre, wohl mehr als diese leisten kann. Auf der Guitare finde ich jeden Akkord wenigstens in drey, wohl auch in vier Applikaturen, und in jeder derselben kann ich ihn wieder in mehr als einer Lage nehmen.

Wenn auch übrigens auf der Laute und Theorbe der Bass immer nach der Tonart gestimmt wurde, so kann ich mir von dem Generalbassspielen auf denselben keinen grossen Begriff machen, und davon höchstens nur auf die Magerkeit der Komposizionen jener Zeit schliessen. Jedenfalls wäre die Guitare in einer geübten Hand dazu mehr geeignet.

behaupteten auch in der neueren Musik schon einen solchen Rang, dass sie lange Zeit hindurch, und selbst noch bis in die Hälfte des vorigen Jahrhunderts, in den Orchestern, zugleich mit dem *Clavicymbal* oder *Flügel,* zum Dirigiren brauchbar erachtet wurden*

* In diese Klasse gehörte auch der *Agiluto*, ein lautenähnliches, aber viel grösseres Instrument, welches in den Orchestern vorzüglich zur Verstärkung der Bässe gebraucht wurde, und einen fast paukenähnlichen Knall von sich gab. Der Hals des *Agiluto* war wenigstens dreymal so lang, als der Körper des Instruments selbst. Indessen waren die vier obern Saiten, welche übergriffen wurden, nicht höher als bei der Laute angebracht.

Auch fehlte es nicht an Virtuosen, welche diese Instrumente mit grosser Vollkommenheit behandelten, und durch die manchfaltigen Modulazionen, deren diese klangreichen Instrumente fähig sind, ein ganz kunstkennerisches Publikum ihrer Zeit entzückten. Besonders war aber die Laute in den Händen des schönen Geschlechtes, und zwar mit Recht, vorzüglich geschätzt, indem wirklich kein anderes Instrument sich mit der schönen weiblichen Stimme so lieblich vermählt.

Später erfunden, jedoch noch gleichzeitig mit der *Laute*, war die *Mandora*, ein in Bau und Ton der *Laute*, in der Stimmung aber mehr unsrer heutigen *Guitare* ähnliches Instrument im Gebrauche.*

* Die *Mandora* hatte ehemals 15 Saiten oder acht Chöre. Ihre Stimmung stimmt ganz mit jener unsrer sechssaitigen *Guitare* überein, nur hat sie noch ein tiefes D und C.
Herr *Albrechtsberger* im angeführten Werke S. 432 sagt, dass die vier Basssaiten C D E und A allzeit tonartmässig gestimmt, und nur die vier vorderen d, g, h, e gegriffen würden. Ich bezweifle nicht, dass Herr *Albrechtsberger* sich deshalb wohl informirt haben werde. Allein muss ich hier bemerken, dass Herr Magistratsrath *Jos. v. Fauner in Wien* (der einzige *Mandorist*, den ich hier kenne, dessen vortreffliches Spiel aber auch von diesem sehr schätzbaren Instrumente den vollkommensten Begriff gibt) das tiefe A und E allerdings übergreift; wenn er gleich das letztere bisweilen nach der Tonart mit sehr gutem Effekt verstimmt. Uebrigens hat besagter Herr v. *Fauner* die doppelte Besaitung wegen ihrer Unbequemlichkeit schon vor längerer Zeit abgeschafft, kürzlich aber sein Instrument aber mit einer neunten Saite im Bass vermehrt.

Dieses ist zwar ausser *Italien* wenig allgemein geworden; dennoch hatte es zu Anfang des vorigen Jahrhunderts in *Wien* ebenfalls seine Periode, und machte damals ungefähr das nemliche Glück, wie itzt in der neuesten Zeit die Guitare; auch that die Mandora schon damals wegen ihrer Einfachheit der in ihrer Behandlung künstlicheren Laute merklichen Eintrag.

Diese beiden Instrumente, nemlich die *Laute* und *Mandora*, sind wirklich so brauchbar, und so angenehm, dass sie in allem Anbetracht kaum noch etwas zu wünschen übrig lassen. Und doch hat der Gebrauch derselben seit der zweyten Hälfte des vorigen Jahrhunderts so sehr abgenommen, dass man sie bei uns fast nur noch der Gestalt und dem Namen nach kennt.

Folgende Umstände scheinen mir vorzüglich den Verfall derselben bewirkt zu haben: *die doppelte Besaitung* (da nemlich, so wie auf unsern Klavieren die Saiten verdoppelt waren) machte nicht nur das Reinstimmen überaus mühsam, sondern musste, zumal an einem mit Darmsaiten bezogenen Instrumente, die Unbequemlichkeit mit sich bringen, das dasselbe sich während dem Spiel allzubald verstimmte, und dass es fast unmöglich war, das Instrument nur durch Ein Stück hindurch gestimmt zu erhalten. Mehr noch als diess scheint jenen Instrumenten *die ihnen eigenthümliche Art, die Töne zu bezeichnen*, nachtheilig gewesen zu seyn. Es ist leicht begreiflich, dass diese barbarische Bezeichnung nicht nur manchen Liebhaber von der Erlernung dieses Instruments, sondern auch und vorzüglich die Tonsetzer abgeschreckt haben mag, die Applikaturen desselben, und die Schrift selbst kennen zu lernen, ohne deren Kenntniss es jedoch unmöglich war, für dasselbe zu komponiren.

Am meisten aber hat gewiss die *Verbesserung des Klaviers*, und die allgemeinere Einführung dieses in Rücksicht auf Harmonie vollkommensten Instruments, dazu beigetragen, die Laute und alle ihr verwandte und ähnliche Instrumente vollends zu verdrängen.

Allein das Bedürfnis eines mehrsaitigen Tonwerkzeuges, welches mit Bequemlichkeit überall mitgetragen, gehend oder stehend gespielt werden kann; musste bald wieder fühlbar werden. Und wirklich war zwischen der *Laute* und zwischen ihrer Nachfolgerinn – unserer dermaligen *Guitare* – nur eine kleine Pause.

Die *Guitare*, die itzt bei uns in Aufnahm gekommen, ist ursprünglich die *spanische*, und nur aus *Spanien* – wo sie von jeher beliebt und im Gange war – nach *Italien* und *Frankreich* übersiedelt worden, in welchen Ländern man sie auch noch unter der Benennung der *spanischen Guitare* kennt.

Bei uns ist sie mehr unter der Benennung der *französischen Guitare* bekannt; eine Benennung, die ihr vermuthlich die Franzosen selbst beigelegt haben, vielleicht um sie von der eigentlichen *spanischen*, welche noch die doppelte Besaitung hatte, zu unterscheiden.*

* Von der *Guitare* sagt Herr *Albrechtsberger* am angeführten Orte folgendes: »Die Zyther (Chitarra) ist dreyerlei: die *deutsche*, die *welsche* und die *spanische*. Jede wird anders behandelt. *Importa niente*.« –
Unter der *teutschen Zyther* versteht Herr Albrechtsberger vermuthlich jenes mit Drahtsaiten bezogene Instrument, welches wir unter der Benennung Zyther (nicht Guitare) in den Händen des unmusikalischen Volkes antreffen. Sie hat keine Hals zum Umspannen, sondern besteht ganz aus einem flachen Resonanzkasten, der auf einer Saite gerade abgeschnitten, und für die zwey äussersten Saiten mit einem Grifbrette versehen ist, auf welchem sich Bünde von Eisendraht befinden. Diejenigen, die sie noch am besten spielen, lassen meistens nur einen Gesang mit Terzen und Sexten vergesellschaftet einhergehen, wozu sie von den übrigen Saiten einen Bass anschlagen; meistens aber wird sie in einen Hauptaccord gestimmt, und wo dieser vorkommt, nur ausgestreift.
Die *welsche Zyther*, wovon Hr. Albrechtsberger spricht, ist keine andere, als diejenige, welche wir am öftesten die *französische Guitare* (nicht Zyther) nennen. Ihr Unterschied von der spanischen ist oben angegeben.
Das Anathema, welches Herr Albrechtsberger durch den bedeutungsvollen Zusatz »*importa niente*« über die Guitare ausspricht, darf uns nicht beunruhigen. Hätte er die *Guitare* jemals gut, und vollkommen spielen hören, er würde sie nicht weniger als die *Laute* oder *Mandora* einer ehrenvollen Erwähnung werth geachtet haben. Allein zur Zeit, als er sein Werk schrieb, scheint die *Guitare*, oder *Zyther*, wie er sie nennt, noch eine *rara avis* gewesen zu seyn.

Aus der ältesten *spanischen* Guitarenmusik nimmt man nur die vier Saiten e, h, g, d wahr, in der neueren ist aber auch schon die fünfte angebracht.

In Italien kannte man sie noch vor 9 Jahren meist nur noch in diesem Zustande; wiewohl die Italiener die ersten gewesen seyn mögen, die ihr (nach der Aehnlichkeit der in diesem Lande nie ganz abgeschafften Mandora)*

* Ich habe selbst auf meinen Reisen durch *Istrien*, *Dalmatien* und *Albanien*, unter den *Risanoten* und *Montenegrinern*, auch auf den Inseln des *adriatischen Meeres* und auf den *Levantinischen* Inseln dieses

Instrument angetroffen, jedoch mit Drahtbesaitung. Selbst nicht musikalische Sänger stimmten allda ihre Saiten in Accorde, und streiften dieselben ganz leise zu ihrem Gesang aus.

noch die sechste Saite, nemlich das tiefe E beifügten.

In Frankreich ist – nach den Komposizionen der beliebtesten französischen Kompositeurs für dieses Instrument zu urtheilen – diese sechste Saite noch lange nicht so allgemein angenommen, als sie es sollte; bei uns in Teutschland hingegen ist die Guitare itzt nur in diesem vervollkommneten Zustand im Gebrauch.

Die Liebhaberei für dieses Instrument hat sich seit einigen Jahren ausserordentlich verbreitet, und scheint, nach der mit jedem Monate erscheinenden Fluth neuer Komposizionen, selbst noch im Zunehmen zu seyn.

Der wahre Kenner und Liebhaber der Musik seufzt darüber, als über einen Beweis der Frivolität unsres Zeitalters, das an einem Instrumente Geschmack findet, welches nur allenfalls zur Begleitung in wenigen Tonarten, und auch in diesen nur in den allergewöhnlichsten Accorden, brauchbar sey. Der strengere Kunstliebhaber eifert sogar gegen dieses Instrument, welches, eben durch die Leichtigkeit womit man auf demselben die gewöhnlichen Accorde in einigen Tonarten hervorbringen lernt, und durch die Unbekümmerniss, womit diese Accorde – meistens ohne Rücksicht auf ihre Lage und ihr Verhältnis unter sich – gespielt werden, zur schalesten Klimperei verleite, und dessen Verbreitung daher dem guten Geschmack in der Kunst wahren Nachtheil bringe.

Und leider sind, so wie die Guitare fast durchgängig behandelt wird, jene Vorwürfe nicht ohne Grund. Die meisten Guitare-Komposizionen sind so wenig als das Spiel der meisten Guitaristen dazu geeignet, jene Meinung zu widerlegen:*

* Ich kann nicht umhin an diesem Orte zwey ausgezeichnete *Dilettanten* zu nennen, welche hiervon eine ehrenvolle Ausnahme machen, nemlich: Herr *Magistratsrath v. Fauner* und *Herr Tandler*, deren ersterer, wie ich bereits oben erwähnte, die mit unsrer Guitare übereinstimmende *Mandora*, letzterer aber die gewöhnliche sechssaitige *Guitare* nicht bloss mit seltener Fertigkeit, sondern auch nun ganz in jener vollkommenen Manier behandelt, welche allein den Kenner vergnügen, und als Muster der guten Spielart aufgestellt werden kann. Ihr Name ist zwar unter den Musikliebhabern unsrer Kaiserstadt ohnehin rühmlich bekannt; ich halte es aber für Pflicht, sie unter den wenigen, die eine Ausnahme verdienen, vorzüglich zu nennen.

diese Tändeleien, dieses unaufhörliche Arpeggiren regelloser Accorde, diese dem Instrument gar nicht angemessenen Künsteleien, welchen selbst die besseren unter den Guitarespielern nachjagen, können dem Musikkenner nur eine schlechte Meinung von diesem Instrumente beibringen.*

* Es ist sehr zu bedauern, dass selbst Guitaristen, die es auf ihrem Instrumente zu einer seltenen Fertigkeit gebracht haben, die selbst diesem Instrument einen höhern Rang in der musikalischen Welt zu verschaffen ganz berufen wären, mehr durch zwecklose Künsteleien als durch solides Spiel und angenehmen Vortrag den eitlen Beifall der Menge zu erreichen sich bestreben, ja, dass sie sogar aus Sucht

sonderbar zu seyn, auf die sonderbarsten Missbräuche und auf die lächerlichsten Einfälle gerathen. Dahin rechne ich z.B. den allzuhäufigen Gebrauch oder vielmehr Missbrauch des seynsollenden Flageoletts – das reissen der Saiten mit den Nägeln (wodurch sie den Darmsaiten vermuthlich den Ton von Drahtsaiten geben wollen, und wozu sie sich anstatt der Nägel auf eine künstliche Art eigene Klauen wachsen lassen) dann das Klopfen und Trommeln auf dem Resonanzboden, indem sie nemlich zum Anfange eine Entrata, oder in den Zwischensätzen einen förmlichen Tusch austrommeln u.a.m. – Die Herren sollten bedenken, dass sie sich durch solche Künste zu musikalischen Taschenspielern erniedrigen, und, wie diese ihre Herren Kunstgenossen, wohl Verwunderung, aber nicht Bewunderung erregen.

Diese ganz falsche Behandlung der Guitare, und der gänzliche Mangel an Komposizionen, welche mit den Fortschritten aller andern Instrumente nur einigermassen in Verhältniss stünden, werden wahrscheinlich auch den Verfall dieses Instruments nach sich ziehen, so wie aus ähnlichen Ursachen schon die Laute und die Mandor ihre Periode überlebt haben.

Gewiss hat aber die *Guitare* manche *Vorzüge*, welche sie mit Recht zu einem Lieblingsinstrumente unsrer Zeit gemacht haben. Der geringe körperliche Umfang, und die Leichtigkeit derselben machen sie zu dem bequemsten und tragbarsten unter allen Instrumenten, welche der Harmonie gewidmet sind, und als solche zur Begleitung des Gesangs oder zur Aufführung ganzer Tonstücke gebraucht werden. Mit dem Klavier oder mit der Harfe sind wir fast immer zwischen unsre vier Wände gebannt; die Guitare hingegen ist eine angenehme Begleiterinn auf einsamen Spaziergängen, wenn unser Herz von wunderbaren Gefühlen überströmt, und diese in Töne und Gesang auszudrücken sich gedrungen fühlt; oder in Gesellschaft, wenn die Schönheiten der Natur das Herz für Freude und Gesang geöffnet haben. Wer vermöchte diese Gefühle des Augenblicks immer bis zur Zurückkunft zum Klavier oder zur Harfe festzuhalten.

In Hinsicht auf *Ton* wird niemand bestreiten, dass der Ton der Guitare sich besonders vortheilhaft an die menschliche Stimme anschmiegt,*

* Diess ist eigentlich freilich nur von dem Ton einer *guten* Guitare zu verstehen, die guten Guitaren sind aber leider nicht häufig zu finden.

Ueberhaupt haben die Instrumente mit gewölbtem Körper im Ton einen Vorzug vor jenen mit flachem Körper. Doch könnte auch an unsrer Guitare der Ton besser seyn, als er meistens ist, wenn nicht im Bau selbst Fehler bestünden, die demselben schädlich sind: Ich will es versuchen, einige dieser Fehler anzugeben.

Es ist meistens kein Verhältniss in der Dicke des Bodens zum Deckel. Dieses und die starken Quer- und Stimmhölzer, wodurch man dem Boden die Haltbarkeit verschaffen will, mögen am öftesten an dem verhaltenen holzartigen Ton schuld seyn. – Es ist ein Mangel, dass die Wirbel oder Schrauben, woran die Saiten befestigt sind, von rückwärts gedreht werden: bei jedesmaligem Stimmen muss man rückwärts andrücken, und durch jeden Druck leidet der ohnehin so schwache Boden und Deckel, und das Instrument müsste bald zu Grunde gehen, wenn man nicht jenem Druck durch den unproportionierten grossen Klotz, an welchem der Hals befestigt wird, oder durch stärkere Querbalken am Boden des Instruments entgegenwirkte, welches aber dem Ton nicht anders als nachtheilig seyn kann. Selbst der viele Leim muss hiebei dem guten Ton hinderlich seyn. – Auch die grosse Oeffnung im Deckel mag wohl mehr den Ton schwächen, als ihn auswerfen. – Hiezu kommt noch eine Neuerung, die ich erst seit kurzem an den Guitaren eines hiesigen sonst sehr guten Instrumentenmachers wahrnehme, welcher solche mit Silberpapier ausfüttert, was doch unmöglich den guten Ton befördern kann.

Sollte man daher sich nicht zu einem ganz gewölbten Körper nach Art der Mandor oder Laute entschliessen können, und der Bequemlichkeit oder der Eigenthümlichkeit der Guitare wegen die flache Form derselben beibehalten wollen; so würde ich dennoch vorschlagen, ihr einen nur etwas ausgehölten und stärkern Boden zu geben, die Saiten an einer Schnecke zu befestigen, in welche die Schrauben, wie an andern Instrumenten, von der Seite eingreifen, die Oeffnung am Deckel aber, nach Art der Resonanzböden an den Klavieren, Lauten oder Mandoren, zu verdecken.

Durch die Einführung der kleinen Zäpfchen, womit auf den neuren Guitaren die Saiten oben am Saitenfest befestigt werden, scheint mir das Instrument ebenfalls nichts gewonnen zu haben, indem ein solches Zäpfchen bei trockener Witterung leicht herausfallen kann, bei feuchter Witterung aber, wenn die Saite quillt, oft gar nicht herauszubringen ist. Sollte es nicht *besser seyn*, die Saiten blos vermittels eines einfachen Knopfes in einem Einschnitte, ohne Zäpfchen (wie bei den Violinen) zu befestigen? oder sich nach Art der Violinen eines freiliegenden, rückwärts angehängten Saitenfestes zu bedienen? Freilich würde man im letzteren Falle sich auch zu einem Sattel und zu einem Stimmstock, wie an den Geigeninstrumenten, entschliessen müssen. Vielleicht dass ein solcher Versuch nicht unbelohnt bleiben und zu manchen angenehmen Entdeckungen führen würde.

Die Bünde von Saiten sind in Hinsicht auf Ton die besten, und wären vorzüglich zu empfehlen, wenn sie nicht das nachtheilige hätten, dass sie der linken Hand im Auf- und Abgehen hinderlich wären. Jene von Silber oder Messing sind übrigens besser als jene von Elfenbein. Eine Vermehrung der Guitare mit drey oder wenigstens zwey Basssaiten, welche nach der Tonart gestimmt werden könnten, würde dem Instrument sehr wohl thun. Doch dies sey den Herren Liebhabern, welche auf Vervollkommnung desselben sinnen können, vorbehalten.

Die neue sogenannte Lyra, welche erst vor einigen Jahren in Frankreich aus der gewöhnlichen Guitare der alten Lyra nachgebildet wurde, ist allerdings für den Liebhaber schöner antiker Formen eine erwünschte Besserung. Ihr Ton – wiewohl des grösseren Körpers wegen stärker als jener der Guitare – ist nichts desto weniger dumpf, gleichsam im Instrument selbst verhalten. Es scheint, dass noch gar keine Versuche gemacht worden sind, diejenige Form für die neue Lyra zu finden, welche dem Ton am günstigsten wäre. Es liegt das grösste Hinderniss des Tones darinn, dass der Körper dieser modernen Lyra – gegen die gewöhnliche Form aller Geigen-, Lauten- und Guitar-ähnlichen Instrumente – sich nach oben zu erweitert, und endlich gar in zwey ausgehölte Arme verliert, aus welchem der Ton den Rückweg nicht wieder finden kann, oder durch angebrachte kleine Oeffnungen theilweise entwischt. Ich zweifle nicht, dass das Instrument gewinnen würde, wenn man den eigentlichen Körper nach oben zu, wie an der Laute, oval zusammen laufen liesse, die beiden Arme aber, ohne Verbindung mit dem Resonanzkasten, blos als das bestimmte, was sie sind, als eine Zierath.

und dass die manchfaltigen Modulazionen, deren derselbe fähig ist, dieses Instrument in die Reihe derjenigen setzen, welche vorzüglich geeignet sind, Leidenschaften zu erregen und Leidenschaften zu beschwichtigen, mithin den Zweck der Musik unmittelbar zu erfüllen.

Bei diesen anerkannten Vorzügen der Guitare lohnt es um so mehr der Mühe zu untersuchen, ob jene Mängel und Gebrechen, welche der Guitare zum Vorwurf gemacht werden, aus der Beschaffenheit des Instruments selbst entstehen, welche demselben in der Ausübung schon so enge Gränzen setze, oder ob dieselben nicht vielmehr nur dem Mangel zweckmässiger Anleitung und vorzüglich dem Mangel guter Muster, das heisst, guter Komposizionen zuzuschreiben seyen?

Was die eigenthümliche Beschaffenheit des Instruments betrifft, so ist die auf demselben angenommene Stimmung sehr glücklich gewählt, und besser als irgend eine andere dazu geeignet, eine sehr vollständige Harmonie mit grosser Leichtigkeit hervorzubringen.

Durch diese Stimmung ist man in den Stand gesetzt, durchaus vier- oder wenigstens dreystimmig rein zu spielen; das heisst, auch in Ansehung der Entfernung der Töne, woraus der Accord zusammengesetzt ist, und ihrer Fortschreitung das gehörige Verhältniss zu beobachten. Durch diese Stimmung des Instruments wir es nicht nur möglich in allen Tonarten zu spielen, ohne (wie bei der Laute) die Basssaiten nach der Tonart im Voraus zu verstimmen, mithin in alle Tonarten auszuweichen; sondern es gehört selbst zu den Vorzügen unsres Instruments, dass, bei einiger Uebung in dem Gebrauch der Applikaturen, es nicht mehr Mühe kostet aus dem einem als aus dem andern Ton zu spielen.

Bei dieser Beschaffenheit des Instruments ist dasselbe ohne Zweifel geeignet mehr zu leisten, als in drey oder vier Tonarten, den Accord des Grundtons und der zwey Dominanten zu geben, und damit einen in diese engen Gränzen eingezwängten Gesang zu begleiten; oder eine aus einer Zusammensetzung von Arpeggien in verschiedener Bewegung und einigen ausgestreiften Accorden bestehende seynsollende Sonate hervorzubringen. Es käme nur darauf an, dass diejenigen, die für die Guitare schreiben, ihrem Instrumente selbst ein Recht widerfahren liessen, dass sie endlich aufhörten, nur immer der Oberflächlichkeit der Menge zu fröhnen, und vielmehr sich bemühten, den Liebhabern Muster einer bessern Spielart zu liefern.

Unter dem Schwall von Guitare-Komposizionen sind zwar einige, deren Verfasser sich bemüht haben, das gewöhnliche Spiel wenigstens den Hauptregeln der Harmonie unterzuordnen;*

* Herr de Call, der durch seine Komposizionen für die Guitare eben so wohl um die Verbreitung dieses Instruments, als um die Unterhaltung der Liebhaber desselben wirklich Verdienst hat, verdient in dieser Hinsicht vor vielen andern unterschieden zu werden.

auch wohl einige wenige, aus denen man abnehmen kann, dass ihre Verfasser die Möglichkeit geahndet haben, über die gewöhnliche Spielart hinauszugehen, und eine bessere Methode einzuschlagen.*

* In dieser Hinsicht zeichnen sich unter der Menge die wenigen Komposizionen von Carully aus, in welchen man wenigstens einen richtigen Gesang und oft auch einen ordentlich fortschreitenden Bass

wahrnimmt. Auch fangen seit Kurzem einige unter den hiesigen Musik- und Guitarmeistern an, eine bessere Spiel- und Schreibart, wenigstens theilweise einzuschlagen; unter diesen glaube ich Herrn Diabelli und Herrn Matiegka nennen zu dürfen, in deren neuern kleinen Guitarsachen manche in dieser Hinsicht sehr gut gelungene Stellen vorkommen. Im allgemeinen glaube ich an diesem Orte jedoch noch gegen Missbrauch in dieser neuen Schreibart warnen zu müssen, dass man nicht bloss für das Auge schreibe, und nicht etwas setze, was der Spieler nach aller Genauigkeit so, wie es geschrieben ist, auszudrücken nicht im Stande wäre.

Vielleicht würden wir auch schon mehrere gute Muster einer solidern Komposizion für die Guitare aufzuweisen haben, wenn diejenigen, welche des Instruments vollkommen mächtig sind, zugleich die Wissenschaft der Komposizion besässen, deren Mangel sie allein zu verhindern scheint, sich und ihr Instrument zu dem, was es seyn könnte, zu erheben.

Wie dem auch sey, so ist mir wenigstens noch kein Komposizeur für dieses Instrument bekannt, der einen ausführlichen Versuch geliefert hätte, auf demselben die Harmonie in Grundton und Mittelstimmen im gehörigen Zusammenhang und Verhältniss so durchzuführen, wie man es doch sonst von allen Instrumenten fo[r]dert, deren ganzes Wesen vorzüglich in Harmonie besteht.

Dieses nun ist der Zweck, den ich mir bei der Guitare vorgesetzt habe. Ich habe seit anderthalb Jahren einige aus diesem Gesichtspunkte bearbeitete Sonaten herausgegeben, in welchen jedoch die Guitare nur noch als begleitendes und konzertirendes Instrument erscheint.*

* Grand Sonate pour Guitare er Violon concertants. Oeuvre 3. Au Magasin de l'Imprim. chymique à Vienne.
Sonate pour Guitare er Violon concertants. Oeuv. 5. chez Artaria et Comp. à Vienne.
Trio pour Violon ou Flùte, Alto et Guitare concertants. Oeuv. 6. chez Thadé Weigl à Vienne.
Trio concertant pour Flùte, Alto et Guitare, arrangé plutôt refait d'après un Quatuor de Devienne. chez Traeg à Vienne.
Recueil de petites Pieces favorites de differents' Auteurs et un Rondeau original pour la Guitare seule d'une difficulté progressive. Au Magasin de l'Imprimerie chymique à Vienne. Liv. 1 et 2.

Gegenwärtige *grosse Sonate* gebe ich nun dem kunstliebenden Publikum als den *ersten Versuch, auf der Guitare allein ein ganzes mit beständiger Rücksicht auf die Regeln und Forderungen der Kunst ausgeführtes Tonstück darzustellen.*

In wiefern dieser sowohl als jene früheren Versuche in der angedeuteten Hinsicht gelungen seyn möge, stelle ich ganz gerne dem Ausspruch unbefangener Kenner anheim, welche auch den *Werth der Komposizion* an sich beurtheilen mögen. Immer halte ich jedoch die Ueberzeugung fest, dass diese *Art das Instrument zu behandeln* die einzige ist, welche den Kenner und Schätzer der Harmonie jemals befriedigen kann.

Zur Rechtfertigung der von mir angenommenen *Schreibart* (im engeren Sinn des Wortes, *Orthographie*) welche zwar nicht die für die Guitare gebräuchliche, sondern vielmehr dem Klavier eigen ist, glaube ich behaupten zu dürfen, dass nur diese Schreibart die Accorde und das Maas der Klänge für den Spieler sowohl als für den blossen Musikkenner richtig darstellt; da hingegen die gewöhnliche Schreibart nicht viel mehr als den blossen mechanischen Fingersatz ausdrückt, und ein musikalisches Auge – ungefähr eben so, wie eine von orthographischen Fehlern wimmelnde Schrift das Auge des Sprachkenners – beleidigen, von dem Instrumente aber, dem sie eigen ist, eine eben nicht vortheilhafte Meinung erwecken muss.*

* Ich kann an diesem Orte, wo von der Orthographie und Schreibart der Guitare die Rede ist, nicht umhin, noch folgende Bemerkung beizufügen:

Der Violin-Schlüssel ist für das Instrument nicht der eigentliche. Die Töne der Guitare stehen durchaus um eine Oktave tiefer als sie bezeichnet sind; das obere leere E der Guitare z.B. ist keineswegs das zweygestrichene (leere) E, sondern nur das eingestrichene, welches im Violinschlüssel auf der ersten unteren Linie steht. Das unsere leere E der Guitarre hingegen ist nicht die Terz unter dem tiefen leeren Violin G, sondern das tiefe Bass-E, welches im Bassschlüssel unter der Linie einmal durchstrichen ist; mithin dem tiefsten E des Klaviers gleich. – Demnach ist es klar, dass die Guitare noch nicht einmal den Schlüssel vindizirt hat, der ihr zukommt, welcher nach genauer Erwägung kein anderer seyn sollte als der Tenorschlüssel. Doch wie wird sich die Guitare darüber beklagen dürfen, da der Violin-Schlüssel in der neueren Instrumental-Musik, ja nun sogar auch schon im Gesang, alle anderen Schlüssel nach und nach zu verdrängen scheint? So wird ja auch in Solosätzen für das Violoncell der Violin-Schlüssel durchaus eben so unrichtig angewendet.

Ausserdem mag selbst ein aufmerksamer Blick auf gegenwärtige Sonate noch auf eine andere Betrachtung führen, diese nemlich: ob man nicht – um manche Sätze orthographisch richtig und zugleich für das Auge deutlich darzustellen – sich zweyer Linien, wie beim Klavier bedienen sollte, deren untere mit dem gewöhnlichen Bassschlüssel eigentlich dem Bass, die obere aber mit dem Tenorschlüssel dem Gesang und den Mittelstimmen gewidmet wäre?

Dies gebe ich indessen nur als einen Vorschlag, von dessen Ausführbarkeit und Zweckmäßigkiet ich zwar durch Proben überzeugt bin, ohne jedoch die Schwierigkeiten zu verkennen, welche sich der allgemeinen Ausführung desselben entgegen stellen würden.

Diejenigen, welche gegen diese Spielart, und gegen diese Orthographie die vorgefasste Meinung haben könnten, als ob solche *in der Ausübung schwer zu erlernen wären*, gebe ich die Versicherung, dass Komposizionen dieser Art nicht *schwerer* auszuführen seyen, als die meisten Produkte, womit besonders gewisse französische Professoren dieses Instruments uns seit einigen Jahren überschwemmen, und womit sich Meister und Schüler so mühsam plagen, wie jener Kunstliebhaber, der sich Jahrelang übte, eine Linse durch ein Nadelöhr zu werfen, und es darinn wirklich zu einer bewunderungswürdigen Fertigkeit gebracht haben soll.*

* Zum Beweis, dass diese Spielart für ein musikalisches Talent bei zweckmäßiger Anleitung und verhältnissmässigem Fleiss eben sowohl als jede andere erlernt werden kann, könnte ich mich auf das Beispiel eines jungen Frauenzimmers berufen, welches unter meiner Anleitung in dem kurzen Zeit-

raum von beiläufig anderthalb Jahren von den ersten Anfangsgründen der Musik an, es auf der Guitare nicht blos in der gewöhnlichen, sondern selbst auch in dieser kunstgemässeren Spielart zu einem bedeutenden Grad von Fertigkeit gebracht hat.

Es erübrigt mir noch einem Einwurfe zu begegnen, welcher mir von jenen Guitare-Liebhabern gemacht werden könnte, die dieses Instrument nur zum *Vehikel des Gesanges* brauchen. Ein höheres Spiel, bei welchem die Guitare als selbstständiges oder konzertirendes Instrument erscheint, liegt ausser der Gränze, die sie sich gesetzt haben. Sie werden dasjenige, was ich wegen soliderer Behandlung des Intruments angeführt habe, vielleicht nicht auf sich beziehen, *die gewöhnliche Art mit der Guitare zu begleiten* für hinreichend, wohl gar für die einzig angemessene halten, und sich nicht entschliessen wollen, von *der höheren Spielart*, die nach ihrer Meinung nur in die *sogenannte galante Musik* gehört, Notiz zu nehmen. Allein welcher unter diesen Herren Liebhabern beschränkt sich streng genommen nur auf Begleitung? [W]er unter ihnen versucht nicht gerne, wenigstens ein kurzes Präludium, ein Ritornell, einen Zwischensatz als Ruhepunkt für die Stimme u.s.w. Also ist es nicht thunlich, die Galanterie-Musik von der bloss begleitenden ganz zu trennen. Auch ausserdem aber bin ich weit entfernt, die gewöhnliche Art, wie die Guitare als *begleitendes* Instrument behandelt wird, für gut, geschweige für die einzige und beste zu halten. Sie hat gewöhnlich alle an der Guitare zu tadelnde Fehler im höheren Grade. Zwar diese wird ein Spieler von richtigem Gefühl und Gehör vielleicht vermeiden können. Doch damit ist noch nicht alles gethan. Wie weit würden wir im Gesange noch zurück seyn, wenn auch unsere Orchester oder unsere Klaviere nichts anders als ein beständig in Arpeggien einherschreitendes, auf ein halb Dutzend Accorde eingeengtes Accompagnement hervorbringen könnten? – Mein Rath ist daher, dass auch diejenigen, welche zwar die Guitare hauptsächlich *nur zur Begleitung des Gesanges* brauchen wollen, sich doch auf ein *solides Spiel* verlegen, und alle mögliche Fertigkeit zu erlangen trachten sollten, um – wenn sie die grösseren Schwierigkeiten eines selbstständigen Tonstücks glücklich besiegt zu haben – die minderen Schwierigkeiten in der Begleitung desto gewisser zu besiegen; vorzüglich aber, um einmal mehr Manchfaltigkeit und lebendige Darstellung in die Begleitung zu bringen.*

* Einer meiner theuersten Musikfreunde Hr. *H. S. v. K...r* war der erste, welcher auf eine bessere Behandlung in Begleitung des Gesanges dachte. Er übersetzte mehrere Arien aus Mozarts und andern Werke vollkommen im Geiste des Autors. Leider sind diese schätzbare[n] Sachen – die einzigen, welche ich in dieser vollkommenen Art kenne – nicht in den Händen des Publikums. Uebrigens sind wir sowohl an Original-Gesängen mit Begleitung einer Guitare als an Uebersetzungen für dies Instrument zwar der *Quantität* nach sehr reich, der *Qualität* nach hingegen noch sehr arm.

Nun noch einige Worte in Ansehung der dieser Sonate selbst beigefügten *Anmerkungen über Fingersatz und Vortrag* derselben. Bei diesen Anmerkungen bin ich nicht gemeint, neue im Gebiete der Tonkunst noch unbekannte Regeln aufzustellen. Die Regeln, auf welche ich zurückführe, sind theils allen Instrumenten gemein, und ihre Beobachtung wird zur Vollkommenheit des Vortrages bei jedem derselben gefordert; theils sind sie für alle ähnliche, das heisst der Harmonie gewidmeten Instrumente angenommen. Sie dem Guitareliebhaber vorzuhalten schien mir nur deswegen nicht ganz überflüssig, weil sie, bei der gewöhnlich allzuseichten Behandlung der Guitarre, auf dieses Instrument fast noch nicht übertragen worden zu seyn scheinen. Die Bezeichnung des Fingersatzes aber bei einigen Stellen werden mir die Herrn Liebhaber hoffentlich Dank wissen.

Ich habe nun über Guitare-Spiel und Komposizion mein Glaubensbekenntniss hiermit abgelegt.

Bloss Liebe für die Kunst, bloss hochachtungsvolle Rücksicht für die grosse Zahl von Liebhabern dieses zwar schon sehr allgemeinen, in der That aber noch sehr wenig gekannten, ja vielmehr noch sehr verkannten Instruments, haben mir dabei die Feder geführt. Den Vorwurf irgend einer andern Absicht glaube ich um so weniger befahren zu dürfen, da ich als blosser Dilettant mit den Herren Professoren auf keine Weise in Kollision kommen kann; deren Kunst – eben sowohl als ihr Verdienst um die Verbreitung und Vervollkommnung dieses durch ihren Fleiss seit einigen Jahren schon sehr hoch getriebenen Instruments – ich mit der verdienten Achtung erkenne.

Mein Wunsch ist erreicht, wenn ich durch diese meine *Versuche* nur etwas dazu beitrage, *das Bedürfniss eines regelmässigeren solideren Spieles unter den Liebhabern zu erwecken*, und schon hierdurch die Nothwendigkeit besserer Komposizionen vorzubereiten, wodurch der Guitare in der musikalischen Welt jener Rang verschafft werde, der ihr mit Recht gebührt.

Wien im Herbstmonat 1806.

S. Molitor.

Clemens von Brentano – *Guittarre und Lied*, in: *Memnon* 1 (1800), S. 135–142.

Guittarre.

Wache auf, Du süßes Lied,

Oeffne Deine goldnen Augen;

Mondschein still hernieder sieht.

Leise, kühle Lüfte hauchen

Durch die tiefe dunkle Nacht.

Lasse Deinen hellen Blick,

Leuchtend, durch die Schatten schweben;

Antwort kehret bald zurück,

Wenn des Echo's Wechselleben

Hallend an dem Fels erwacht.

Sag, wo willst du hin?

Soll ich Dich begleiten,

Durch die Dunkelheiten

Deine Schritte leiten?

Soll ich stiller Liebe

Deinen düstern Sinn

Freundlich deuten?

Willst Du Deine Triebe

Durch den Abend singen;

Oder höher,

Immer höher

Zu den Sternen klingen?

Laß Dich traulich umschlingen;

Sprich Deine Worte

In meine Akkorde.

Lied.

O, welch nächtlich banges Rauschen;

Ob sie wohl am Fenster stehet,

Oder an der kleinen Pforte,

Meine Töne zu belauschen;

Oder durch den Abend gehet.

Guittarre.

Mädchen, höre seine Worte!

Mädchen, lieb Mädchen erscheine,

Sieh vom Fenster nieder;

Laß das Lied

Nicht so alleine.

Ach, der helle Schimmer

Bald verglüht,

kehret nimmer,

Nimmer wieder.

Lied.

Nimmer, nimmer wiedersehen!

Stille Liebe, Süße Blicke,

All die Töne, all die Lieder

In der kühlen Nacht verwehen;

Nimmer kehren sie zurück.

Guittarre.

Ach, das Mädchen sieht nicht nieder;

Von den Saiten schwingen

Sich die Töne durch die Nacht,

Worte irren und verklingen –

Wo die Liebe nicht wacht,

Ist alles leer,

Kein Freuen mehr.

Lied.

Alles leer, und nimmer freuen,

Kaum im Herzen aufgeblühet,

Ist das Leben schon so schwer.

Muß ich mich dem Tode weihen,

Der mich langsam abwärts ziehet.

Guittarre.

Ist denn keine Wiederkehr?

Ist die Liebe hingetragen

In den stummen Tod?

Ist sie nirgends zu erfragen;

Ist sie in dem Abendroth,

Mit den andern Funken,

Hinabgesunken?

Lied.

Alle Lichter bald versinken;

Alle Töne stumm ersterben;

Nur allein, wer liebetrunken,

Liebe sieht im Auge blinken,

Der kann nimmermehr verderben.

Guittarre.

Ist die Liebe Dir versunken,

O, so wende,

Schnell behende,

Zum Himmel die Blicke,

Laß die untreue Erde zurücke.

Hinauf ins helle Getümmel,

In der Sterne froh Gewimmel!

Oben am Himmelszelt

Kein Echo Dich gefesselt hält.

Im hohen Wolkensaal,

Da sind Liebesblicke,

Und freudiges Hallen

Hörst Du zurücke,

In Tönen ohne Zahl,

Dir wieder schallen.

Lied.

Aller Himmel bald verschwindet,

Alle Sterne bald vergehen,

alle Töne niederfallen;

Denn allein ihr Blick entzündet

All das Licht in Himmelshöhen.

Guittarre.

Nun so laß uns abwärts wallen.

Bebe nicht,

Der Weg ist so tief,

Ohne Licht.

Manch Lied schon so entschlief;

Kannst Du in den Himmelsseen

Keine Freiheit mehr ersehen,

In den fernen

Goldnen Sternen,

Die wie Blumen drinnen brennen.

Keinen Frühling mehr erkennen.

So will ich Dich führen auf stillen Wegen:

In den Busen, wie ins Grab,

Dein Gebete,

Deine süße Rede

Traurig niederlegen.

Blicke nieder

Ohne Wehe,

Vergehe,

Kehre heller wieder.

Lied.

Ach, mit tiefen, tiefen Wehen

Kehre ich ins Herz zurücke,

Sink ich in die Tiefe nieder,

Und das Herz muß nun vergehen,

Weil ich's mit Gewalt zerdrücke.

Guittarre.

Ach, so sterben alle Lieder,

Die so lange

Liebe suchen in dem Weibe.

Liebe, nein, die währt nicht lange,

Dient dem Leibe

Blos zum süßen Zeitvertreibe.

Ist die Zeit vertrieben,

Wo ist die Liebe geblieben?

Mit den Sinnen

Muß man die Liebe

Wild umspinnen;

Da ist Leben,

Wiedergeben

Zu gewinnen.

Lied.

Laß, o laß mich ruhig sterben,

Drücke mir die Augen zu;

Laß mich glaubend still zerrinnen,

Soll ich zweifelnd denn verderben?

Gieb im Tode mir nur Ruh.

Guittarre.

Gehe hoffen still von hinnen,

Schlummre sanft Du süßes Lied;

Schließe Deine goldnen Augen,

Mondschein ist schon abgeblüht,

Leise Lüfte Dich verhauchen,

Kühler Morgen schon erwacht.

Lasse Deinen trüben Blick

Stille zu den Schatten schweben,

Sehne nimmer Dich zurück;

Denn der Liebe Wechselleben

Ist verhallt in tiefer Nacht. –

Ach, wo bist du hin?

Konnt' Dich nicht begleiten,

Durch die Dunkelheiten

Deinen Schritt nicht leiten;

Konnt' nicht in stiller Liebe

Deinen düstern Sinn

Freundlich deuten?

Konntest nicht Deine Triebe

Durch den Abend singen;

Auch nicht höher,

Immer höher

In den Sternen klingen;

Mußte Dich traurig umschlingen –

Schlummert freundlich

Ihr letzten Worte,

Im letzten Akkorde

Jacob August Otto, *Ueber den Bau der Bogeninstrumente, und über die Arbeiten der vorzüglichsten Instrumentenmacher, zur Belehrung für Musiker. Nebst Andeutungen zur Erhaltung der Violine in gutem Zustande*, Jena: Bran'sche Buchhandlung 1828, Seite 94–97.

Anhang. Ueber die Guitarre. Es scheint mir nicht unpassend, wenn ich einige Bemerkungen beibringe, die besonders auf die Verbreitung und Ausbildung der Guitarre in Deutschland Bezug haben. Dieses Instrument ist aus Italien zu uns gekommen. Im Jahre 1788 brachte die Herzogin Amalia von Weimar die erste Guitarre von da mit nach Weimar, und sie galt damals als ein neues italienisches Instrument. Es erhielt sogleich allgemeinen Beifall. Vom Herrn Kammerherrn von Einsiedel bekam ich den Auftrag, für ihn ein gleiches Instrument zu verfertigen. Nun mußte ich noch für viele andere Herrschaften dergleichen machen, und bald wurde die Guitarre in mehreren großen Städten, in Dresden, Leipzig, Berlin bekannt und beliebt. Von dieser Zeit an hatte ich zehn Jahre hindurch so viele Bestellungen, daß ich sie kaum befriedigen konnte. Dann aber fingen immer mehr Instrumentenmacher an, Guitarren zu verfertigen, bis sie endlich fabrikmäßig in großer Anzahl gemacht wurden, z.B. in Wien, Neukirchen und Tyrol. Jene erste italienische Guitarre wich aber von der jetzigen ab, denn sie hatte nur 5 Saiten, und bloß eine besponnene Saite, nämlich das tiefe A. Weil die D=Saite sehr stumpf klang, versuchte ich diesem Uebelstande durch eine übersponnene Saite abzuhelfen, was mir auch gelang. Vor ungefähr dreißig Jahren erhielt der Capellmeister Naumann in Dresden eine Guitarre dieser Art mit 5 Saiten. Bald nach Empfang derselben forderte er mich dazu auf, daß ich eine Guitarre für 6 Saiten einrichten, und noch eine Saite für das tiefe E anbringen möchte. Mit dieser Vervollkommnung baute ich nun mehrere, und fand bald die allgemeinste Anerkennung. So hatte die Guitarre theils durch mich, theils auf Veranlassung des Capellmeisters Naumann drei übersponnene Saiten erhalten. Sie erwarb sich schnell überall viele Gönner, da sie für Jeden, der singelustig und singefähig ist, das angenehmste und leichteste Accompagnement abgiebt, überdieß auch transportabel ist. Aller Orten sah man die Guitarre in den Händen der angesehensten Herren und Damen. Jetzt wird sie nicht mehr so gesucht, und man nimmt häufiger das Clavier zum Accompagnement für Gesang. Sonst wurden die Lauten häufig in Guitarren verwandelt, weil sie schöner und sanfter im Tone sind, als die gewöhnliche Guitarre. Daher verfertigte man auch späterhin neue Guitarren in Lautenform. Aber wegen ihres runden Körpers sind solche unbequem zu spielen, weßhalb diese Bauart bald nachließ. Dazu trug auch der hohe Preis mit bei. Beim Ankaufe hat man erstens auf Richtigkeit der Mensur zu sehen, und zweitens darauf, daß die Saiten gegen die Griffsattel eine solche Lage haben, daß sich die Saiten leicht aufdrücken lassen. Von der Richtigkeit der Mensur hängt die Reinheit der Accorde ab, also die Hauptsache; vom zweiten aber das leichte Spiel. Was die Reinheit der Töne betrifft, so hat man nur darauf zu sehen, daß der zwölfte Griff die reine Octave angiebt. Ist dies der Fall auf allen Saiten, so sind auch die Zwischenaccorde rein. Die Lage der Saiten macht das leichte Spielen dann möglich, wenn die Saiten 3/16 Zoll über dem Sattel, und 6/16 Zoll über dem Stege stehen. Man sehe auch darauf, daß die drei tiefern Saiten richtig übersponnen sind. Ich habe Guitarren gesehen, an denen sie mit Einer Nummer übersponnen waren. Dieß ist aber durchaus falsch, indem auf diese Art die tiefern Töne nie die gehörige Kraft und Fülle erhalten können. Jede tiefere Saite muß auch mit stärkerm Drathe übersponnen werden.

Johann Christian Gottlieb Scheidler, Supplikationen an den Rat der Stadt Frankfurt am Main (1794–1797), Institut für Stadtgeschichte Frankfurt am Main.

Ratssupplikationen [1794, III], fol. 234r–240v

[234r] Euere Hochwohl= Wohl= und Hochedelgebohrenen Gestrengen und Herrlichkeiten. Ich bin Kurfürstl. Mainzischer Hof= und Kammer=Musikus. Die Instrumente die ich spiele, sind die Laute, Mandor und die spanische Guitarre, [234v] auf welchen ich es ohne Ruhm zu melden zu einer außerordentlichen Fertigkeit gebracht habe; so daß ich mich auch von dieser des Königs von Preußen Maiestät bei allerhöchst ihro Anwesenheit dahier auf dem ersteren Instrumente im großen solchen Hause dereinst habe hören lassen und den allerhöchsten Beyfall zu erlangen so glücklich gewesen bin. Die Ursache meines Hierseins war die unglückliche Belagerung von Mainz, während welcher Zeit ich mich öfters hier aufhielte und Frankfurt mit allem Rechte als meinen Zufluchts-Ort ansehen konnte. In dieser Rücksicht ertheilte mir nun auch ein Hoch=löbliches Schatzungs-Amt wie es darunter dem Buchstaben A. beygeschloßenen Erlaubnis-Schein zu lesen steht, zu meiner unterthänigsten Dankverpflichtung einige Monate die Erlaubnis mich dahier aufhal= [235r] ten zu dürfen, wobei ich indes bei der letzteren monatlichen Verlängerung zugleich die Weisung erhielte nun wenn ich mich ferner hier aufzuhalten gedächte bei Eueren Hochwohl= Wohl= und Hochedelgebohrenen Gestrengen und Herrlichkeiten um weitere Erlaubnis einzukommen. Ob nun gleich Dank sei es der Fürsehung, Mainz lange wieder in deutschen Händen ist; so ist doch mein daselbst befindliches mir eigenthümlich zuständiges Haus durch die anhaltende Beschießung und Bombardierung dermaßen beschädigt worden, daß ich es bei der schnellsten Reparatur die noch dazu lediglich durch Aufwendung einer beträchtlichen Summe zu bewirken ist, daß vor einem halben Jahre nicht in einen völlig bewohnbaren Zustand herzustellen vermag, ich gleichwohl über dieses dermalen gar nicht in der Lage bin, daß in in [!] der [235v] Eile diese dazu erforderliche Summe aufbringen könnte, in Betracht ich sowohl während dieser Belagerung als nachher einen nicht geringen Verlust erlitten, auf der anderen Seite hingegen mir dahier während meinem Aufenthalt durch meine musikalische[n] Talente die Ehre einer ausgezeichnetesten ansehnlichen Bekanntschaft erworben; so daß ich hin und wieder um Ertheilung des Unterrichtes auf der spanischen Guitarre weil selbige dahier niemand spielet, angegangen worden bin und in dieser Hinsicht es nicht gerne ausschlagen wollen. Ich habe daher seit einiger Zeit mit Unterrichtung in diesem Instrumente den Anfang gemacht und meine sämtliche Scholaren sind wie es aus der weiteren Anlage unter dem Buchstaben B ersichtlich ist nicht nur äußerst mit mir zufrieden,

240

sondern wünschen auch [236r] aus den von ihnen selbst angeführten Gründen die Verlängerung meines Aufenthalts. Aus diesen Beweggründen und in Absicht der Wiederherstellung meiner Gesundheit, wünschte ich zumalen Seine Kurfürstliche Gnaden von Mainz anietzo selbst nicht in Mainz sind, mithin allda meine Gegenwart nicht nothwendig, mich nur ohngefähr sechs Monate hier aufzuhalten. Da ich nun hiernächst keinem der hiesigen Herren Tonkünstler durch diese meine wenige Unterrichts=Ertheilung in oberwähntem Instrumente Abtrag thue, in dem diese Instrumente von keinem derselben gespielet werden. Daher ergehet um so zuversichtlicher an Euere Hochwohl= Wohl= und Hochedelgebohrene Gestrenge und Herllichkeiten meine unterthänig=gehorsamste Bitte: Hochdieselben wollen mir einen [236v] Bewilligungsschein auf sechs Monate hindurch mich dahier in einem Privathause aufhalten und den auf der spanischen Guitarre angefangenen Unterricht, solange forthin ertheilen zu dürfen, angedeihen zu lassen, in Gnaden gewähren. Diese nur dadurch zu bezeigende hohe Gewogenheit werde ich bis an das Ende meiner Tage mit den aufrichtigsten Gefühlen der Dankbarkeit in der innigen vollkommenen verehrung zu erkennen wissen, womit ich unabläßig beharre. Eueren Hochwohl= Wohl= und Hochedelgebohrnen Gestrengen und Herrlichkeiten unterthänigst=gehorsamer Johann Christian Gottlieb Scheidler Kurfürstl. Mainzischer Hof= und Kammer=Musicus

[237v] Lectum in Senatu d. 15ten Maii 1794 et Conclusum: Es wird löblichem Schatzungsamt committiert, Implorantem gegen zu stellende Caution daß er und die Seinigen löblichen milden Stiftungen nicht zur Last fallen werden, einen Permissions=Schein auf 6 Monate zur Wohnung in einem Privathauß zu ertheilen – und wird ihm gestattet während dieser Zeit PrivatUnterricht auf gesuchten Maß zu geben.

[238r/v] Permissions=Schein des Schatzungs=Amtes [Anlage A] mit den Datierungen 10. Januar 1794, 19. Februar 1794, 28. März 1794.

[239r – Ms. Scheidler] Wir Endes Unterzogene beurkunden und bekennen andurch Kraft unserer Unterschrift und Siegel, daß uns der Kurfürstl. Mainzische Hof= und Kammermusikus, Herr Johann Christian Gottlieb Scheidler während seinem ihm vom löbl[ichen] Schatzungs=Amte verstatteten bisherigen Aufenthalte, auf der spanischen Guitarre, auf welcher er so wie auch auf der Laute und Mandor es bis zur höchsten Vollkommenheit gebracht, so daß nicht leicht iemand ihm hierinnen an die Seite zu stellen wäre, Unterweisung gegeben und noch gibt, wie auch daß keiner der hiesigen Tonkünstler sowohl dieses Instrument als die Laute und Mandor spielet, noch weniger aber auf gedachter spanischer Guitarre ihrer Seltenheit halber dahier Unterricht zu erhalten ist. Wir wünschen daher um es auf diesem harmonischen Instrumente noch etwas weiter zu bringen, den Unterricht dieses geschickten [239v] und hierinnen einzigen Mannes noch einige Zeit genießen und verinnigen; darum unser ganz gehorsamstes Bitten mit dem Seinigen dahier, daß nun Hochedler und Hochweiser Rath demselben den Aufenthalt dahier auf sechs Monate doch noch zu gestatten, gnädigstigst hochgeneigtest gesuchen möchte. Frankfurt d[en] 12ten Mai 1794

[Es folgen die Unterzeichnenden, sämtlich mit je eigenem Siegel] Henriette von Barchhaus von Wiesenhütten / Henriette von Lilienstern / Sibylle Gebhard née Rau / Sibilla Fuchs / Susanna Welcker / Jeanette Fuchs / [240r] J. Schmidt / C. Fellmann

Ratssupplikationen [1794, VI], fol. 164r–166v [wegen eines massiven Wasserschadens nur teilweise lesbar]

[165r/v] Bittschrift von Scheidler vom 11. November 1794 an den Rat der Stadt Frankfurt mit dem Gesuch um Verlängerung seiner Aufenthaltserlaubnis um weitere sechs Monate.

[165v] Lectum in Senatu 13. Nov. 1794 – Scheidler erhält wiederum die Erlaubnis »zur Privat=Wohnung und Privat=Unterricht zu ertheilen«.

[166r] ›Wiedervorlage‹ der Erlaubnis an Scheidler »auf 6 Monate zur Wohnung in einem Privathauß zu verweilen – und wird ihm gestattet, während dieser Zeit, Privat=Unterricht auf gesuchtem Maß zu geben. Conclusum in Senatu d[en] 15[t]en Maii 1794«.

Ratssupplikationen [1796, III], fol. 48r–50v

[48r/v] Ersuchen Scheidlers vom 2. Mai 1796 an den Rat der Stadt Frankfurt am Main mit der Bitte um eine dauerhafte Aufenthaltserlaubnis; Scheidler verspricht, sollte diese erteilt werden, dass »ich nur den allernöthigsten Gebrauch mache«.

[49r] »Lectum in Senatu 3. Mai 1796 et Conclusum« – Scheidler wird der Aufenthalt für weitere sechs Monate gestattet.

[50v] ›Wiedervorlage‹ – »Auf Bittschrift des Joh. Christian Gottlieb Scheidler, Churfürstl. Mainz. Hof- und Kam[m]ermusici« wird gestattet, dass er für weitere sechs Monate auf der Gitarre in einem Privathaus unterrichten darf; »Conclusum in Senatu d[en] 5. Nov. 1795«.

Ratssupplikationen [1797, I], fol. 571r–571v

[571r] [6. Januar 1797] Der gütige Beyfall womit ein geehrtes Publicum diejenige Conerte, welche ich bisher mit hochobrigkeitlicher hohen Vergünstigung dahier öffentlich gegeben habe, aufgenommen und beehret hat, erreget bey mir den Wunsch, nächstbevorstehenden ersten Oster-Feyertag, ein dieser Zeit angemessenes großes Vocal und Instrumental-Concert, in dem allhiesigen Gasthof zum großen Rothen Hause [571v] geben zu dürfen. Da dieses nun nicht ohne hochobrigkeitliche hohe Erlaubniß geschehen darf, so wollte Eure Hohen Gestrenge und Herrlichkeiten ich um gnädige und huldweise Vergünstigung, ein solches Concert in dem Allhiesigen Gasthauß zum Großen Rothen Hause, und zwar auf den ersten Osterfeyertag geben zu dürfen unterthänig darum Sie gebethen haben. Ich werde diese Gnade mit der äußersten Dankbarkeit zu verehren nicht verfehlen – der ich in tiefstem Respect versterbe Gottfried Scheidler

Ratssupplikationen [1797, I], fol. 573r–574r

[573r] [15. Februar 1797] Wenn ich mir die Freyheit nahm, Eure Hochadelich Gestrengen und Herrlichkeiten in meiner jüngsthie übergebenen unterthänig= demüthigen Bitte um gnädige Erlaubniß, ein Instrumental und Vocal Concert im Saal des großen Rothen Haußes auf den ersten Osterfeyertag geben zu dürfen regenstvoll anzuflehen, so waren die Gründe davon: 1) meine unglückliche Flucht bey dem Eintritt der Franzosen in hiesiger Gegend, im vorigen Sommer, und an einer dadurch erlittenen großen Einbüßung an meinem ohnehin sehr geringen Vermögen, 2) der sehr geringe Verdienst, welchen ich gegen= [573v] wärtig habe, und der kaum zu meinem nothdürftigen Unterhalt hinreicht, 3) die steete und viele Kriegs=Abgaben, welche ich als ein Maynzer Unterthan mit zu contribui= ren habe 4) diese – mich unter solchen Umständen gewiß am meisten drückende außeror= dentliche Theuerung, und 5) der Wunsch und das Verlangen aller meiner hoher Gönner und Musikliebhaber, daß ich zu ihrem Vergnügen ein solches Concert veranstalten möchte. Ein Fehler war es von mir, daß ich keinen einzigen von diesen Gründen, in meiner vorigen demüthigsten Bitte aufgeführt, und auch vielleicht in der Wahl des Tages, ein solches Concert zu geben geirret, – aber vielleicht auch meine Bitte zu frühzeitig gewagt habe. Da mir aber inzwischen Eurer Hochadeliche Gestrengen und Herrlichkeiten ruhmvollen Standes Bestreben, Künstler zu unterstützen, allzu bekannt ist, so ermuntert mich dieses, mein demüthiges zu wiederholen, und Eure Hochadeliche Gestrengen und Herrlichkeiten [574r] unterthänig zu bitten, mir aus angeführten Ursachen gnädigst und huldreichst zu erlauben, daß ich dieses Vocal und Instrumental Concert in dem Saal des großen Rothen Haußes – entweder auf dem Palm Sonntag – oder den 27ten Maerz,

oder 3ten Aprill, – oder auf einem sonst hochgefällig zu bestimmenden Tag geben darf. Mit grenzenloser Dankbarkeit werde ich diese hohe Huld und Gnade zeitlebens verehren, Der ich nun gnädige Verzeihung meiner de= müthigen Bitte hoffe, und in tiefstem Respect ersterbe, Eure Hochadeliche Gestrengen und Herrlichkeiten unterthänig demüthiger Johann Christian Gottfried Scheidler

Mina Brand, Supplikation an den Senat der Stadt Frankfurt (1818), Institut für Stadtgeschichte Frankfurt am Main.

[Senatssupplikationen 8/56]

Dokument I: Mina Brand an den Senat der Stadt Frankfurt

25. Juny 1818 Hochguetlicher Senat! Ich, die unterthänigst unterzeichnete Mina Brand von Dieburg, 32 Jahre alt, bin schon seit meinem 7ten Jahre in hiesiger Stadt. Mein vor kurzem dahier gestorbener Vater war bei dem hiesigen Theater als Musikus angestellt und ich, die unterthänigst Unterzeichnende, befinde mich seit vielen Jahren bei dem Chor am hiesigen Theater. Da ich mir nun durch unermüdlichen Fleiß große Fertigkeiten im Cithar= und Clavierspielen eigen gemacht habe, und mich folglich für fähig erachte Unterricht in gedachten Instrumenten ertheilen zu können, dieß jedoch ohne die hohe Genehmigung Eures Großguetlichen Senates nicht geschehen darf, so wage ich die ganz unterthänige Bitte: Hochguetlicher Senat wolle aus hoher Machtgall [!], die gnädigste Erlaubniß zu unterrichten in der Cithar sowohl, als auch in dem Clavier, Nachricht in hiesiger freier Stadt geben zu dürfen, huldreichst gewähren. Mina Brand

Dokument II: Antwortschreiben des Senats der Stadt Frankfurt vom 20. Juli 1818

Mina Brand, aus Dieburg, steht nach angebogenen Zeugnissen bei dem hiesigen Theater im Engagement, und wünscht, da ihre Gage als Choristin nicht beträchtlich ist, ihr Verhältniß durch Ertheilung von Unterricht auf dem Klavier und der Guitarre zu verbessern. Da gegen diese Person nichts Nachtheiliges obwaltet, so möchte unseres unmaßgeblichen gehorsamsten Dafürhaltens diesem Gesuche auf so lange, als solche bey hiesigem Theater angestellt bleibt, nichts entgegenstehen.

Anton Brand, Supplikation an den Senat der Stadt Frankfurt (1825), Institut für Stadtgeschichte Frankfurt am Main.

[Senatssupplikationen 191/42]

Dokument I: Anton Brand an den Senat der Stadt Frankfurt

7ter September 1825 An Hohen Senat gehorsamste Bittschrift mein des Musiklehrers Anton Brand, aus Dieburg Bürgerrecht betr.

Hoher Senat! Während meines langiärig dahiesigen Aufenthaltes war es mein Wunsch, als Bürger aufgenommen und als solcher dahier fernerhin möglichst nüzlich zu werden. Der Erfüllung desselben, nachdem ich mich mit der Tochter des hiesigen Bürgers und Capell Musici Herrn Johann Wilhelm Ludwig – namens Anna Margareten – ehelich verlobt, wie auch daß ich alle sonstigen zur Aufnahme erforderlichen Requisiten besitze, möchte nichts im Wege stehen, dahero Hohen Senat ich gehorsamst bitte Hochderselbe mir das Bürgerrecht als Musik Lehrer praestitis praestandis hochgeneigtest zu erteilen großgünstig geruhen wolle und habe die Ere mit größter Hochachtung zu verharren Hohen Senates ganz gehorsamster Anton Brand.

Dokument II: Kopie des Taufscheins Anton Brand

»Copia« des Taufscheins aus Dieburg: Anton Brand wurde am 7. Januar 1791 in Dieburg getauft, Vater Anton Brand (katholisch), Mutter Anna Maria Brand (lutherisch); ausgestellt 1813

Alexander Brand, Supplikationen an den Senat der Stadt Frankfurt (1833), Institut für Stadtgeschichte Frankfurt am Main.

[Senatssupplikationen 270/3]

Dokument I: Alexander Brand an den Senat der Stadt Frankfurt

16. Februar 1833 Hoher Senat! Von Hochlöblichem Polizey=Amte wurde mir, als ich neulich um Verlängerung der Aufenthalts=Erlaubniß nachsuchte, die Auflage gemacht, einen Heimath=Schein beyzubringen, oder die Befreiung von dieser Auflage bey Hohem Senat geziemenst auszuwirken. Ich wage es daher in diesem Bezuge das Folgende unterthänigst vorzutragen. Mein Vater, Anton Brand, wurde im Jahr 1754 in Flörsheim a. M. geboren, und ging in frühestem Alter als Musicus in französische Dienste, worin er bis etwa im Jahr 1780 verblieb. Hierauf erhielt er bey dem Freyherrn von Belderbusch zu Dieburg als Verwalter eine Anstellung und verehelichte sich darauf mit einer Bürger=Tochter aus Dieburg, ohne jedoch das dortige Bürgerrecht zu erwerben, wozu \er/ als freiherrlicher Diener keine besondere Veranlaßung hatte. Im Jahr 1792 erhielt mein Vater bey dem hiesigen Theater=Orchester als Violinist eine Anstellung, und zog mit Frau und Kindern hierher. Wäre von Seiten der hies. Hohen Obrigkeit damals meinem Vater die Erbringung eines Heimathscheines auferlegt worden, so würde es ihm ein Leichtes gewesen seyn, sich in Flörsheim, oder Dieburg anheischig zu machen, und so dem Hochobrigkeitlichen Verlangen zu genügen. Allein dieses wurde nicht erfordert, und so verblieb denn mein Vater unangefochten im Sitze hiesiger Stadt, als rehdlicher Einwohner seine Pflichten erfüllend, bis er, nachdem er hier zuvor noch lebende Kinder mit seiner Ehefrau erzeugt, im Jahr 1816 verstarb. Im Jahr 1796 den 27 Februar wurde ich dahier geboren und bin seit dieser Zeit, also nähernd mehr als 36 Jahre ununterbrochen dahier verblieben, ohne daß weder von dem Geburts=Orte meines Vaters, noch von dem meiner Mutter wegen Militärpflichtigkeit noch sonsten, die geringsten Ansprüche an mich gemacht worden sind. Ja als mein Bruder Anton Brand, gleichfalls Musicus am hies. Theater=Orchester, vor etwa sieben Jahren das hies. Bürgerrecht erlangte, erklärten die Obrigkeiten der Geburtsorte meiner Eltern durchaus keine Ansprüche an denselben zu haben. Wohl aber wurde ich sowohl, als mein gedachter Bruder im Jahr 1814 zur Zeit des General=Gouvernemants genöthigt, mich als Militärpflichtiger zu stellen, weil man stets die hies. Stadt als unsere Heimath ansehe, so wie wir dann auch stets alle Pflichten darin hiesigem Bürger= oder Unterthanen=Verbande stehenden Personen zu tragen hatten, und ein Heimathschein nie von mir gefordert wurde. Da ich nun wie aus vorstehender Geschichtserzählung erhellet, dem Vaterland meines Vaters sowohl, als demjenigen meiner Mutter gänzlich entfremdet, und daher außer Stand bin, einen Heimathschein

beyzubringen, da auch ferner durchaus kein Grund zu der Besorgniß vorhanden, daß ich hiesiger Stadt zur Last fallen möchte, indem ich im Fall einer Dienstuntauglichkeit rechtsgegründete Ansprüche auf Pension habe, so glaube ich, in Anbetracht der besonderen hier obwaltenden Verhältniße und im Vertrauen auf die Milde Eines Hohen Senates unterthänigst bitten zu dürfen Hoher Senat wolle prüfen: die hiesige Stadt, meinen Geburts=Ort, als meine Heimath zu betrachten, und mir daher die Beibringung eines Heimathscheines gnädig zu erlassen. In Hoffnung huldreichster Erhörung ersterbe in tiefstem Respecte Eines Hohen Senates unterthänigster Alexander Brand (hinter den Schliemanns bey Gottlieb Spieß wohnhaft)

Dokument II: Bestätigung des »Polizei=Amtes«, dass o.g. richtig ist.

Dokument III: Alexander Brand an den Senat der Stadt Frankfurt

27. Juny 1833 Hoher Senat! Der nebenrubricirte Supplicant, laut Anlage sub Ziff. 1 Sohn des gewesenen Musici beim hiesigen Theater=Orchester, Anton Brand, katholischer Religion, ist dahier geboren und erzogen, und, wie sein verstorbener Vater, nunmehr seit einer Reihe von Jahren gleichfalls beim hiesigen Theater Orchester angestellt. Seine Eltern hatten ihr Heimathsrecht verzogen und er selbst hat daher keine Heimath nachzuweisen. Aus diesem Grunde ist ihm auch bei Bewilligung des ferneren hiesigen Aufenthalts die Beibringung eines Heimathscheines durch hochverehrten Rathsbeschluß vom 7 März a. c. Großgünstigst erlaßen worden, wofür er nicht verfehlt, hiermit seinen ehrerbietigsten Dank abzustatten. Nun aber hat sich Supplikant mit der Jungfrau Anna Philippina Mayer aus Manheim, Tochter des gewesenen dortigen Handelsmannes, Johann Nicolaus Mayer, ehelich versprochen und sieht sich daher veranlaßt, die Gnade Hohen Senats von Neuem anzurufen, indem er wegen seiner und seiner Verlobten beabsichtigten Niederlaßung in hiesiger Stadt, um gnädigste Zuertheilung des hiesigen Bürgerrechts zu bitten wagt. Hier geboren und erzogen und zu seiner Kunst herangebildet, hat nämlich Supplikant, wie bereits oben erwähnt wurde, schon seit langer Zeit eine Anstellung bei hiesigem Theater gefunden; er ist daher bei seiner vorhabenden Verheurathung und Niederlassung an hiesige Stadt nothwendig gebunden. Zu dieser Anstellung findet er aber auch mit und neben dem Erwerb durch Ertheilung von Musikunterricht hinreichendes Auskommen für sich und seine zukünftige Familie. Dies um so mehr, als es ihm bisher möglich geworden ist, sich ein kleines Capital zu ersparen und seine Verlobte gleichfalls einiges Vermögen hat, so daß die beiden ein Vermögen von fl. 10000= zu fl. 24 Fuß besitzen und das Selbe nachweisen können, wenn ihnen mit der Aufnahme in das hiesige Bürgerrecht willfahrt werden wird. So wie nun aber Supplikant und seine Verlobte durch den Be-

sitz der oben bezeichneten Vermögenssumme zur Aufnahme in das hiesige Bürgerrecht qualificirt erscheinen dürften und Supplikant durch seine Anstellung und Erwerb im Musikunterricht im Stande ist, sich und seine zukünftige Familie ausreichend zu ernähren und die ihm gegen Ertheilung des hiesigen Bürgerrechts auferlegt werdenden Praestanda bereitwillig übernehmen und berichtigen wird, so hofft er von der Gnade Eines Hohen Senats der Großgünstigen Gewährung seines ehrerbietigsten Gesuchs entgegensehen zu dürfen, indem er die ganz gehorsamste Bitte stellt: Ein Hoher Senat wolle, nach vorgängiger Untersuchung durch hochansehnliches jüngeres BürgermeisterAmt, ihm, dem Supplikanten, und seiner Verlobten, Anna Philippina Mayer aus Mannheim, und zwar ihm als Musiklehrer praest. praest. das hiesige Bürgerrecht ex gratia huldreichst zu verleihen geruhen. Eines Hohen Senats unterthänigst gehorsamster Alexander Brand.

Dokument IV: Bestätigung aus Mannheim bezüglich Anna Philippina Mayer

Dokument V: Dankschreiben Alexander Brands für erteiltes Bürgerrecht (6. August 1833), verbunden mit der Bitte, eine ihm auferlegte »Caution« an eine »hiesige Stiftung« in Höhe von 300 fl. nicht entrichten zu müssen, da seine »Verheirathung und Einrichtung dahier« ausgesprochen teuer gewesen sei und außerdem »heute das Verdienst durch Ertheilung von Musikunterricht sehr gesunken ist«.

Franz Friedrich Siegmund August Boecklin von Boecklinsau, Briefe.

Staatsarchiv Freiburg, Bestand U101/1, Nr. 7722

Friedrich Brauer an Boecklin

Reichsfreyhochwohlgebohrner Verehrtester Herr Geheimrath und Tonsetzer. E[uer] Excellenz gefälliges Andenken an meine Gattin das Sie durch ein Product Ihrer eigenen musikalischen Talente an sie dedicirt zu erneuern geruhet haben ist ihr äußerst schmeichelhaft gewesen: sie hätte nicht geglaubt noch von jener angenehmen Jugend Zeit her, welche sie in dortigen Gegenden zubrachte der Erinnerung E[urer] Excellenz gegenwärtig geblieben zu seyn; sie wird nun wenn sie einmale in dem erst angefangenen Spiel der Guitarre so weit seyn wird, um darauf mit accompagnement zu spielen, einen desto öfteren Anlas haben dankbar über die Vermehrung ihrer Musicalien an Sie zurückzudenken: ich aber benutze die Gelegenheit, welche E[ure] Excellenz mir durch Übersendung derselben an mich verschafft haben, obwohl in persönlicher Unbekanntschaft mich Ihrer Gewogenheit mit der Verpflichtung jener vollkommensten Hochachtung zu empfehlen, womit ich die Ehre habe zu verharren E[uer] Excellenz ganzgehorsamster Diener Fr[iedrich] Brauer Carlsruhe 19. April 1806

Staatsarchiv Freiburg, Bestand U101/1, Nr. 189

Boecklin an Hoffmeister und Kühnel, Leipzig

1806 4 Febr[uar] v[on] Boecklin in | Rust An die Herren Musicalien Verleger Hofmeister und Kühnel zu Leipzig

Rust bey Wohlburg im Breisgau: 4. Febr[uar] 1806 S[ine] T[ituli] geehrteste Herren! Daß ich bekanntlich, als Dilettant, Epoche im musicalisch[en] compositionsfache gemacht habe: – bedarf wohl keiner allegationes – Da ich nun diesen Winter mehrere Trios, quartette und Walzer zur Guitarre, mit Violin alt und Baß=Begleitung componirte (welche den Beyfall der Kenner eingeerndtet) so frage hiermit an: ob Sie davon, und zwar unter welchen conditionen, – nicht in Verlag wollten? – Ich begehre deshalb nur 20 Freyexempl[are] als honorarium um damit meine Freunde beschenken zu kön[n]en. Wünschten Sie zuvor meine Stücke zur Einsicht zu haben, so will ich Ihnen solche, auf erstes Begehren zusenden. Dero baldgütigen Antwort verlangenstvoll entgeg[en] blickend, so verharre mit Achtung, Ihr Ganz ergebener Freiherr von Boecklin Königl[ich] Wuertemberg[ischer] Kam[m]erherr und anspachischer Geh[eim] Rath. mitglied mehrerer Akademien.

Briefkopierbuch Hoffmeister und Kühnel 1806, S. 610

Hoffmeister und Kühnel an Boecklin, 22. Februar 1806

Fr[ei]herr von Boecklin, königl[ich] Würtemberg[ischer] Kammerherr und Anspach-ischen Geh[eimen] Rath in Rust bei Wahlburg im Breisgau Es scheint, daß in Ihren Gegenden die Guit[arre] mehr in Aufnahm ist, als bei uns, da Sie so vollstimmige Stü-cke dazu componiren, hier gehen höchstens Solo Werke. Wen[n] Sie uns indessen ei-nen guten Debit in Ihren Gegenden zusichern können, so wollen wir wohl einige Ihrer Stücke in Verlag nehmen.

Staatsarchiv Freiburg, Bestand U101/1, Nr. 31

Boecklin an Hoffmeister und Kühnel, Leipzig

Rust am 6. Martij 1806 S[ine] T[ituli] vielgeehrte und Herren! Beyschlüssig folgen 3 kleine Duetten, bloß für eine 6saitige spanische Zitter und eine Flöte, die dann auch durch eine Violine con sordini ersetzt werden kann; – ihrem Wunsch gemäß: weil in ihren Gegenden zur Guitarre doch vielstimmiger Satz nicht gangbar Waare heyßt. Wenn solche die Presse werden verlassen haben, so erbitte mir dann hiervon die gewöhnl[ichen] 20 Freyexemplare. Ich hoffe manchergestalt: daß Ihnen solchermaßen gefallen werde. – Sollte ich mich darinnig täuschen: so bitte sie nur, als ein kleines andencken mich zu behalten. auf jeden Fall hin, vorher aber auf die freundschaftliche gefälligkeit: daß Sie nicht überschrieben: auf verleger art das Kenner hierüber ausfüre – wie auch ob, und wann, oder nicht Sie selbst allein in Verlag nehmen um mich dar-nach richten zu können. –

P: S: Ich habe auch Duettinen \bloß/ für eine Guitarre und ein fortepiano oder Clavier componirt, die sich sehr gut ausnehmen und noch beßere Würkung hervorbringen, als ein Clavierstück zu vier Händen....

Eduard Anton Willimann, Briefe des Leipziger *Bureau de Musique* an Willimann.

BKB Bureau de Musique (1802), D-LEsta, Bestand Peters, Nr. 5021

Bureau de Musique an Willimann, 19. August 1802

Ihre Canzonetten sind nun fertig. Wir hätten Ihnen schon Ex[em]pl[are] gesandt wen[n] wir Gelegenheit hätten. H[er]r Müller ist vermuth[lich] auf Reisen. In Magdeb[urg] kan[n] gewiß Musik genug debitirt werden, nur mögen H[errn] M[üllers] Reisen u. viele Geschäfte Schuld sein, daß die Musikfreunde nichts suchen bei ihm. Da es Ihnen nach Ihrem Schreiben, nicht an Gelegenheit mangelt, Musik zu debitiren, so suchen Sie durch unsre Catalogue, welche Sie von Keil erhalten, unsren Verlag zu verbreiten. Beide haben einige Nova von uns, doch sind seitdem viele fertig. Aus Jena haben wir wieder einen Transport der besten Violinen fertig. Harmonikas Geigenbogen in den vortheilhaftesten Preißen. Wen[n] Sie baldigen Verkauf vermuthen, so können wir Geigen, und -bögen senden. Empfehlen Sie unser Forte-piano 120-280 [Reichsthaler]. Empfehlen Sie vorzügl[ich] unsre Pränumerat[ions] Werke. Nach Ihrer Antwort sollen Ihre Freiex[emplare] folgen.

BKB Bureau de Musique (1802), D-LEsta, Bestand Peters, Nr. 5021

Bureau de Musique an Willimann, 27. August 1802

Ihre Vorschläge sind zu einem lebhaften Geschäft sehr zweckmäßig. Haben Sie aber bedacht welch ein Fond dazu gehöret wen[n] Sie 2 Ex[em]pl[are] unsrer Artikel und 4 unsres Verlags verlangen. bei den billigen Bedingungen welche Sie erhalten, muß dies Geschäft vortheilhaft u. leicht für Sie sein. Vorläufig senden wir unser[n] Verlag in Com[m]ission doch müßten wir vorher mit Müller in Ordnung und Einvernehmen sein, zu Ersparung der Kosten und Weitläufigkeit. Sie erhalten 33 1/3 vom Verlag 20% v. Prän. Werken und Sortiment. Sie tragen die Spesen, berechnen viertheljährl. u. senden die Gelder prompt. Nehmen Sie Fortep[ianos] in Com[m]iss[ion] so machen wir Ihnen die billigsten Preise erwarten aber eine Anschaffung von wenigstens 2/3 des Betrags: Violinen, Guitarren [etc.] senden wir ohne Vorauszahlung. Unser Verlag zeichnet sich vortheilhaft vor Anderen aus. Sie können p[e]r 2 [Reichsthaler] 20 g[roschen] franz bogen bei uns haben. Wir wünschten von einem dortigen oder hiesigen Hause nähere Nachrichten von Ihnen. Wegen des Honorars schrieb uns Müller, [»]Alles was Sie künftig für Ihren Verlag am convenabelsten von Guitarresachen haben, will er gern arrangiren[«]. Wir sandten Ferrari damit Sie dieselben für Guitarre übersezt[en] bei Uebersendung schrieb er »den Preiß für seine Mühewaltung überlässt er ganz Ihnen, da Sie wissen würden, was der Bogen solcher Arbeit werth sei.« Hier ist von keiner baaren Zahlung die Rede wir versprechen auch keine. Sie werden das Honorar daher in Freiexemp[laren] empfangen. Der Verleger kan[n] arrangierte Sachen nicht so honoriren, wie Originale. Ob wir eine 2te Lieferung Ihrer Lieder geben, muß ihr Debit der ersten zeigen. An H[err]n Müller haben wir unsre vielen Nova lange nicht gesandt, da wir hörten er sei auf Reisen. Sie können ihm sagen, daß wir Sie fragten, ob er noch verreiset sei.

BKB Bureau de Musique (1802), D-LEsta, Bestand Peters, Nr. 5021

Bureau de Musique an Willimann, 6. September 1802

Der Ton Ihres l[etzten] Briefs, ist kein angenehmer Anfang zu einer dauerh[aften] Geschäftsverbindung. Sie ken[n]en uns aber nicht oder nur durch Andere. Im Vertrauen auf Ihre durch Müller gerühmte billigkeit, vertrauten wir Ihnen das Arang[ieren] der Canz[onetten] ohne vorher[ige] Bestim[m]ung des Honorars welches wir Ihnen (wie Andern Comp[ponisten] in Freiex[emplaren] zudachten. Den Preis, welchen Sie baares Geld wen[n] er, zahlen wir in gleichem Betrag in Freyex[emplaren] oder andrer Musik, hätten wir daran zweifeln können so wäre der Antrag unterblieben. Indeß werden wir ein Honorar in baarem Gelde senden. Wir wünschten es heute dort anweisen zu kön[n]en, da wir aber von unsrem Com[m]issionslag[er] dort lange nichts weiter gehört, als daß dort nichts zu machen sei, so wissen wir nicht, ob wir einen Saldo bekom[m]en. Nach Erhalt der Nachricht sollen sie eine Rimesse erhalten. Nehmen Sie von der Inlage Ihr Porto nach. Wen]n] wir keine Verbindung entriren so debitiren Sie uns wie Sie wollen. Bez[ügl]ich Ihrer Frage »warum M[üller] unzufrieden scheine«, ändern Sie dahin »Ist es unter den Umständen möglich daß M[üller] mit uns unzufrieden sein kön[n]te[«]. Ihre Erklärung erwarten wir.

BKB Bureau de Musique (1802), D-LEsta, Bestand Peters, Nr. 5021

Bureau de Musique an Willimann, 8. November 1802

Die französischen extraf[einen] bogen sind ist [!] ausgegangen, Sie müssen bis zur baldigen Ankunft des neuen Transports sich gedulden. Müller hat nichts in Hinsicht Ihrer mit uns gesprochen. Mozarts Plan durch dessen fruchtbare Uebersetzung Sie uns Ihren dortigen Einfluß beweisen könnten. Beziehen Bezeichnen Sie aus unsrem Verlags Catalog die Artikel, welche Sie am meisten debitiren können. Hernach soll ein Transport Com[m]issionsartikel folgen. Sie können unmögl[ich] mehr Vortheile verlangen, als ein Petersburger Com[m]issionair u. werde folglich Ihre Spesen tragen.

BKB Bureau de Musique (1802), D-LEsta, Bestand Peters, Nr. 5021

Bureau de Musique an den Magdeburger Regierungsrat Michaelis, 26. November 1802

Herr Müller sandte uns Guitarrenlieder von Willimann, wovon einige gestochen sind, die übrigen aber nicht dazu kom[m]en, weil der Autor keine Verehrer hat. Er hat sein Honorar an Freiex[emplaren] erhalten. Nun bat uns Müller an, allerhand v[on] Willimann für Guitarre arrangiren zu lassen, den Preiß für seine Mühe überließ er uns. Wir sandten also Ferrari Canzonetten in der Meinung er werde für arrangiren nicht so viel verlangen als für Originale. Nach einiger Zeit verlangt er 12 [Reichsthaler] baar & 6 Ex[em]pl[are]. Da nun Müller uns von baarem Gelde nichts geschrieben, das Honorar für Originale in Freiex[em]pl[aren] gegeben war, so sanden wir das Geld nicht, um so mehr da wir zugl[eich] Müllers Nachrichten u[nd] Berechnungen entgegensahn. Im letzten Briefe an M[üller] fragten wir, ob er mit W[illimann] außer obigen sonst etwas ausgemacht habe, erhielten aber keine Antwort, sondern W[illimann] schrieb einen schmähsüchtigen Wisch, den wir im Original beilegen, um seine Wuth zu sehen. Es hat auch den Grund daß wir ihm auf Ihr Anrathen kein Com[m]iss[ions]lager sandten – Was außerdem Anlaß gegeben habe, kön[n]en Sie wohl erfahren. Wir hätten die paar [Reichsthaler] & nicht geachtet dem [!] zudringl[ichen] Arrangeur loß zu werden, warum sollten wir von hier aber remittiren da wir nach Müllers Abrechnung assigniren kon[n]ten. Machen Sie die boshaften Feinde unsres Credits dort schweigen. Stellen Sie W[illimann] seinen Wisch zu, eine Beantwortung würde uns erniedrigen. Obschon wir aus Gefälligkeit gegen Müller, seine Lieder verlegten wobei wir nicht gewin[nen] und das Arrangiren der Canz[onetten] von einem Duzend Guitarspieler besorgen lassen kön[n]ten, so wollten wir doch baares Geld zahlen. Nach Müllers Nachrichten auf die Inlage machen Sie die Sache ab. Mehr als 8 [Reichsthaler] baar u. 3 Ex[em]pl[are] möchten wir nicht gerne geben. Berühmte Meister erhalten aus Originalen andres Honorar z. B. Beethoven für eine Sonate 20 [Dukaten] Nehmen Sie das Geld aus Ihrem Saldo. Es liegt uns an Willimanns Beschämung mehr als Bestrafung, laßen Sie sich einen Schein geben. Die Verbindung mit soll nächstens entrirt werden. Wir haben Mittel den Carn. bange zu machen er ist selten zu treffen. Neapolit. Guitarren sind da auch Klav[ier] Ausz[üge] vom Wasserträger. Da sich Müller wegen seiner Verbindung mit Härtel nicht für uns intressirt, so empfehlen Sie unser Etabl[issement] bestens. Wenn es W[illimann] nicht anders thut, so befriedigen Sie seine ganzen Forderungen 12 [Reichsthaler] u[nd] 6 [Groschen]

BKB Bureau de Musique (1802), D-LEsta, Bestand Peters, Nr. 5021

Bureau de Musique an Willimann, 26. November 1802

Wir müßten weniger Geschäfte haben, oder uns herabwürdigen wollen, wen[n] wir Ihnen Eine Zeile auf Ihren mit einer Art von beispielloser Wuth geschriebenen Brief antworten wollten. Noch nie hat uns Jemand so verkan[n]t. Fühlen Sie die Verachtung, wen[n] Sie können, die ein solches Benehmen verdient. Michaelis wird die Sache wegen des Arrangirens mit Ihnen abmachen.

Johann Heinrich Carl Bornhardt, zwei Briefe an *Breitkopf & Härtel* (1801)

BSB München, Ana 750 Gitarristische Sammlung Fritz Walter und Gabriele Wiedemann

Brief I

Braunschweig d[en] 26ten Aug[ust] 1801 Herren Breitkopf et Härtel in Leipzig

Die Guitarre fängt jezt an, Modeinstrument zu werden, und für dieses Instrument gesetzte Sachen werden in nicht unbeträchtlicher Anzahl gesucht und gekauft. Nicht allein Frauenzimmer, die singen können, sondern auch solche, die sich blos ihre Liederchen mit einer gut gespielten gedämpften Violin begleiten lassen, beschäftigen sich jezt hier und in umliegender Gegend, ernstlich mit der Guitarre. Dies hat mich auf folgende Idée gebracht. So wie man nemlich leicht gesetzte oder vielmehr arrangierte Pleyelsche sehr gefällige Sonaten hat, so wie solche bei André in Offenbach in mehrern Fortsetzungen herausgekommen sind und guten Abgang finden, so würde sich ein solches Arrangemont von Pleylscher Sonatinen für die Guitarre mit Violinbegleitung nicht allein sehr angenehm ausnehmen, sondern gewiß ihre Liebhaber und Abnehmer finden, da man in dieser Art noch wenig oder gar nichts hat. Ich habe die Arbeit bereits unternommen und werde je 3 und 3 Sonatinen mit Violinbegleitung liefern, die zusammen jedesmal etwa 4 bis 6 Seiten enthalten werden. Ich bin so frei, Ihnen dieses Werk für Ihren Verlag anzubieten unter folgenden sehr billigen Bedingungen. Ich verlange nemlich für dieses Arrangemont von 3 Sonatinen jedes mal 1 Louisdor und 6 Exemplare des Werks, doch wünschte ich, daß Sie sich auf 6 solcher Hefte anheischig machen könnten. Mit einer elangten [recte: eleganten] Außenseite versehen wie Sie solche Ihren Verlagssachen geben, dächte ich müßte wenigstens für Sie kein Risico dabei seyn. Es versteht sich von selbst daß mein Name bei der Sache nicht genannt wird, der, da ihn die musikalische Zeitung so gut, wie totgeschlagen hat, der Sache mehr schaden wie nüzen würde. Der Titel würde blos lauten Trois Sonatines pourla Guitarre et Violon. No: 1 par Pleyel. Ich bitte demnach ergebenst, mir baldigst eine Antwort zukommen zu lassen, ob Sie meinen Antrag verwerfen oder billigen. Der ich mit Achtung verharre Ihr ergebener J. H. C. Bornhardt Cammerbauschreiber wohnhaft in der Neuenstraße.

Brief II

Braunschweig d[en] 6t[en] Oct[o]br[is] 1801 Herrn Breitkopf et Härtel in Leipzig P.P.

Den Brief mit den 2 Louisdor erhalte ich so eben, da ich die Anweisung wieder abschicken will. Ich danke Ihnen herzlich für Ihre Freundschaft der baldigen Übersendung. – Was die Anweisung betrifft, so ist, wie Sie sehen werden, wenig oder nichts bei der Übersetzung zu erinnern und sie kann in dieser Gestalt recht gut in die Welt gehen. Allein am Original ist gar manches, was mir und mehrern vielleicht nicht gefallen wird, was aber nicht geändert werden kann, weil es dann nicht mehr Doisy bleiben würde. Das Ganze ist mit der Geschwäzigkeit und imponenten Wesen eines Franzosen geschrieben und Ihre Übersetzung hat denn doch auch das bedingt, daß alles Unnütze vertilgt ist. Die ungeheuren vielen Tabellen mit # und b schrecken den Anfänger ja ganz ab und er wird seiner Meinung die Guitarre sei ein wirklich leicht zu erlernendes Instrument, irre gemacht. Die Italiener behandeln die Guitarre viel vernünftiger. Sie nehmen sie als eine Begleitung der Singstimme, wie die wenigen Sachen die wir von Bianchi und Massini haben, deutlich zeugen, dahingegen der Franzose alles darauf herausklimpern will, was dies kleine beschränkte Instrument entweder gar nicht oder doch sehr beschwerlich geben kann. Ich habe mich in allen dem was ich noch gesetzt habe, wie Sie auch sehen werden, immer nach den Italienern gerichtet und H[err]n Doisy dürften meine Sachen wol schwerlich behagen, da er die Guitarre singen lassen will. Überdem ist auch wirklich die französische Musik, ich möchte sagen zu unstät, um sich für die Guitarre zu qualifiziren. Keine Musik ist hier passender wie die Italienische. Schade, daß ich die Ehre Ihrer Bekanntschaft und Ihres Zutrauens nicht schon vor einiger Zeit zu besitzen das Glück gehabt habe, ich hätte dann, statt der kurzen Tabelle, die ich hier an Spehr gab, Ihnen eine kleine Anweisung für die Guitarre, als begleitendes Instrument mit Beispielen italienischer Singmusik geben können. Nun mag H[er]r Doisy auf französische Art die Guitarre lehren. Absatz machen Sie gewiß, da man erstaunend dahinter her ist, die Guitarre zu lernen. – Ich empfehle mich Ihrer fernren Gewogenheit und bin Ihr ergebner J. H. C. Bornhardt

REGISTER ›HISTORISCHER AKTEURE‹

Populäre Kultur und Musik

herausgegeben von Michael Fischer und Nils Grosch

Band 2

Sabine Meine, Nina Noeske (Hrsg.)

Musik und Popularität

Aspekte zu einer Kulturgeschichte
zwischen 1500 und heute

2011, 248 Seiten, br., 29,90 €
ISBN 978-3-8309-2263-6

„Pop music" war eine umwälzende Neuerung des 20. Jahrhunderts, die mit neuen Medien und Technologien die Hör- und Konsumgewohnheiten revolutioniert hat. „Populäre Musik" gab es jedoch zu allen Zeiten, da „beliebte, bekannte, gemeinverständliche Musik" schon immer ihre Wirkung auf ein größeres Publikum oder eine Menge an Leuten entfaltet hat. Seit dem 16. Jahrhundert, mit der Erfindung des (Musik-)Drucks, wird diese Kulturgeschichte für uns nachvollziehbar.

Dieser Band dokumentiert Vorträge und Diskussionen zu Motivationen und Bedingungen von Musik und Popularität in Geschichte und Gegenwart. Leitende Aspekte dafür waren die Politisierung, Moralisierung, das Gendering und die Kommerzialisierung populärer Musik.